Der Sagenschatz

des

Königreichs Sachsen.

Zum ersten Male

in der ursprünglichen Form aus Chroniken, mündlichen und
schriftlichen Ueberlieferungen und anderen Quellen

gesammelt und herausgegeben

von

Dr. Johann Georg Theodor Grässe,

Kgl. Sächs. Hofrath, Director des K. S. Grünen Gewölbes und interim. Director der
Porzellan- und Gefäßsammlung, ꝛc. ꝛc.

Zweite verbesserte und sehr vermehrte Auflage.

Mit einem Anhange:

„Die Sagen des Herzogthums Sachsen-Altenburg."

Erster Band.

Mit Holzschnitten.

Dresden.

G. Schönfeld's Verlagsbuchhandlung.

1874

Der Dingsda-Verlag veröffentlicht den „Sagenschatz des Königreichs Sachsen" in 5 Bänden. Der Reprint folgt der in 2 Bänden und Anhang geteilten Ausgabe von 1874. Die Vorworte dieser Ausgabe sind in der neuen Edition nicht enthalten. Der Verlag dankt Frau Dr. Roselies Meder, die die Originalausgabe zur Verfügung stellte.

Band 2 (Dingsda-Verlag) entspricht Band 1 von 1874, S. 178 bis S. 388.

Herausgegeben von Joachim Jahns

1. Auflage 1999
© Dingsda-Verlag Cornelia Jahns
Nebraer Straße 22, 06268 Querfurt
Alle Rechte an dieser Ausgabe vorbehalten.
Druck und Binden: Wiener Verlag, Himberg
ISBN 3-928498-62-2

Inhalt.

*) Nr. 387 u. 388 sind aus Versehen beim Drucken übersprungen worden.

199) **Der Teufelsstein und der Teufelsgrund im Weißbach=**
grunde.

Hofmann S. 437, 438.

Wenn man aus der Oberlausitz vom Oybin und der Lausche aus in den Weißbachgrund, der zum Theil böhmisches, zum Theil sächsisches Besitzthum ist, kommt, so erblickt man an dem sogenannten Neuweg eine hohe Felsenmasse, den sog. Teufelsstein, d. h. einen von der Natur abgerundeten großen Stein in Form eines Mühlsteins, auf welchem querüber noch ein mächtiger Hebebaum, der, weil er seit undenklichen Zeiten sich hier befindet, für versteinert gehalten wird, liegt. Da nun beide Gegenstände hierher nicht von menschlichen Händen gekommen sein können, so berichtet die Sage, ein Mühlbursche habe eines Tages diesen Stein seinem Meister entwendet und durch die Hilfe des Bösen ihn mittelst dieses Hebebaumes auf jenen Felsen gewälzt, um seinen Meister zu ärgern; er habe dann nach vollbrachter Arbeit den Hebebaum obenauf gelegt, sei aber mit dem Teufel in Streit gerathen und dieser habe ihn vom Felsen herabgestürzt.

Weiter in dem Grunde erblickt man auf böhmischer Seite die von Bäumen versteckte Teufelswand, durch welche der verborgene 50 Schritt lange und 15—20 Ellen hohe, ganz schmale Zaubergang führt. Hier soll sich einst ein von einem Jäger verfolgter Wildschütze unsichtbar gemacht haben und durch jenen Gang entkommen sein.

200) **Rübezahl auf dem großen Zschirnstein.**

Poetisch beh. bei Hofmann, S. 496. sq.

In der Nähe der Dörfer Schöna und Reinhardsdorf erhebt sich der große Zschirnstein, nächst dem Schneeberge der höchste Punkt der westlichen sächsischen Schweiz, 1780 Fuß über der Meeresfläche. Dieser soll eigentlich Zürnstein geheißen und sein jetziger Name hieraus verstümmelt sein. Er erhielt jene Benennung davon, daß der Berggeist Rübezahl einst das Riesengebirge verließ und das sächsische Sandsteingebirge besuchte. Als er jedoch hierher kam, versah er es und rannte mit seinem Kopf unversehens an diesen Felsen, so daß derselbe in zwei Theile zersprang, in den großen und kleinen Zschirnstein, und er selbst einen schweren Fall that, wobei er mit dem Fuße den erstern auf der Nordseite niedertrat und zwei Zähne, einen Augen= und einen Backzahn, verlor. Beide liegen noch bei Schöna, und ist ersterer der heutige Zirkelstein, letzterer aber der Kahlstein oder die Kaiserkrone, und weil Rübezahl bei Schandau in einem Grunde rastete und hier seine Schmerzen zu stillen suchte, heißt dieser noch heute der Zahngrund; von seinem starken Blutverluste zeugen aber ebenfalls noch jetzt die röthlichen Adern, welche das Gestein dort durchziehen.

---

201) Die Sage vom Kuhstalle bei Lichtenhayn.
Hofmann S. 364. sq. Curiosa Sax. 1743. S. 194. sq.

In der Nähe des Marktfleckens Lichtenhayn, der eine Stunde von Schandau entfernt ist, befindet sich ein hoher Felsen, früher der Haußberg genannt, welcher eine große, von der Natur gebildete Halle enthält, in welche man durch das 10 Ellen hohe und 12 Ellen breite Thor, das völlig gerundet und gewölbt ist, tritt. Weil bereinst in Kriegszeiten die Bauern der Umgegend ihr Vieh hineingeflüchtet haben sollen, so hat man diese Höhle den Kuhstall genannt. Uebrigens sind auch noch mehrere Nebenhöhlen vorhanden, die wohl zum Aufenthalte für die dorthin geflüchteten Landleute gedient haben mögen. Ehe man von Lichtenhayn hierher kommt, findet man im Walde eine Art Gesundbrunnen, den man den hellen Fluß nennt, und bei dem in der Zeit des Papstthums verschiedene Wunder sich ereignet haben sollen, nicht weit davon aber einen Felsen, der oben eine ungleiche Vertiefung hat und der Taufstein genannt wird, weil da in Kriegszeiten die neugebornen Kinder der hierher Geflüchteten getauft worden sein sollen. Diesem Haußberg gegenüber ist die sogenannte Pfaffenkunst (kluft), zu der man durch einen engen Weg fast nur mit Lebensgefahr gelangt. Der Ort soll seinen Namen

12*

daher haben, daß ein ehemaliger katholischer Pfarrer zu
Lichtenhayn sich hierher vor seinen hussitisch gewordenen Pfarr-
kindern geflüchtet und in das sogenannte Pfaffenloch versteckt
hatte, aber von ihnen entdeckt und in den Abgrund herab
gestürzt worden sein soll. Von der Grobheit dieser Menschen
existirt noch jetzt in der Umgegend das Sprichwort: Wollen
wir, so wollen wir, wie die Lichtenhayner Bauern. An einer
andern von einer schmalen, aber tiefen Schlucht getrennten Fels-
partie öffnet sich südlich das Schneiderloch, eine 4 Ellen breite
und 2½ Ellen hohe Höhle, zu der man erst, nachdem man eine
andere einem Rauchfang ähnliche niedrige durchkrochen, auf
einer Leiter gelangt. An einer Wand derselben erblickt man
eine große angemalte Scheere mit der Unterschrift: Schneiderloch; und es erzählt die Sage, daß einst ein Schneider seine
Nadel und Scheere mit Schwert und Spieß vertauscht und
unter die Räuber gegangen sei, es auch bis zum Hauptmann
gebracht habe, aber schließlich hier gefangen und dann hingerichtet worden sei.

---

202) Das Sensenduell im tiefen Grunde bei Hohnstein.
Poetisch beh. v. Nikolai, a. a. O. S. 15. sq.

In der Nähe der schönen Wasserfälle, welche das Weiz-
dorfer Wasser und der Grundbach im tiefen Grunde bei
Hohnstein bilden, erblickt man eine in den Felsen gehauene
Sense und ein Kreuz mit der Jahrzahl 1699. Letzteres bezeichnet den Ort, wo in einem zwischen zwei Bauerburschen
aus Weizdorf in diesem Jahre eines schönen Mädchens aus
ihrem Dorfe halber, welches mit beiden schön gethan und
gleichwohl keinem den Vorzug gegeben hatte, zur Erntezeit mit
Sensen abgehaltenen Zweikampfe der eine gefallen war.

---

203) Der Ursprung der Stadt Schandau.
Hofmann S. 313 sq.

Bei einer zwischen dem Böhmenkönig Ottokar und Ritter
Witigo von Duba aus dem Geschlechte derer Birken von

Duba, welche diese Besitzungen bis um 1490 besessen haben
mögen, ausgebrochenen Fehde ist im Kirnitzschthale eine heiße
Schlacht geliefert worden. In der Nähe der später erst entdeckten Heilquelle, von der das heutige Bad seinen Namen
hat, stieß Graf Bernhard von Camenz, der einen Trupp
Ritter und Reisige gegen Duba auf Hohnstein führte, auf
den Ritter Raubold von Niemanitz, der zwar ebenfalls eigentlich ein Feind Duba's war, heimlich aber sich mit ihm ver-
einigt hatte und diese Gelegenheit benutzen wollte, den feind-
lichen Heerhaufen zu vernichten. Von dem Ritter von Bose
aus dem Sattel gehoben, zerschmetterte er dessen Brust mit
einem aufgehobenen schweren Steine, worauf ihn aber der
Graf von Camenz niederstieß. Letzterer aber, entrüstet über
die Treulosigkeit des Gefallenen, der unter Verwünschungen
sein Leben aushauchte, soll ausgerufen haben: Tod und
Schande! Schandaue soll der Ort heißen. Von dieser Sage mag
auch das alte Sprichwort (bei Knauth, Prodr. Misn. p. 261)
herrühren, „Meißnische Ehre und Redlichkeit haben zu Schandau ein Ende."

204) Der feurige Hund zu Schandau.

Poetisch beh. bei Segnitz Bd. II. S. 257 sq.

Der älteste Theil der Stadt Schandau heißt die Zauka†)
und hat seinen Namen von dem gleichnamigen Dorfe, welches
auf der westlichen Seite derselben gegen die Wendische Fähre
theils nach der Stadt herein, theils längs dem mit Häusern
besetzten Zaukengraben zwischen zwei Bergen nach Altendorf
sich hinzog. Hier liegt auch der Kirchhof: auf dem nahe
dabei und oberhalb des Marktes sich erhebenden Berge, dem
Kiefericht, stand früher ein Schloß, welches der Sitz der
Birken von Duba gewesen sein soll und von dem nicht blos
noch einige Ruinen übrig sind, sondern wo sich auch heute

---

†) Zauka, wendisch Dzauka, heißt: Magd. Das Wort war vor nicht
gar langer Zeit zu Dresden noch Schimpfwort, wo die Frauen ihre Mägde
im Zorn: „Du Zauke" nannten. Wahrscheinlich hat das bei Grimma gelegene und zu Haubitz gehörige Dorf, die schöne Magd, denselben Ursprung.

noch zuweilen eine weiße Jungfrau sehen lassen soll, die
übrigens Niemandem etwas zu leibe thut. Früher lief aber
in jeder Nacht um die zwölfte Stunde von jenem Schloße
aus durch den Zaukengrund die Stadt entlang bis in den
Kirnitzschgrund und von da in die Schloßruinen zurück ein
kohlschwarzer, zottiger Hund mit feurigen Augen, von dem
man erzählte, daß in dieser Gestalt der Geist eines Freiherrn
von Duba umgehe, der sich durch seine Unmenschlichkeit,
Wolluft, Raubsucht und Geiz vorzüglich ausgezeichnet habe,
aber nachdem er einst bei theuerer Zeit die Armen, welche
um ein Stückchen Brod gebeten, mit Hunden von seinem
Schloße habe weghetzen lassen, plötzlich gestorben, in diesen
Hund verwandelt und zum ruhelosen Herumirren als solcher
verdammt worden sei. Da trug es sich nach langen, langen
Jahren zu, daß eine gewiße Anna Büttner (um 1700—1710),
der ihr Vater gestorben, deßen einziges geliebtes Kind sie
gewesen war, gegen Abend auf den Kirchhof ging, um an
dem frischen Grabe des theuern Verstorbenen zu beten, und
von Kummer niedergedrückt nicht darauf achtete, daß es immer
finsterer ward, so daß sie die Mitternachtstunde noch weinend
bei den Gräbern der Abgeschiedenen fand. Siehe da erschien
auf einmal der feurige Hund, aber nicht drohend und furcht=
bar wie sonst, sondern setzte sich still und traurig auf einen
benachbarten Grabhügel, und das fromme Mädchen, welches
ahnen mochte, daß diesen verwünschten Geist wohl ein
größeres Herzeleid als sie selbst drücken möge, entfloh nicht,
sondern trat zu ihm hin und streichelte ihn, ja sprach ihm
Worte des Trostes ein, und siehe der Hund ward ganz
freundlich und sprang wedelnd um sie herum, leckte ihre
Hände und schien ihr aus seinen jetzt nicht mehr wild leuch=
tenden Augen sagen zu wollen, daß ihre Theilnahme ihm die
Erlösungsstunde gebracht habe. Soviel ist gewiß, seit diesem
Tage ist der Hund nicht mehr gesehen worden.

205) Der gute Engel zu Hohnstein.

J. M. Weiſſe, Topographia ob. Hiſt. Beſchreibung von Hohenſtein. Magde-
burg 1729. 4. S. 73 sq. cf. S. 36. Unſchuld. Nachr. 1717. S. 215—232.

Auf dem alten Schloſſe Hohnſtein in der ſächſiſchen
Schweiz hat ſich zu Anfange der Regierung des Churfürſten
Moritz angeblich der Geiſt des Gebirges in Geſtalt eines
8—9jährigen Mägbleins häufig ſehen laſſen, indem er zu
einem Mädchen von gleichem Alter kam, dieſer bei ihren
Arbeiten beiſtand, Geld brachte und mit ihr über den neuen
Glauben ſprach. Dieſe Erſcheinung hat ſoviel Aufſehen gemacht, daß der damalige Amtsſchöſſer, Johann Schultes,
darüber an den Churfürſten berichtete, der jedoch, nachdem
der von ihm deshalb befragte Dresdner Superintendent
Daniel Greſer†), ein gar ſonderbarer Mann, in einem noch
vorhandenen Gutachten die Erſcheinung entweder für ein Geſpenſt des Teufels oder für eine Erdichtung des Vaters des
Mädchens erklärt hatte, weil er niemals gehört noch geleſen
habe, daß Gott Jemandem gemünztes Geld durch ein Geſpenſt
zugeſchickt habe, befahl, die Sache auf ſich beruhen zu laſſen.
Gleichwohl könnte dieſe Geſchichte mit einer alten Sage zu-
ſammenhängen, daß in der Nähe der Stadt, in dem Hoch-
walde früher Goldgruben geweſen ſeien — einige alte Schächte
heißen noch ſo — und unter andern eine, die von einem
durch ſie fließenden Bächlein mit gelblichem und röthlichem
Sande die rothe Pfütze genannt wird, vor alter Zeit von
hierher heimlich gekommenen Venetianern mit Bohlen aus-
geſchält, ausgeräumt und, als ſie hinreichend Ausbeute gewonnen, wieder verlaſſen worden ſei.††)

---

†) Geb. den 6. Decbr. 1504, geſt. den 29. Septbr. 1591. S. Hiſtoria
und Beſchreibung des ganzen Laufs und Lebens, wie auch mein curriculum
vitae vom 1564. Jare an bis ins jetzo laufende 1585. Jar zuſammen-
gebracht. Dr. o. J. (1586). 4. Hiſtorie von Ankunft, Leben und Wandel,
auch zeitlichem Hintritt D. Greſers. Dresd. 1678. 4. Klemm, Der
Sammler Bd. I. p. 200. 219 sq.

††) Eine hierauf bezügliche längere Novelle v. K. Winter in der
Conſt. Zeit. 1854. Nr. 78 sq.

206) Der Pesthändler bei Pirna.

J. Prätorius, der abenteuerliche Glückstopf. o. O. 1669. 8. S. 509. sq.

Zu Ausgang des Monats Mai im Jahre 1669 ist ein Mann mit 3 Säcken zu einem Schiffer zwei Meilen von Dresden bei Pirna gekommen und hat von ihm über die Elbe gesetzt zu werden begehrt. Der Schiffer hat aber einen von den Säcken angefaßt, um ihn in den Kahn zu legen, allein er konnte ihn seiner Schwere wegen nicht bewältigen, und doch hat jener sie alle drei auf den Buckel genommen und ist damit fortgegangen, als wären sie nichts. Als er nun diese Schwäche des Schiffers ersieht, ladet er seine drei Säcke selber in den Kahn und verlangt nur übergesetzt zu werden. Darauf stößt der Schiffer vom Lande und gelangt mit genauer Noth in die Mitte des Flusses, wo aber der Kahn sinken will, und jener erklärt, ein Sack müsse herausgeworfen werden, denn sonst müßten sie umkommen und untergehen. Der fremde Mann aber will davon nichts wissen, sondern sagt, er solle ihm seine Säcke liegen lassen und nur fortfahren, denn es werde keine Noth haben, ob es sich gleich so anlasse. Mit diesen Worten geht es fort und so kommen sie endlich ans entgegengesetzte Ufer. Hier begehrt nun aber der Sackmann, daß der Fährmann den Kahn immer noch längs dem Ufer hinschiebe; dies geschieht auch, allein immer ist es ihm noch nicht genug, bis endlich der Schiffer böse wird und spricht: wer weiß, was Ihr in Euren Säcken habt, ich fahre nicht weiter, ich habe mein versprochenes Geld einmal zur Genüge verdient, und hier müßt Ihr ausladen. Darauf spricht jener: Du bist mir auch trotzig genug gewesen und hast Dich mehr als zu viel gegen mich grob gezeigt, und damit Du es weißt, hier hast Du Dein Fährgeld und ich meine Säcke, in dem einen habe ich das hitzige Fieber, in dem andern das kalte, im dritten die Pest, und davon sollst Du Deinen Part am ersten bekommen, denn nach Johannis wird eine solche Hitze werden, daß die Leute auf dem Felde verschmachten und umfallen werden. Damit hat er feine Säcke wieder auf den Rücken genommen, ist ausgestiegen, fortgewandert und hat dem Schiffer das Nachsehen überlassen.

---

207) Die Zerstörung von Helfenstein.

Deutsches Nationalmuseum 1834. Lief. XI. Poet. beh. v. Segnitz. Bd. I. S. 343. sq.

Wenn man bei Tolkewitz in der Nähe von Pillnitz über die Elbe setzt, so kommt man in das Dorf Niederpoiritz und wendet sich dann rechts den Grund hinauf nach dem Rittergute Helfenberg, in dessen Nähe auf einem Hügel die Ruinen der alten Burg Helfenstein, die auch Rothfels (von ihren ehemaligen Besitzern den Dehn-Rothfelsern) oder die Hilfenburg hieß, liegen, die früher unter dem Volke den wendischen Spottnamen Babaricy, die Burg des Weiberkerls (Barbar) führte, weil die Schloßherrn wegen Entführung von Wendenmädchen berüchtigt waren. Wann die Zerstörung dieser Burg fällt, weiß man nicht, als Ursache derselben aber erzählt man folgende Begebenheit. Der letzte Besitzer der alten Burg hat eines Tags als Vasall von seinem Lehnsherrn den Befehl erhalten, mit in den Krieg zu ziehen, und also schweren Herzens von seiner jungen wunderschönen Gemahlin davonziehen müssen, seinem Bruder aber, der in der Nähe eine andere Burg besaß, sein Schloß und Habe, natürlich auch seine Gemahlin zur Beschützung empfohlen. Dieser ist aber ein böser Ritter gewesen, der allen Lastern gefröhnt hat, und der schlimmsten Raubritter einer im Lande; der ist gar oft in die Burg seines Bruders geritten und hat die schöne Schwägerin so lange getröstet, bis er sich sterblich in sie verliebt hat, hat auch weder seiner Verpflichtung gegen den entfernten Bruder, noch der Achtung, die er seiner frommen Schwägerin schuldig war, gedacht, sondern derselben frech seine Liebe entdeckt und verlangt, sie solle ihm zu Willen und ihren Gatten untreu sein. Die hat ihn aber kurz abgewiesen und gedroht, es ihrem Manne, wenn er heimgekehrt sei, zu

entdecken. Da hat er ihr die erdichtete Märe vom Tode ihres
geliebten Gatten in ferner Schlacht zugehen lassen und nach
einiger Zeit seine schändlichen Anträge erneuert, ist aber abermals zurückgewiesen worden und es hat ihm die fromme Burg-
frau für immer den Besuch von Helfenstein untersagt. Unter
schweren Drohungen ist er davon geritten, allein nicht lange
hat es gedauert, da hat er eine furchtbare Gewitternacht
benutzt, ist mit seinen Raubgesellen unbemerkt gen Helfenstein
gezogen und hat die Burg erstiegen und, nachdem die wenigen
Getreuen, die sich zur Wehre gesetzt, gefallen waren, seine
Schwägerin trotz ihres Sträubens ergriffen, sie mit auf's
Roß genommen und ist eilig davon gejagt; diese aber, weil
sie keine Hilfe und Rettung mehr gehofft, hat die Gelegenheit
ersehen und ist in der Nähe eines bei Helfenstein gelegenen
Brunnens vom Rosse heruntergeglitten und eilig entflohen,
wie sie sich aber umgeschaut und jenen ihr schon so nahe
gesehen, daß kein Entkommen mehr möglich gewesen, hat sie
ihre Seele dem Herrn empfohlen und sich in den Brunnen
gestürzt. Der böse Schwager aber, wüthend, daß sein Buben-
stück mißlungen, und den Zorn seines Bruders fürchtend, ist
umgekehrt und hat das Schloß von seinen Raubgesellen in
Brand stecken lassen, dann aber ist er, wie von den Furien
der Rache gejagt, davongeritten. Weit leuchtete aber die
Brandfackel in die umliegenden Thäler hinein und auch ein
Trupp Reisige, der seines Weges zog, gewahrte sie, das
waren der Herr von Helfenstein und seine Mannen, die heim
aus fernen Kämpfen zogen. Sie jagten wohl, was die
Pferde laufen mochten, allein sie kamen doch erst an den
Thoren an, als Alles zerstört und bis auf wenige Mauern
niedergebrannt war, und ein alter verwundet zurückgebliebener
Knappe berichtete seinem Herrn die schreckliche Kunde. Da
hat dieser sein Schwert und Schild abgelegt und ist in ein
Kloster gegangen, für die Seele seiner treuen Gattin zu
beten, sein schändlicher Bruder aber hat nirgends im Lande
Schutz finden können, sondern die Strafe hat ihn bald ereilt

und er hat mit seinen Genossen seine Unthat auf dem Rade büßen müssen.

_____

208) Die weiße Jungfrau bei Hermsdorf.

K. Winter in der Constitut. Zeitung 1852, 12. Mai. S. 431.

In der Gegend von Krumhermsdorf bis Hinterhermsdorf in der sächsischen Schweiz läßt sich eine gespenstige Jungfrau sehen, die eine glänzend weiße Gestalt hat und entweder die ihr Begegnenden warnt oder ihnen Unheil verkündet. Sie ist so schön, daß, wie die Bewohner der dortigen Umgegend erzählen, sich selbst die Bäume vor ihrer Schönheit zur Erde neigen.

_____

209) Die Teufelsmühle am Wilischberge.

K. Winter a a. O. 17. Juni. S. 545.

Auf dem Wilischberge in der Nähe von Glashütte erblickt man noch heute einige wenige Trümmer von dem Schlosse des Raubritters Wittig (s. oben S. 111), der eigentlich Dietrich von Bärn geheißen haben soll. Aber unten am Fuße des Berges im Teufelsgrunde wohnte seine Mutter, eine schreckliche Zauberin, in einer Mühle, die der Teufel erbaut hatte; die hatte dieselbe von demselben in Pacht, durfte aber nur auf zwei Gängen mahlen, den dritten hatte sich der Teufel als Auszug vorbehalten, da konnte er mahlen, was er wollte. Niemand kam der Mühle zu nahe, und wenn sich Jemand im Walde verirrt hatte und das Klappern der Teufelsmühle hörte, welches ganz anders wie bei einer gewöhnlichen Mühle klang, schlug er ein Kreuz und rannte, was er konnte, davon.

_____

210) Tanzen unter der Kirche wird von Gott gestraft.

Weck, Dresdner Chronik S. 540.

Am Sonntag nach Michaelis des Jahres 1511 hat ein

Theil der Eingepfarreten des Dorfes Prießnitz bei Dresden
während der Kirchweihpredigt statt des Gottesdienstes den
Tanz abgewartet, da hat der Teufel auch seine Ergötzlichkeit
haben wollen, es ist also unter ihnen ein solcher Streit und
Schlägerei entstanden, daß ihrer etliche stracks auf dem Platze
blieben und sechs andere bald hintennach starben.

211) Das unglückliche Schuhwerfen zu Cossebaude.
Weck, Dresdner Chronik S. 547.

Am 10. Septbr. des Jahres 1655 haben etliche junge
Bursche und Mägde im Dorfe Cossebaude bei Dresden das
Schuhwerfen gespielt. Dies ist nämlich eine Art Dienstorakel,
indem sich die fragenden Dienstleute auf die Erde setzen und
einen nur zur Hälfte am Fuße steckenden Schuh über sich zu
werfen bemüht sind, da sie denn daraus, ob der Schuh mit
der Spitze oder Ferse nach der Stubenthür sich wendet, den
Schluß machen, ob sie dieses Jahr in diesem Hause wieder
Dienst haben werden oder nicht. Nun hat sich eine Magd
beim Bücken das im Busen gehabte Brodmesser ins Herz gestoßen und ist gleich todt geblieben.

212) Das Crucifix zu Döhlen.
Ziehnert, Sachsens Volkssagen Bd. III. S. 255.

Die Kirche des 2 Stunden südwestlich von Dresden gelegenen Dorfes Döhlen war im Mittelalter ein Wallfahrtsort,
weil auf dem Altar derselben ein wunderthätiges Crucifix
stand. Sein Ursprung war ziemlich ebenso, wie bei dem der
Kreuzkirche zu Dresden. Einst brachten die angeschwollenen
Fluthen der Weißeritz dasselbe nebst den Trümmern einer
zerstörten Kirche mit sich und trugen es bis an die ziemlich
hochgelegenen Stufen des Döhlener Kirchhofes. Man hob es
auf und stellte es feierlich auf den Altar, wo es in der Folge
viele Wunder, besonders durch Krankenheilungen, verursachte.

213) Die Pfarrer Martin und Barthel Künzelmann zu Döhlen.

Ziehnert a. a. O. S. 255 sq. Hasche, Dipl. Gesch. v. Dresden Bd. III. S. 31. Petzholdt, Der Plauische Grund S. 42 fgg.

Im Dorfe Döhlen war in der Mitte des 16. Jahrhunderts (1535—1596) Martin Künzelmann Pfarrer; er galt weit und breit als gewaltiger Teufelsbanner und Wunderdoctor, hat auch einmal einen böhmischen Grafen, der vom Teufel besessen war, geheilt. Gleichwohl war er nicht geldgierig, sondern der Lohn, den er für seine Kuren verlangte, bestand meist nur in einigen jungen Obstbäumen und Propfreißern, die er theils selbst pflanzte, theils unter seine Pfarrkinder vertheilte und dadurch gewissermaßen der Vater der so blühenden Obstplantagen in und bei Döhlen geworden ist. Nach seinem Tode ward ein anderer (Barthel) Künzelmann daselbst Pfarrer, der gewaltig unter dem Pantoffel seiner Frau stand. Als nämlich das Meißner Oberconsistorium, welches unter Christian I. ganz calvinistisch gesinnt war, ein in diesem Geiste abgefaßtes Umlaufschreiben ergehen ließ, welches jeder Superintendent oder Pfarrer in den Churlanden unterschreiben oder sein Amt meiden sollte, hat jene ihren Mann mit den sprichwörtlich gewordenen Worten zur Unterschrift zu bereden gesucht: schreibt, Herr, lieber Herre schreibt, daß Ihr doch bei der Pfarre bleibt.

214) Das Gespenst zu Lungwitz.

Mündlich.

Auf dem in der Nähe des Kaltwasserbades Kreischa bei Dresden gelegenen Rittergute Lungwitz ist es im Herrenhause angeblich nicht geheuer: es läßt sich des Nachts eine weiße Frau sehen, welche sich besonders gegen Fremde sehr unfreundlich bezeigt, indem sie sich wie ein Alp auf die im Bett liegenden legen und sie drücken soll.

215) Das wunderbare Gesicht der Sabina Fieblerin zu Lockwitz.

Curiosa. Sax. 1737. S. 14. sq. 26. sq. (a. Gerber, Histor. der Wieder-
geborenen in Sachsen XIIIte Hist. S. 276.)

Es hat eine gewisse Sabina Fieblerin aus Markersbach
in Böhmen, welche sich zu Lockwitz bei Dresden mit ihrem
Manne von Tagearbeit ernährte, nach dem Tode desselben
folgendes wunderbare Gesicht gehabt. Sie ist einmal zur
Herbstzeit in die Wälder bei Königstein gegangen, um, wie
sie oft gethan, Heidelbeeren zum Verkauf zu suchen. Wie sie
nun den ganzen Vormittag in den Bergen herumgegangen,
hört sie im Dorfe Hennersdorf, das dem Grafen Zinsendorf
gehörte, Mittag läuten, setzt sich auf den nahegelegenen Berge
nieder, sucht ein Stück Brod aus ihrem Korbe und ißt. Da
sie sich einmal umsieht, steht ein hellglänzender Mann bei ihr,
der hält in der Rechten ein bloßes feuriges Schwert, in der
Linken eine feurige Ruthe und spricht also zu ihr: „Siehe
herab in den Grund." Als sie das thut, erblickt sie darin
eine große weite Grube, die voller Schlamm ist. Nun ist in
diesem Grunde zwar ein ziemlich hoher Wasserfall, der von
einem Wässerlein, das bei dem gräflichen Hofe vorbeifließt
und in diesen Grund fällt, herrührt, allein es ist kein Schlamm
darin zu sehen. Die Fieblerin sieht aber, daß in dieser Grube
voller Schlamm viele große Herren mit schönen Kleidern und
großen Perrücken sitzen; um dieselbe stehen aber Männer, die
haben große Hunde an Stricken, die bellten heftig auf die
Herren in der Schlammgrube und wollten immer zu ihnen
hineinspringen. Der glänzende Mann schlägt auch mit dem
Schwerte die Wipfel von Tannenbäumen herunter und sagt
zu ihr: „Siehst Du das Alles?" Sabina antwortet mit
Furcht und Zittern: „Ja, mein Herr." Er spricht ferner:
„Fürchte Dich nicht, Dir soll kein Leid widerfahren; gehe
aber in die Stadt Dresden und verkündige Geist- und Welt-
lichen den großen Zorn Gottes und die schweren Strafen des
Landes" u. s. w. Er spricht dann noch einmal mit großem

Ernste, sie solle Solches ausrichten, sonst werde er über ihren Ungehorsam zornig werden, und hiermit verschwindet er und das Gesicht in der Grube. Die erschrockene Frau hat vor Schwachheit kaum in's nächste Dorf laufen können, wo sie zwei Tage in einem Bauernhause geblieben ist, ehe sie sich erhohlen konnte. Kurz darauf hat der Pastor zu Lockwitz, M. Gerber, erfahren, daß sie am bevorstehenden Bußtage in der Lockwitzer Kirche auftreten und zu den Leuten sprechen wolle, hat sie also zu sich berufen und sie ihn Alles, wie oben steht, aufschreiben lassen und gesagt, so er dies an das Oberconsistorium berichten wolle, da wolle sie dies nicht thun. Gleichwohl ist sie am 20. März 1723, eben als M. Hahn auf die Kanzel getreten, in Dresden in der Kreuzkirche bei dem Lesepulte aufgetreten und hat angefangen zu sprechen, ist auch nur mit Mühe entfernt worden und hat bei ihrem Verhöre ebenso, wie oben steht, ausgesagt, auch als sie nach Lockwitz zurückgebracht ward, M. Gerbern erzählt, wie der Geist ihr keine Ruhe gelassen, sondern sie stets angetrieben habe, das Erwähnte in Dresden zu verkündigen; sie habe aber doch nicht nach Dresden, sondern in die Lausitz gehen wollen, als sie jedoch zu Schönfeld übernachtet, sei ihr ein Glanz erschienen und eine Stimme habe ihr befohlen, umzukehren und zu Dresden zu verkündigen, was er ihr damals auf dem Berge verkündiget; so sie auch gethan habe. Obgleich sie nun in Lockwitz wieder um Lohn arbeitete, hat sie doch keine Ruhe gehabt, sondern ist in die benachbarten Orte gegangen und hat über die Perrücken der Prediger geeifert, auch in Dohna dieselben ihnen öffentlich in der Kirche vom Kopfe nehmen wollen, worauf sie arretirt und erst nach Pirna, dann nach Waldheim geschafft ward, wo sie starb. Später hat sich ergeben, daß sie schon als Magd in Wittenberg im Jahr 1710 solche Erscheinungen gehabt und Befehl bekommen hat, öffentlich in der Kirche gegen die Hofffahrt der Professoren, die Gottlosigkeit der Geistlichen und Liederlichkeit der Studenten zu eifern, woran sie jedoch verhindert worden.

————

216) Die Entstehung von Dippolbiswalbe.

Peccenstein, Theatrum Saxon. Th. II. S. 14. Klotsch u. Grundig, Sammlung verm. Nachr. z. Sächs. Gesch. Chemnitz 1768. Th. II. S. 4. Curiosa Sax. 1738 p. 355. sq. 1781. p. 150. sq.

Zwei Meilen von Dresden liegt an der sogenannten Dippolbiswalbischen Weißeritz, welche gleich unter Altenberg auf der sogenannten Weicherb entspringt, die Stadt Dippolbis= walbe, deren Ursprung die Sage also berichtet. Es soll in der Mitte des 10ten Jahrhunderts, wo die ganze Gegend noch unangebaut und von einem einzigen Walde bedeckt war, davon man heute noch einen Felsen den Einsiedlerstein (den Einsiedel) nennt, ein Eremit, Namens Dippolbus (aus dem adeligen Geschlechte berer von Clohmen) gewohnt und ein so heiliges Leben geführt haben, daß er vom Papste canonisirt warb. Nun hat zur selbigen Zeit Herzog Boleslaus, der Gottlose, von Böhmen, der an seinem Bruder, Herzog Wenzel dem Heiligen (nach Einigen wäre es jedoch nicht Boleslaus, sondern Wenzel gewesen), einen Brubermord verübt hatte, vom bösen Gewissen getrieben, in dieser Gegend häufig, um dasselbe zu betäuben, dem Waidwerke obgelegen und ist bei dieser Gelegenheit einmal in die Nähe der Einsiedelei des H. Dippolb gekommen, hat denselben hier angetroffen, sich mit ihm in seine Clause begeben und ist von dessem heiligen Wandel bermaßen gerührt worden, daß er sich von ihm taufen ließ, sich von seinem gottlosen Leben völlig bekehrte und bem Einsiedler zu Ehren nicht weit von bessen Clause eine Capelle (da wo jetzt die Stadtkirche steht) erbaute, welche er Sancti Dippolbi Silva nannte, mit vielen Freiheiten be= gabte und den H. Dippolb baselbst zum Priester einsetzte, (um 930), inmaßen die ganze Gegend bamals noch unter böhmischer Herrschaft stand. An biesem anfänglich nur der Capelle beigelegten Namen hat nachmals die nachher erst ge= schaffene Commun Antheil genommen und die bahin gebaute Stadt Dippolbi Walb oder Dippolbiswalbe genannt, weil schon bei Lebzeiten des Einsieblers um diese Gegend der

Bergbau also betrieben ward, daß sich dorthin eine große Anzahl Leute zogen, welche sich anfänglich im Grunde an der dort vorbeifließenden rothen Weißeritz ansiedelten, nachmals, als sie durch häufige Ueberschwemmungen des Flüßchens beunruhigt wurden, ihren Wohnsitz auf die Höhe an denjenigen Ort verlegten, wo die Stadt noch steht. Uebrigens ist der heil. Dippoldus, nachdem er seiner Kirche acht Jahre vorgestanden, gestorben und, man weiß nicht wo, begraben, seine Clause aber von andern Einsiedlern nach und nach bewohnt worden, bis Bischoff Johann VIII. von Meißen aus dem Maltitzschen Geschlechte dieselbe wegen verschiedener Mißbräuche derselben hat zerstören lassen. Das Siegel (auch das Wappen auf der Schützenfahne) der Stadt Dippoldiswalbe, auf dem ein männliches Brustbild mit einem Barte, kreuzweis über die Brust gezogenen Bändern im blauen Felde, über dem Haupte aber mit zwei kreuzweis über die Brust gelegten Eichbäumen nebst ihren Wurzeln abgebildet ist, bewahrt das Andenken des Heiligen eben so wie der schon genannte Felsen. Sonst zeigt man noch den nach ihm genannten Einsiedlerbrunnen über dem Fußsteige in der Nähe desselben, den in Stein gehauenen sogenannten Einsiedlersitz, bei dem später noch ein Tisch und einige andere Sitze von Stein angebracht worden sind, die Ruinen seiner Clause, die 22 Fuß in der Länge und 18 in der Breite gehabt haben soll, und einen Stein von mehr als Mannesgröße in denselben, der des Einsiedlers Tisch und Bette abgegeben haben soll; sein Keller aber ist schon zu Anfange des 18ten Jahrhunderts, weil er Räubern zum Schlupfwinkel diente, zugemauert worden.†)

217) Der dankbare Schuldner.

Curiosa Sax. 1736. S. 72. (nach D. Mauritii Brandts Chronica p. 575.)

Im Jahre 1267 ist Graf Rudolph von Habsburg aus

---

†) Ziehnert Bd. II. S. 187 behandelt eine Legende von diesem Dippold, welche gänzlich erfunden zu sein scheint.

Schlesien nach Pirna im Lande Meißen mit einigen Dienern
gekommen, und weil ihm unterwegs sein Geld alle geworden,
er solches auch von Haus aus nicht so schnell hat bekommen
können, hat er Abends den regierenden Bürgermeister Paul
Strauske zu sich zur Mahlzeit laden lassen und ihn dabei
angesprochen, ob er ihm nicht bei dem Rathe zu Pirna
200 Schock Groschen zu Wege bringen könne, weil er solche
auf seiner Reise jetzt höchst benöthigt sei, er wolle ihnen solche
nicht allein mit Interessen getreulich wieder erlegen, sondern
auch solche Freundschaft also mit Dankbarkeit vergelten, daß
es die Nachkommen genießen sollten. Der Bürgermeister ent-
schuldigte sich zwar hierauf des Raths wegen mit Vorwendung
vieler Ausgaben bei der damaligen Zeit, da auch die Raths-
kammer sehr erschöpft sei, doch versprach er solches Ansinnen
dem Rathe vorzutragen und dabei so viel zu thun, als ihm
möglich. Das geschah auch, und der Rath zahlte ihm des
andern Tages 200 Schock guter Münze alsbald aus. Ob
nun zwar wohl der Graf sich verschrieben, innerhalb Jahresfrist solches Geld dem Rathe wieder auszuzahlen, konnte er
es doch auf die bestimmte Zeit nicht bewerkstelligen, weil seine
Erwählung zum Kaiser (1272) nebst anderen Kriegshändeln
dazwischen kam. Er kam darauf 1273 selbst persönlich von
Eger nach Pirna, ließ den ganzen Rath vor sich fordern und
tractirte denselben auf's Freundlichste, erinnerte sich dabei an
seine Schuld und ließ ihm 300 Schock Geldes dafür auf-
zählen, welches aber der Rath nicht annehmen wollte, weil
es sammt den Zinsen nicht so viel betrüge, wollte es ihm
auch als ihrem gnädigen Kaiser schenken, der Kaiser aber
wollte nicht und nöthigte sie, bis sie endlich 200 Schock von
ihm annahmen. Dafür bedankte er sich auf's Freundschaft-
lichste, daß sie ihm dazumal in der Noth so willig beigesprungen
und ihm als einem Fremden die 200 Schock anvertraut, be-
gnadigte auch die ganze Stadt mit besonderen Freiheiten und
verordnete unter andern, daß, so oft eine Pirnaische Jungfrau heirathen würde, ihr aus seiner kaiserlichen Kammer
30 Schock Geldes zum Heirathsgut ausgezahlt werden solle.

So soll er gleichfalls auch der studirenden Jugend in Pirna verschiedene Stipendia verordnet haben. Es gedenket auch der obengedachte Autor, daß kurz nachher, als der gefährliche Krieg zwischen dem Kaiser und dem König Ottocar zu Ende gegangen und der Kaiser ganz Böhmen, Oestreich, Lausitz und Meißen an sich gebracht hatte, er mit Ernst befohlen hatte, daß die Stadt Pirna allein von allen Contributionen frei blieb. Als er aber zur Kaiserkrönung sich nach Speier aufmachte, hat er unterwegs zu Graf Friedrich von Hohenstaufen gesagt: Nun wollen wir uns gegen die liebe Stadt Pirna recht dankbarlich verhalten, wegen ihrer redlichen Treue und Aufrichtigkeit, so sie gegen uns erzeiget, und soll sie erfahren, daß, wie sie in meiner Noth mein Vater gewesen, ich auch ihr Vater und Helfer sein will.

218) Das Denkmal bei Stolpen.

Hasche, Magazin Bd. II. S. 364.

In der Nähe der Stadt Stolpen zwischen Lauterbach und Böhlau stand früher auf freiem Felde am Wege ein steinernes, vier Ellen hohes Denkmal, einer sogenannten katholischen Martersäule ähnlich, welches die Inschrift trug: 1584. IAR DAS IST WAR ZWENE OSTERDAG IN EINEN JAR. Diese Worte sollen aber Folgendes bedeutet haben. Bekanntlich ließ Papst Gregor XIII. 1582 den Gregorianischen Kalender einführen, der jedoch nicht sogleich überall angenommen ward. Dies thaten jedoch die beiden Lausitzen im J. 1584. Da nun der Gregorianische Kalender vom Julianischen Kalender um 10 Tage abweicht, so feierten die Einwohner der Lausitz ihr Osterfest eher als ihre Grenznachbarn in Sachsen, und dies schien dem Stolpner Amtsschöffer Thomas Treuter so wichtig, daß er jene Worte bei der Erneuerung besagter Martersäule in dieselbe einhauen ließ.

219) Ursprung des Namens der Katzenhäuser.

Curiosa Sax. 1737. p. 285. sq.

Nicht weit von dem dem Herrn von Bose früher ge=
hörigen Schlosse Schleinitz bei Lommatsch liegen die sogenann=
ten Katzenhäuser, die ein kleines Dorf ausmachen und in
einer Reihe gebaut sind, welche nach Naußlitz in die Kirche
gehören. Diese Häuser haben ihren Namen von dem Berge
empfangen, auf dem sie gebaut sind. Vor langen Zeiten ist
hier nichts als Wald gewesen, wo man stark gejagt hat.
Nun ist einmal von einer Jagd ein Hase unversehens liegen
geblieben, den einige herumspazirende Katzen gefunden und
verzehrt haben. Zu dieser Mahlzeit ist ein Jäger gekommen,
der nachgehends diesen Berg den Katzenberg geheißen hat,
welchen Namen demselben dann auch andere Leute, so solches
gehört, beigelegt haben, und endlich ist derselbe auch den
Häusern, die auf ihm erbaut wurden, selbst gegeben worden.

220) Die bestraften Sabbatschänder.

Misander, Delic. Hist. S. 388.

Nicht weit von der Meißnischen Grenze ist es geschehen,
daß ein Amtmann seinen Bauern erlaubte, am Sonntag zu
boseln (kegeln) und mit Würfeln um einen Ochsen zu werfen.
Es wurden aber auf diesem Spielplatze in kurzer Zeit zwei
Bauern erstochen. Der Amtmann aber ward selbst krank
und lag hart danieder und konnte doch an keinem Sonntag
ersterben. Dieser Amtmann soll nun das Sprichwort geführt
haben: Wenn man am Sonntag Vormittags das Wort hört,
kann darnach nichts Sündliches oder Hinterliches sein. Der
Pfarrer Martinus sprach: es steht geschrieben, Du sollst den
ganzen Tag heiligen, darauf der Schösser spöttisch geant=
wortet: es steht freilich geschrieben, doch steht noch mehr ge=
schrieben und wird nicht gehalten; ist solch Spiel unrecht am
Sabbat, so gebe Gott, daß ich keins mehr erlebe. Er hat
aber auch keins mehr erlebt, sondern starb zuvor dahin.

221) Das Erdmännchen und der Schafhirt.

Prätorius, Weltbeschreibung, Magdeb. 1665. Bd. I. S. 133.

Im J. 1664 hat sich in einem Dorfe nahe bei Dresden Folgendes zugetragen. Es hat ein Schäferjunge im Felde bei seiner Heerde gesessen und von ungefähr gesehen, wie ein mäßiggroßer Stein in seiner Nähe sich von selbst einige Male in die Höhe zu heben schien. Dies hat ihn gewundert, er hat sich den Stein angesehen und ihn endlich von seinem Platze weggehoben. Siehe da hüpft ein kleines Kerlchen (ein Erdmännchen) aus der Erde hervor und stellt sich vor ihm hin und spricht, er sei bis diesen Augenblick dahin gebannt gewesen, und begehre nunmehr von ihm Arbeit, er müsse ihm etwas zu thun geben. „Nun wohl", hat der Junge bestürzt geantwortet, „hilf mir meine Schafe hüten". Dies hat das Erdmännchen auch flugs gethan, am Abend aber, wo der Junge sein Vieh hat ins Dorf treiben wollen, da hat das Gespenst mitgewollt. Der Junge hat sich aber entschuldigt und also gesprochen: „in mein Haus vermag ich Dich nicht mitzunehmen, denn ich habe einen Stiefvater und dazu noch andere Geschwister, mein Vater würde mich übel zudecken, wenn ich ihm noch einen andern mitbrächte und ihm das Haus kleiner würde". „Ja so mußt Du mir anderswo Herberge schaffen, Du hast mich einmal angenommen", hat das Männchen gesagt. „Gehe hin zu unserm Nachbar", hat der Junge geantwortet, „denn der hat keine Kinder". Dies ist auch richtig geschehen, aber dergestalt, daß ihn der Nachbar nicht wieder hat loswerden können.†)

---

†) Preusker, Blicke in die vaterl. Vorz. Bd. III. S. 177. Anm. VI, erzählt von einem Mann zu Strehla und einer Wiegenfrau bei Meißen. die beide von dergleichen zur Bewachung von Schätzen verbannten Erdmännchen um Hebung derselben gebeten worden wären, damit sie erlöst würden.

222) **Die Gräfin Kosel im bezauberten Berge von Langen-Wolmsdorf.**

K. Winter in der Constit. Ztg. 1853. Nr. 96.

Bei Langen-Wolmsdorf in der Nähe der Ruinen der alten Bergfestung Stolpen liegt ein Berg und in diesem ist eine Höhle, darin soll die Gräfin Kosel begraben sein, sie hat aber keine Ruhe im Grabe, sondern sie wandert bei Tag und Nacht herum und von den Thalern, die sie mit in ihr Grab genommen hat, giebt sie den Leuten, die ihr Stand halten.

Einmal hat ein Schäfer bei jenem Berge geweidet, dem ist plötzlich eine schöne Jungfrau erschienen, die ein kurzes weißes Kleid und um den Leib ein schwarzes Gürtelband trug. Die hat ihn gefragt, ob er ihr helfen wolle, und als er ja gesagt, hat sie sich nach dem Berge zu gewendet und ihm gewinkt, ihr zu folgen. Als er aber dort angelangt ist, da hat sich der Berg aufgethan, und es war ein Gang und eine weite Halle zu sehen, an deren Ende ein breiter Wassergraben war, über den aber keine Brücke führte. Da hat das Mädchen gesagt: „auf! springe hinüber", der Schäfer hat aber geantwortet: „er ist zu breit", und als ihn die Jungfrau abermals gebeten, hat er es zweimal vergeblich versucht, weil er schon alt und steif war. Da hat sich drüben über dem Graben ein großes Thor aufgethan, und der Schäfer hat in einem weiten Saale viele Männer mit langen weißen Bärten sitzen sehen, eine Stimme aber hat gerufen: „abermals umsonst! noch hundert Jahre!" Darauf ist Alles verschwunden und der Schäfer hat sich erst nach Mitternacht wieder nach Hause finden können.

223) **Das schwarze Kreuz in der Dresdner Haide.**

Novellistisch behandelt von K. Winter in der Const. Ztg. 1854. Nr. 153—155.

Wenn man von Dresden aus durch das Priesnitzthal über die sogenannte neue Brücke nach einer ziemlich umfangreichen Waldblöße geht, und dann die durch diese führende

Pillnitz-Moritzburger Straße überschreitet, so gelangt man auf einem Fußwege zu einer Anhöhe, auf der sich ein sehr hohes, schwarz angestrichenes Kreuz befindet, das immer wieder erneuert wird und in dessen Nähe es zwischen 12—2 Uhr Mittags nicht geheuer sein soll. Es soll sich da das sogenannte Mittagsweibchen sehen lassen, d. h. eine steinalte Frau in einem weiten weißen Kleide und mit einem weißen Tuche über dem Kopfe, welche den dort hinkommenden Holzlesern den Weg zu versperren, sie anzureden, zu ermahnen und zuweilen auch zu beschenken pflegt. Nach einigen wäre dies der Geist einer hier nebst ihrem Bräutigam von Mörderhänden erschlagenen Braut, die diesen Ort auf einer Wallfahrt zu einem Gnadenbilde in Langebrück passiren mußte, und jenes Kreuz müsse laut einer Stiftung ihrer reichen Schwiegermutter, die nach dem Tode ihres einzigen Sohnes Alles ihrer Vaterstadt Dresden vermacht habe, vom Rathe der Residenzstadt stets wieder erneuert werden; nach Andern wäre hier ein armer Perrückenmacher, der aus Armuth Botschaft lief, von einem Mörder umgebracht worden, und es geschehe die Erneuerung des Kreuzes stets auf Kosten der Perrückenmacher-Innung.

224) Die bestraften Schatzgräber zu Dörschnitz.

Curiosa Saxon. 1744. S. 204. sq. cf. Hasche, Mag. Bd. III. S. 216. sq.

Unter dem Hügel an der kleinen Holzecke bei dem Dorfe Dörschnitz in der Nähe von Lommatsch soll ein Schatz verborgen liegen, man hat zwar oft nachgegraben, aber nie etwas gefunden. So sind eines Tags ein Bauer aus dem genannten Dorfe P. H. und ein anderer aus Altlommatsch N. K. zu einer Hochzeit in Sieglitz gewesen, und da sie nun des Nachts heim und dort vorbeigegangen, hat einer dem andern Muth gemacht, sie wollten hier mit den Armen hineinwühlen und nach dem dort liegenden Schatze greifen, was auch geschehen ist. Des folgenden Tags aber, da sie ihren Rausch

ausgeschlafen, haben beide gefunden, daß ihnen der Arm, mit
dem sie in dem Berge gewühlt, aufgeschwollen und voller
Blasen, auch Hals und Kopf aufgebunsen und dick gewesen,
also daß sie sich am selbigen Tage fast nicht dürfen sehen lassen.

---

225) Der Teufelsgraben bei Coßlitz.

Preusker in den Mitth. d. K. S. Alterth.-Vereins zu Dresden 1835.
H. I. und Blicke in die Vaterländ. Vorzeit. (Lpzg. 1840—43. III. 8.)
Bd. III. S. 20. sq. Reiniger, Sächs. Prov.-Bl. Hayn 1827. Nr. 4. u. 11.
Poetisch beh. v. Ziehnert, Bd. III. S. 81. sq. Novellistisch v. Ew. Diet=
rich, Erzstufen. 1830. Bd. II. Anders erz. v. K. Winter in der Const.
Ztg. 1853. Nr. 292.

Der sogenannte Teufelsgraben, wahrscheinlich ein uralter
Grenzwall, schwerlich eine Wasserleitung, wie man auch ge=
meint hat, ungewiß, ob von Deutschen oder Sorbenwenden
gebaut, ist ein 8—12 Ellen breiter und 2—4 Ellen tiefer
von Westen nach Osten laufender, ohngefähr 2 Stunden langer
Graben ohne Grundfläche, der eine Viertelstunde von den
sogenannten Katschhäusern bei Fichtenberg anhebt, dann nach
dem Vorwerke Gohrisch und nachher nach Tiefenau zu läuft
und endlich in der Nähe des Dorfes Coßlitz bei Großenhayn
aufzuhören scheint. Die Volkssage schreibt ihm aber folgen=
den Ursprung zu. Es soll nämlich der im Dorfe Coßlitz
(3 Stunden von Großenhayn und Riesa) befindlichen Mühle
sehr oft an Wasser gefehlt haben und eines Tags hat der
Müller schon lange nicht mehr mahlen können. Da ist ein
fremder Mühlknappe eingesprochen und hat Arbeit verlangt,
allein der Müller, der für den seinigen nichts zu thun und
kaum Brod hatte, gab ihm seinen Groschen und wies ihn ab.
Der ist aber nicht gegangen, sondern hat dem Müller erklärt, er
wisse ein Geheimniß, dem Wassermangel abzuhelfen, allein er
begehre als Lohn seine Tochter zur Frau. Der Müller hat
auch nicht einen Augenblick geschwankt, sondern ihm gleich
die Hand des Mädchens zugesagt, dafern sich jener ver=
pflichtete, noch im Laufe der Nacht einen Graben aufzuführen,

der die Mühle für alle Zeiten mit Wasser versehen würde.
Der fremde Knappe hat ungesäumt den Pact angenommen
und sich entfernt, um sein Wort zu halten. Die Müllers=
tochter aber und ihr heimlicher Geliebter, der mit ihr auf=
gezogene Müllerknecht ihres Vaters, waren schon recht froh,
daß der freche und heimtückische Fremde seines Weges ging,
weil sie nicht wußten, was derselbe mit ihrem Vater abgemacht
hatte. Als nun aber die Nacht hereinbrach, vernahm man
aus der Ferne ein sonderbares Getöse, welches, je später es
wurde, sich immer deutlicher vernehmen ließ. Dem alten
Müller fing es aber an bald gar ängstlich um's Herz zu werden,
denn er merkte, mit wem er sich eingelassen hatte, und es
dauerte ihn, seine einzige Tochter dem Gottseibeiuns verlobt
zu haben. Als nun von der Seite von Tiefenau her das
furchtbare Lärmen des Teufels, der mit seinen Gesellen einen
Graben von der Elbe her führte, immer näher kam, konnte
er es nicht mehr bei sich behalten, sondern er schüttete sein
angsterfülltes Herz gegen seine Tochter und den ihm längst
als treu bekannten Knappen aus. So sannen sie alle drei
lange hin und her, wie dem drohenden Unglück zu entgehen
sei, als endlich dem Mühlknappen ein längst bekanntes Mittel
einfiel, er eilte an die Hofthüre und durch nachgeahmten
Hahnruf (wie Andere erzählen, durch Klopfen auf sein Schurz=
fell) gelang es ihm, den Haushahn zum Krähen zu bringen,
und durch dieses Zeichen des beginnenden Tages war der
Müller von seinem gegebenen Worte entbunden, denn der
Teufel war mit seinem Werke noch nicht fertig geworden.
Dieser aber, entrüstet über die ihm zu Theil gewordene Ueber=
listung und das Entschlüpfen der jungen unschuldigen Seele,
zerstörte die Wasserleitung wieder, und der dankbare Müller
gab dem klugen Knappen seine Tochter als Lohn zum Weibe,
und sonderbar, von diesem Augenblicke an hatte der bisherige
Mühlbach immer hinreichendes Wasser, und das Geschlecht
des Müllers blühte noch lange Jahre und hatte nie Mangel
an Mahlgästen, die, weil der Müller ehrlich war und blieb,
gern dahin kamen. Noch heute heißt aber eine in der Nähe

von Tiefenau liegende öde, sumpfige Waldstelle, das Teufels-
nest, weil sich der Teufel aus Aerger dorthin zurückgezogen
und hier seinen Wohnsitz aufgeschlagen haben soll; er hat
aber der Müllerfamilie, die fromm und gut blieb, niemals
was anhaben können. †)

226) Gott straft einen Meineidigen.

Curiosa Sax. 1721—30. S. 162. sq.

Im J. 1728 lebte zu Hirschfeld bei Großenhayn Salomon
Radt, ein alter 68jähriger Windmüller, der schon bei 30
Jahren wegen Diebstahl, Mord und andern bösen Thaten
vielmal angeklagt worden war und sich durch das Purgatorium
hatte retten müssen. So hat er wegen gewaltsamer Erbrechung
der Frankenmühle und Ermordung ihres Besitzers im J. 1700
die Tortur ausgestanden, aber nichts bekannt, dann sich noch
dreimal wegen Diebstahl losgeschworen, auch einmal seinem
leiblichen Sohne wegen geringer Ursache einen Spaten an
den Kopf geworfen, und weil seine eigene Frau dazwischen
gekommen, hat dieser der Spaten den Arm zerschlagen, woran
sie gestorben ist. Endlich ist er im J. 1728 wegen Bestehlung
des Wassermüllers Noack zu Hirschfeld der Obrigkeit abermals
in die Hände gefallen und hat nachgehends sowohl deswegen,

---

†) Nach einer andern Version der Sage (bei Winter a. a. O.) wäre
jedoch nicht sein Mühlknappe, sondern ein Jäger der heimliche Liebhaber
des Mädchens, das, weil sie am Tage des h. Laurentius geboren worden
war, Laurentia hieß, gewesen, von ihrem Vater aber seiner Armuth wegen
abgewiesen worden, sie sei vor Angst mitten in der Nacht zur Capelle des
h. Laurentius, die zwei Stunden entfernt war, geflüchtet und habe den
Heiligen um Rettung gebeten, und diesem habe man das rettende, all-
zufrühe Krähen des Haushahns zugeschrieben. Dieses Wunders wegen
sollen nun auch viele Andere nach jener Capelle gewallfahrt sein und das
dankbare Liebespaar — das Mädchen bekam ihren Geliebten noch — demselben eine größere Kirche erbaut haben, da die frühere kleine Capelle dem
Zudrang der vielen Pilger nicht mehr genügte; um diese erhoben sich
später mehrere Häuser, aus denen zuletzt ein Dorf und nach und nach
das durch seinen Jahrmarkt bekannte Lorenzkirchen ward.

als weil man bei ihm verschiedene Segensprüche, auch einen getrockneten Menschenfinger, den er vermuthlich einem Hingerichteten abgeschnitten, auch Kugeln, Wurzeln und rauhe Zwiebeln zum Festmachen †) gefunden, in Beisein des Hirschfelder Pfarrers M. Uhlemann zu Straucha, wohin Hirschfeld gehört, den Reinigungseid an öffentlicher Stelle ablegen sollen und wollen, dabei es denn geschehen, daß ihm, als er die Finger in die Höhe gehoben, der Mund weit auf, steif und starr geblieben ist, alle Sinne vergangen sind, er zu brüllen angefangen, und ohngeachtet ihm der Geistliche und Gerichtsverwalter ernstlich zugeredet, dreiviertel Stunden darauf elendiglich gestorben ist.

---

227) Ursprung des Namens der Stadt Frauenstein.

Bahn, Das Amt, Schloß und Städtchen Frauenstein. Friedrichst. bei Dresden 1748. S. 19. 21.

Als in Deutschland noch das Faustrecht in seiner schönsten

---

†) Ueber das Festmachen finden sich aus Sachsen verschiedene Sagen. So hat im J. 1634 im Hornung zu Meißen ein gottloser Soldat beim Trunk geschworen, der Teufel solle ihn hinführen, wenn er sich nicht wider alle Wehr und Waffen fest und gefroren machen könne. Darauf hat er zum andern Male sein bloßes Schwert mit solcher Macht in seinen bloßen Leib gestoßen, daß er sich krümmen müssen, und ist auch nicht das Geringste an seinem Leibe verletzt worden. Als er aber solches zum dritten Male thun wollen, ist das Schwert gählings durch die Brust in den Leib und das Herz hineingefahren, daß der gottlose Mensch elendiglich gestorben und zu Grunde gegangen (s. Gwerb, Von dem abergläubischen Besegnen S. 129). Einen andern Fall erzählt Mißander, Deliciae Historicae od. Hist. Ergötzlichkeiten. Dresden 1698. 8. S. 159, nach Luther (Werke, deutsch. Jen, A. Bd. VIII. p. 121. a). Es ist nämlich einmal ein Jude zu Herzog Albrecht zu Sachsen gekommen und hat ihm einen Knopf mit seltsamen Characteren und Zeichen angeboten, der sollte für kalt Eisen, Stechen und Schießen dienen. Da hat der Herzog gesagt: so will ich's mit dem Juden zuerst probiren. Er hat ihn vor's Thor in's Feld hinausgeführt, ihm den Knopf an den Hals gehängt, sein Schwert gezogen und ihn durchstochen, also daß ihm sein Schemhamphoràsch Tetragrammaton nichts geholfen.

Blüthe stand, da haben eine Anzahl Raubritter mehrere ge=
meinschaftliche Burgen im sächsischen Hochlande gehabt; zu
Frauenstein hatten sie ihre Frauen, zu Rechenberg hielten sie
ihre Abrechnung und theilten ihren Raub, zu Purschenstein
lagen ihre Reisige und Burschen in Quartier und zu Pfaff=
robe unterhielten sie ihre Pfaffen. Wenn aber auf dem alten
Stadtsiegel eine Frau, an einem Felsen stehend und in der
Hand einen Zweig mit drei Aesten und Blüthen haltend,
dargestellt ist, so bedeutet dies, daß früher das Städtchen
unter dem felsigen Schloßberge stand und von der Königin
Libussa (bekanntlich schlug der dürre Stab ihres Mannes
aus, s. oben S. 75) gegründet worden ist. Auf den neuern
Siegeln sitzt diese Frau entweder mit entblößtem rechten Beine
zwischen zwei Felsen, was sagen will, daß Frauenstein zwischen
dem Schloß= und Sandberg erbaut ist, oder sie springt
zwischen den Bergen hervor, indem das rechte Bein noch in
demselben steckt, was bedeutet, daß die Stadt ihre Einnahmen
aus dem damals noch florirenden Bergbau gezogen habe.

---

228) **Ein Geist zeigt eine Mordthat an.**
Curiosa Sax. 1762. S. 242. sq.

Im J. 1760 ist ein Knabe aus Bräunsdorf nach Neu=
mark bei Freiberg zu einem Schuhmacher in die Lehre gethan
worden. Dieser Lehrjunge wird von dem Sohne des ge=
dachten Schusters, der seinem Vater im Handwerke hilft, mit
einem Schuhleisten tobtgeschlagen. Sie schaffen denselben in
aller Stille bei Seite, und geben vor, er sei davongelaufen,
was auch geglaubt wird, aber des Knaben Großmutter, die
ebenfalls zu Bräunsdorf wohnte und den Knaben in seiner
Lehrzeit öfter als seine Eltern besucht und ihm auch oft etwas
mitgebracht hatte, erblickt nach einigen Tagen mehrere Nächte
hintereinander den Geist ihres erschlagenen Enkels, der ihr
erzählt, er sei nicht davongelaufen, sondern vielmehr mit einem
Schuhleisten erschlagen und in der Scheune begraben worden.

Diese Begebenheit ist dem Amte zu Freiberg gemeldet und in Folge davon im Januar des J. 1762 Vater, Mutter und Sohn eingezogen worden, bei deren Vernehmung sich Alles, wie oben erzählt, bestätigt hat.

---

229) Arndts Paradiesgärtlein ist unverbrennlich.

Curiosa Sax. 1738. S. 269.

Als am Johannis heiligen Abend des Jahres 1738 (23. Juni) des Nachts gegen 10 Uhr Gott Tuttendorf bei Freiberg mit einem heftigen Donnerwetter heimsuchte, und der Strahl des Bergmanns J. D. Schieffels Wohnhaus im Oberdorfe entzündete, hat zwar die wüthende Feuersgluth Alles verzehrt, allein alle im Hause befindlichen Personen sind mit dem Leben davon gekommen, und was das Sonderbarste ist, die schon zu mehreren Malen über Dr. J. Arndts berühmtes Gebetbuch, Paradiesgärtlein betitelt, in Feuersgefahr waltende Fürsorge Gottes hat sich auch hier wiederum bethätigt. Denn da sich unter dem geistlichen Büchervorrath dieser armen Verunglückten auch gedachtes Buch in der von Chr. Weinmann, Buchhändler zu Erfurt, in länglich Duodez 1725 besorgten Auflagen befunden, so hat man dasselbe am andern Tage unter der Asche dergestalt angetroffen, daß, obwohl der Einband desselben gänzlich zu Kohlen verbrannt, dennoch kein Buchstabe an dem Buche selbst verletzt war, sondern dasselbe ganz unversehrt im Feuer geblieben ist. Es ist solches dem Pastor des Ortes von den Abgebrannten zum ewigen Andenken überlassen worden, bei dem man es noch lange hat sehen können.

---

230) Der böse Pfaffe von Mulda.

Moller, Freiberg. Annales Th. II. S. 201.

Am 10. April Montags nach Palmarum des J. 1536 hat ein katholischer Priester, der Pfarrer zu Mulda bei Frauenstein gewesen, in einem Weinhause des letztgenannten Ortes

allerlei Ueppigkeit getrieben und ist über Nacht daselbst ganz
toll und voll liegen geblieben, am Morgen des andern Tages
aber mit umgedrehten Halse gefunden worden. Man hat ihn
aber früher insgemein für einen Zauberer gehalten, inmaßen
er, wie Martin Beck, gewesener Pfarrer zu Kleinhartmanns=
dorf, in seinen Frauensteinischen Annalen erzählt, oft in
Wirthshäusern böhmische und andere Groschen nach Belieben
aus den Wänden herausgraben konnte und anderes Gaukel=
spiel zur großen Verwunderung der gemeinen Leute aufführte.

231) Die Entstehung von Altenberg.

Chr. Meißner, Umst. Nachr. v. Altenberg. Dresd. 1747. 8. S. 2. sq.

Die im sächsischen Hochlande gelegene Bergstadt Altenberg
verdankt ihren Ursprung nach folgender Sage. Im J. 1458
hat in dem ehemaligen eiteln Walde, der dem Herrn Walzig
von Bärenstein eigenthümlich zugestanden, ein Köhler einen
Meiler Holz auf einem mächtigen flachen Gange, der noch
jetzt die alte Fundgrube oder die rothe Kluft genannt wird,
zugerichtet und beim Ausstoßen hat er berglauteres Zinn
angetroffen, wodurch der berühmte Zwitterstock zum Altenberg
unvermuthet fündig geworden ist, denn, nachdem das Gerücht
von diesem reichen Zinnbergwerk durch's Land erschollen,
haben sich viele in= und ausländische Bergleute hierher gewendet
und das Bergwerk in Flor gebracht.

232) Wie Dr. Martin Luther einem Bergmann zu Altenberg Böses mit Gutem vergolten hat.

Matthesius, XVII. Predigt über das Leben Lutheri. Nürnb. 1583. S. 196.
sq. Meißner a. a. O. S. 19. sq.

Im Jahre 1522 haben eine Menge Leute zu Altenberg
ein hölzernes Bild, das wie Luther angezogen war, gemacht,
dasselbe vor ein aus fingirten Richtern und Schöppen gebil=
detes Gericht geführt, es wegen Ketzerei verklagt und ver=

urtheilt, und dann mit großem Geschrei und Lärm auf den
Geisingberg geführt und am Sonntag Lätare an einem aus
25 Judern Holz bestehenden Feuer verbrannt, nachdem vorher
ein gewisser Bergmann darüber den Stab gebrochen und das
Urtheil gesprochen hatte. Zwanzig Jahre nachher kamen zwei
Bürger aus Altenberg zu Dr. M. Luther gen Wittenberg und
bringen ihm einen schönen Handstein (so nennt man die reich=
haltigsten Zinnstufen) von rothgülbenem Erze, worauf sie
derselbe zu Tische bittet. Da sagt der Eine, sein Kameral
habe sich einst schwer an ihm versündigt, indem er sein Bild
wie Johann Huß zum Feuer verdammt, später habe er aber
die Wahrheit seiner Lehre erkannt, und bitte nun, da ihm
solches von Herzen leid sei, demüthig um Gnade und Ver=
zeihung seines thörigten Unverstandes. Dem Luther gefällt
die Rede und er sagt, weil solches Feuer ihm und seiner Lehre
nichts geschadet, solle es ihm im Namen des Herrn vergeben
und vergessen sein. Wie nun dieser Handel ein gut und
ehrliches Gelächter gab, spricht der Absolvirte: „o Herr Doctor
ich danke Ew. Ehrwürden, aber ich hab noch eine große Schuld
auf mir, bitte, Ihr wollet mich auch davon absolviren, denn
ich armer Bergmann habe mich bei der Zeche verpufft und
bin an die 500 Gülden schuldig". Da sagt der Luther: „Ihr
Bergleute, wenn Ihr am ärmsten seid, blüht Euer Glück,
denn da haltet Ihr an und sehet selber zu Euern Zechen, und
Noth lehrt Euch beten, zur Kirchen gehen und nüchtern und
mäßig sein, darum wisset Ihr selber nicht, wie reich Ihr seid.
Ziehet heim und arbeitet treulich und handelt redlich und
glaubt und hofft an Gott den Allmächtigen, den rechten Erz=
schaffer im Namen seines Sohnes, der Silber und Gold ins
Fisches Mund sprach (Matth. XVII) und läßt immer Erz
wachsen und giebts zu rechter Zeit denen, die in ihren Zechen
anhalten und bei ihm im Gebet aushalten. Der reiche Gott
wird mit Euch sein, auf seinen reichen Segen und milde
Hand absolvire ich Euch von aller Eurer Schuld". Ehe dieser
Bergmann wieder zu Hause kommt, erhält er Botschaft unter=
wegs, man habe in seiner Zeche auf dem seligen Asar gut

Erz angetroffen, da löst er Geld und giebt Ausbeute und zahlt Alles ab und behält noch Ueberlauf.

---

233) Der graue Mann zu Neugeißing.

Meißner a. a. O. S. 283. sq. cf. S. 479.

Im Jahre 1713 den 12. Septbr. ist der Grubenarbeiter Gottfried Behr im Bergamt Altenberg erschienen und hat daselbst beschworen, daß, als er am 31. August in seinem Hause zu Neugeißing früh 3 Uhr aufgestanden, um auf den Uhrschlag zu hören, sich aber, als es ihm zu zeitig geschienen, wieder niedergelegt habe, ein Mann mit grauem Barte und Haaren in einer langen grauen Kutte vor sein Bett getreten sei und gesagt: „warte noch ein Bischen, Du sollst noch eher droben sein, als der mein Volk zählen läßt. Ich will mit Dir ins Zechenhaus gehen und Dir zeigen, wie ich mein Volk wegnehmen will, Du hast unterschiedliche Warnungen gethan und dabei haben Dich viele verunglimpft, dieselben haben aber ihr Theil schon gekriegt, und wenn sie Dich wieder so verunglimpfen werden, so soll es denselben wieder so gehen, wie den ersten. Du sollst auch eher droben im Zechenhause sein, als der Geschworne, das merke Dir zum Wahrzeichen". Hierauf ist er verschwunden. Als Behr aber im Zechenhause angekommen, hat er den grauen Mann in eben der Gestalt wie in seinem Hause in der Stube stehen sehen, der hat vom Ofen aus einen Strich mit dem rechten Arme über die Bergleute nach dem Fenster zu gethan und ihn an der linken Seite berührt, daß er solches die ganze Woche gefühlt und manche Thräne darüber vergossen. Dann sind alle Leute weggewesen, bis auf 10 Personen, so traurig am Ofen gesessen, der graue Mann aber sagte: „da haben sie die 12, die mögen sie auszählen". Darauf ist er auf einmal weggewesen, und die Leute, welche eben abwesend waren, sah er mitten unter dem Gebete wieder um sich, dann ist auch der Geschworne hereingekommen und hat wie gewöhnlich mit den Leuten sein

Gebet verrichtet. Freitags hat er denselben grauen Mann
wieder in der Zechenstube gesehen und früh den 11. Sept.
ist er wieder vor seinem Bette erschienen und gesagt, er solle
noch wohin gehen, es solle eine Hochzeit sein, da wären schon
drei Tafeln gesetzt; als aber seine Frau gekommen und ihn
gerufen, sei er wieder verschwunden. Als den 9. August
1712 ein lediger Bergmann, Andreas Behr, in ein Gesenke
fiel und darin umkam, hat Ersterer diesen Todesfall von einem
Geiste mit den Worten: „Du, er ist schon todt", während er
auf der Bank lag, angezeigt bekommen.

---

234) Das goldne Lamm.

Brandner, Lauenstein. Lauenst. 1845. 8. S. 323 sq.

Im Dorfe Fürstenwalde lebte vor langer Zeit ein
Häusler, Namens Bär (ob der vorige?), bei dem seit vielen
Jahren jährlich ein Frember, angeblich ein Italiener, ein-
kehrte, sich mehrere Wochen aufhielt und in dem Flußbette
der Müglitz in der Gegend vom Kratzhammer abwärts bis
an das sogenannte Löwenbrückchen Goldkörner und im Schlott-
witzgrunde edle Steine suchte. Seine Bemühungen wurden
jedesmal von reichem Erfolge gelohnt, er bezahlte stets seinen
Wirth reichlich, doch endlich sagte er einmal bei seiner Abreise,
er werde nun nicht wieder hierher kommen, wohl möge ihn
aber Bär in seiner Heimath besuchen, wozu sich schon Gelegenheit finden werde. Nach länger als Jahresfrist erhielt nun
Bär von seinem frühern Gaste die Nachricht, er solle nach
Teplitz kommen und sich daselbst auf der Post melden, für
sein Fortkommen und Beköstigung sei gesorgt. Bär macht sich
auf den Weg, findet Alles wie angegeben und gelangt endlich
in den Wohnort seines Freundes. Da er jedoch der Sprache
nicht kundig ist, hat er große Mühe, die Gasse und das Haus
zu finden, wo sein Gastfreund wohnen sollte, trotzdem daß
ihm die Nummer desselben angegeben war. Endlich nach
langem Suchen findet er dieselbe, aber das Haus scheint ihm
weit größer und prächtiger, als er sich gedacht hatte, er tritt

Gräße, Sächs. Sagen. I.   14

jedoch ein, um sich zu erkundigen, weil er aber in seiner
schlechten gewöhnlichen Kleidung war, so ward er von einem
ihm entgegenkommenden Bedienten, der ihn für einen Bettler
hielt, aus dem Hause hinausgewiesen. Wie er nun nicht
weiß, was er anfangen soll, hört er auf einmal aus dem
genannten Hause eine bekannte Stimme rufen: „Vater Bär
bist Du's?" und gleich darauf erscheint zu seiner großen Freude
sein alter Freund. Dieser nimmt ihn sehr gut auf, allein
Bär kann sich lange Zeit mitten unter der Pracht und Herr-
lichkeit, die ihn umgiebt, gar nicht zurecht finden, endlich
führt ihn jener, als er sich zum Abschied anschickt, in ein
Cabinet, welches seine Schätze enthielt, und bittet ihn, unter
mehreren dort aufgestellten, aus dem reinsten Golde gegossenen
Figuren, sich eine zum Andenken mitzunehmen, da sie aus
den Goldkörnern seien, die er in seiner Heimath gesammelt
habe. Bär wählt nach langem Zureden ein goldnes Lamm und
langt damit, so wie mit einer kleinen Summe Geldes, welche ihm
sein Freund noch aufgebrungen, glücklich wieder in seiner Heimath
an. Die Kunde von diesem goldnen Lamme gelangt bald zu dem
damaligen Herrn von Lauenstein und durch diesen wieder an
den Churfürsten, der Bär'n durch Zusagung einer kleinen jähr-
lichen Leibrente dahin hat vermögen lassen, ihm dieses ebenso
kostbare als kunstreich gearbeitete Stück abzutreten, worauf
es dann in die churfürstliche Kunstkammer gekommen ist, allein
hier scheint es verloren gegangen zu seyn.

---

235) Der große Bergsturz zu Altenberg.

Meißner S. 430 sq. Mißander, Cornu Copiae Th. III. p. 12. Poet.
beh. von Segnitz Bd. II. S. 268 sq.

Nachdem schon im Jahre 1619 den 10. März und 1.
December zwei große Brüche im Altenberger Bergwerke geschehen
waren, hat sich den 24. Januar des folgenden Jahres der
dritte und größte zugetragen, so daß nicht bloß die schon vorher gewesene Bünge tiefer einging, sondern auch vier Zechen
nebst einem Schachte und dem Hause des Bergschmieds Dietze

ganz verfunken find. Ob nun wohl der größte Theil der Stadt durch diefes Erdbeben furchtbar erfchüttert ward, ift doch der Ort durch Gottes Gnade erhalten worden, auch die meiften verfunkenen Bergleute find nach und nach wunderbar gerettet worden, nur einer ift nicht wieder zu Tage gekommen, nämlich ein alter Bergmann von 79 Jahren, Namens David Eichler (nach Andern Simon Sohr), der aller Warnung ohngeachtet alle Bergveften (d. h. Pfeiler, die man beim Bauen ftehen läßt, um durch fie das ganze Werk zu ftützen) nach und nach weggehauen hatte, auch fonft ein gottlofer Menfch war und an diefem Tage ohne Gebet und in Teufels Namen eingefahren fein foll. Hiervon hat man folgenden alten Reim:

> Ich George Fröhlich der Alte
> Ich wollt überm Bergwerk halte,
> Es wolt aber gar nicht fein,
> Sondern die Gottlofen fuhren hinein,
> Und riffen die Bergveften ein.
> Das ift bewußt der ganzen Gemein.

Gleichwohl ift diefes Unglück nicht ohne Warnung von oben gefchehen, denn man hat einige Zeit vorher, wenn die Bergleute früh zwifchen 4 und 5 Uhr im Zechenhaufe ihr Gebet vor dem Einfahren abgewartet hatten, wahrgenommen, daß ein weißes Pferd im vollen Laufe von oben an bis zum Ende der Bünge fprang und alsbald verfchwand. Man hat dies auch für eine Warnung angefehen, auch weil zuvor Viele vor dem gemeinfchaftlichen Gebet eingefahren, den das Gebet verfäumenden Bergleuten zwei Grofchen von ihrem Lohne für arme Leute abgezogen, wovon denn das fogenannte Aufrufen gekommen ift. Im Jahre 1729 hat man, wie man das damals Eingeftürzte wieder aufzuarbeiten fuchte, was jedoch nicht gelungen ift, eine alte Bergmütze von Filz gefunden, die man für die Fahrmütze jenes Eichler gehalten hat.

---

236) Das wandernde Haus in Zinnwald.

Ziehnert Bd. III. S. 165 sq.

In dem fächfifchen Antheile des böhmifchen Bergfleckens

Zinnwald steht ohngefähr 50 Schritte von der Grenze ein kleines hölzernes, von einem Bergmann bewohntes Häuschen, an dessen hinterem Deckbalken in der Stube folgender Vers eingeschrieben ist:

Ich bin nun auf Sachsens Boden, Gott Lob
Weil mich mein Wirth, Hans Hirsch, aus Böhmen rüberschob. 1721.

Hiermit hat es folgende Bewandniß. Als in den Jahren 1716 bis 1728 die protestantischen Einwohner Böhmens der Religion wegen vielfältig beunruhigt wurden, wanderten viele in das benachbarte Sachsen aus, unter andern auch ein armer Bergmann, Namens Hans Hirsch. Weil dieser aber sein nahe an der Grenze stehendes Häuschen nicht gern zurück lassen wollte, hat er dasselbe mit Hilfe seiner Freunde und Nachbarn des Nachts auf Walzen gesetzt und glücklich nach Sachsen herüber practicirt, und zum Gedächtniß obigen Vers in die Stubendecke eingeschnitten.

237) Das wunderthätige Marienbild zu Fürstenau.

Brandner, Lauenstein, S. 299. sq.

Die Kirche des eine Stunde von Lauenstein entfernten Dorfes Fürstenau, eines der höchstgelegensten Punkte des Meißner Hochlandes (2300 F. üb. d. Meere), ist die älteste der ganzen Umgegend und besitzt ein am Altar befindliches Marienbild mit reicher Vergoldung und leiblicher Bildhauer- arbeit. Dasselbe stellt den Besuch der Maria bei ihrer Schwester Elisabeth vor, und in katholischer Zeit zog es wegen seiner angeblichen an Kranken verübten Wunderheilungen viele Wallfahrer dorthin. Eines Tages wurde dieses Bild (um 1419—36) von frechen Dieben entwendet, allein kaum waren sie in dem naheliegenden Walde angelangt, so hatten sie den Weg verloren und sahen sich genöthigt, das Bild einstweilen unter einem Strauche zu verstecken und den verlorenen Pfad wieder aufzusuchen. Kaum hatten sie aber das Bild nieder- gelegt, als sie sich auch wieder zurecht fanden, allein dasselbe

war entschwunden, fand sich aber Tags darauf an seinem
früheren Platze in der Kirche wieder. Einer der Diebe entdeckte diese wunderbare Geschichte seinem Beichtvater auf dem
Sterbebette. Später versuchten andere Diebe dieselbe Unter-
nehmung noch einmal, als sie aber schon eine Strecke weit
entfernt waren, wurden sie plötzlich in der Umgegend von
Teplitz von unbekannten Männern angefallen, das Bild ihnen
wieder von denselben entrissen und an den Prior des Klosters
Mariaschein abgeliefert. Letzterer wollte jedoch dasselbe seiner
Schönheit und reichen Vergoldung halber für sich behalten
und es der Fürstenauer Kirche nicht zurückgeben, und siehe,
eines schönen Tages war es wieder verschwunden und an
seinen alten Platz zurückgekehrt. Als nun auf Befehl des
Priors diese Begebenheit in allen Kirchen der Umgegend
bekannt gemacht worden war, hat seitdem Niemand mehr
einen Entwendungsversuch gemacht. Uebrigens findet noch
jetzt jedes Jahr am Sonntag nach Mariä Heimsuchung eine
Wallfahrt der Katholiken aus dem benachbarten Böhmen nach
diesem Marienbilde statt.

---

238) Die wüste Mühle im Trebnitzgrunde.
Poetisch beh. b. Ziehnert, Bd. III. S. 49. sq.

In das in der Nähe von Lauenstein liegende Dorf
Dittersdorf ist auch das Dörfchen Neudörfel eingepfarrt, welches
früher nur ein einziges Vorwerk war, zu dem der ohnweit
davon im Grunde gelegene Eisenhammer, jetzt die Herren-
mühle, gehörte. Beide Grundstücke waren vor langen Jahren
im Besitz eines gewissen Pessel, der ein zwar reicher, aber
ebenso habsüchtiger Mann war, dem alle Mittel recht waren,
wenn sie nur zur Vergrößerung seines Mammons dienten.
Einst ging derselbe in der Liebenauer Kirche, wohin das Vorwerk früher gepfarrt war, zur Communion, und sah, wie der
Lauensteiner Schösser ein funkelnagelneues Goldstück als Opfer-
pfennig auf den Altar legte. Da gab ihm der Teufel den

böfen Gedanken ein, sich dieses Goldstückes zu bemächtigen,
er wartete also, bis alle übrigen Communicanten an den
Altar getreten waren, und als er nun als der letzte herzu=
trat, um die Hostie zu empfangen, stahl er mit gewandter
Hand daselbe vom Altar herab. Der Geistliche hatte jedoch
den Frevel bemerkt, und als nun Pessel auf der andern
Seite des Altars den Kelch empfangen sollte, zog jener ihn
zurück, verkündete öffentlich seine Schandthat und verfluchte
ihn. Pessel wankte nach Hause, allein der Schreck und die
Reue warfen ihn aufs Krankenbett, von dem er nicht wieder
aufstand. Als nun aber einige Tage darauf in früher
Morgenstunde ihn seine Hammerknechte nach Liebenau zu
Grabe trugen, überraschte sie beim Eingange des Trebnitz=
grundes ein plötzliches Donnerwetter, sie stellten den Sarg
am Rande einer Wiese hin und flüchteten in die im Grunde
gelegene Mühle. Nachdem nach einem furchtbaren Donner=
schlage das Gewitter sich verzogen hatte und sie aus der
Mühle heraustraten, um den Leichenconduct wieder fortzusetzen,
war der Sarg spurlos verschwunden und man glaubte, daß
der Teufel denselben samt dem Inhalte entführt habe. Seit
dieser Zeit aber erblickt man jede Mitternacht den Schatten
des alten Pessels, der nach der Mühle zu herumirrt und mit
schaurigem Geheul seine Leichenträger sucht und sie bittet,
ihn doch zur Ruhe zu bringen. Durch diesen Spuk kam aber
auch die Mühle selbst sehr bald in Verruf, Niemand wollte
mehr dort mahlen lassen und noch weniger hatte Jemand in
ihr Ruhe, woher es kam, daß sie bald von ihren Bewohnern
verlassen ward und als Ruine für ewige Zeiten von dieser
schauerlichen Geschichte Kunde giebt.

---

239) Der böse Gecko von Lauenstein.
Brandner, S. 24. sq.

Die Burg Lauenstein war in den ältesten Zeiten eine
Burgwarte und hatte einen Schloßhauptmann. Diese miß=

brauchten aber sehr oft ihre Macht und plünderten und raubten nach Herzenslust. So hatte einst ein solcher Hauptmann, Namens Gecko, bei einem seiner Streifzüge die Gemahlin des Burggrafen Otto von Dohna nebst ihrer Tochter in seine Gewalt bekommen und hielt sie in schmählicher Gefangenschaft, bis der Burggraf die Veste berannte. Jener gab zwar jetzt gutwillig seinen Raub heraus, allein die beiden Frauen hatten so viel gelitten, daß die Mutter beim Wiedersehen ihres Gatten plötzlich verstarb. Später hat er aber seinen Lohn erhalten, denn als er auf Burg Löwenstein wiederum die Schloß=hauptmannsstelle bekleidete, hat einst sein kleines Söhnchen am Rande des Schloßgrabens gespielt, und ist, indem es nach einer Blume langen wollte, hinabgestürzt. Der Gecko ist, dies gewahrend, eilig zur Hilfe herbeigeeilt, allein eben=falls ausgeglitten und hinabgestürzt, dabei aber an einem Pfahle hängen geblieben und hat sich denselben in die Hüfte zwischen Wamms und Brustschild durch den Leib gebohrt, woran er elendiglich gestorben, der Knabe aber ist unversehrt herausgekommen.

---

240) Der Katharinenstein bei Lauenstein.

Ziehnert Bd. III. S. 163. sq. Poetisch beh. v. Segnitz, Bd. II. S. 123. sq.

Um das Jahr 1651 ward Agnes Katharina von Bünau, geborne von Ponikau, Besitzerin von Lauenstein, nachdem ihr Gemahl auf einer Reise nach Mainz gestorben war. Da sie aber bei seinem Tode in anderen Umständen war, so genaß sie drei Monate nachher von einem Knäblein, welches sie um so mehr liebte, als es gewissermaßen das letzte Liebespfand ihres geliebten Verstorbenen war. Einst lustwandelte sie mit der Wärterin des Kindes, welches jetzt über zwei Jahre alt war, auf einem Hügel in der Nähe des Schlosses, der jetzt der Pavillon genannt wird, und weil dasselbe sanft ein=geschlafen war, so befahl sie jener, dasselbe auf den Rasen zu legen, indem sie mit ihr Blumen zu einem Kranze sammeln wollte, um damit das aufgewachte Knäblein zu schmücken.

Leider aber entfernten sie sich bei diesem Geschäfte allzuweit
von dem Kinde, und diese Gelegenheit erspähte ein gewaltiger
Raubvogel, der schon lange in dem nahe gelegenen Forste
auf Beute gelauert hatte, er stieß herab, packte das schlummernde
Kind mit seinen Fängen und entführte es mit sich in die
Lüfte. Da ihn jedoch die Schwere des Kindes beim Fluge
zu behindern schien, so flog er nur ziemlich langsam nach den
jenseits des Schlosses gelegenen Felsklüften, und war schon
über dem hohen und felsigen Hügel, der sich im obern Theile
des unmittelbar vor dem Schlosse liegenden Städtchens Lauen=
stein erhebt, angelangt, als plötzlich ein Schuß fiel, den ein
aus dem nahen Forste kommender Jäger, welcher den Vor=
gang gesehen, mit sicherer Hand entsendet hatte. Der Vogel
stürzte herab und die herbeigeeilte Wärterin konnte das Kind,
welches, von den Krallen des Thiers gehalten, lebend mit
herabkam, der verzweifelnden Mutter zurückgeben. Zum Andenken
an diese wunderbare Rettung ließ diese aber auf dem Hügel,
wo der Vogel todt herabgestürzt war, einen Thurm erbauen
und später auch eine Glocke darin aufhängen. Zwar ist jener
jetzt zur Ruine geworden und die Glocke in den Thurm der
Lauensteiner Kirche gekommen, allein der Hügel heißt noch
bis auf diese Stunde der Katharinenstein.

---

241) Die wüste Mühle bei Reichenau.
Ziehnert, Bd. III. S. 167.

Mitten auf der Grenze der beiden Dörfer Reichenau und
Hermsdorf im Amte Frauenstein am Kreuzwalde, hart an der
nach Böhmen führenden Straße, steht die Ruine der Kapelle
zum heiligen Kreuz oder die sogenannte Wüste Kirche. Die=
selbe ist 24 Ellen lang und 12 Ellen breit, scheint aber nur
eine Wallfahrtskirche gewesen zu sein, insofern 1742 ein
gewisser Trope oder Hartitzsch sich mit dem Hermsdorfer
Richter um das Recht stritt, Bier und Brod zum heiligen
Kreuz zu schaffen. Unter dieser Kapelle soll aber eine ganze

Braupfanne voll Gold stehen und zwölf Fässer alten Weines lagern, allein ob man wohl oft schon darnach gegraben, hat doch Niemand den rechten Fleck treffen können.

---

242) Die vierzehn Nothhelfer bei Gottleuba.

Poetisch beh. v. Ziehnert, Bd. I. S. 29. sq.

Als die Hussiten im Jahre 1429 durch das Land Meißen zogen und Alles mit Mord und Brand verwüsteten, kamen sie auch in das sächsische Hochland und zwar in die Nähe des in einem der tiefsten und schönsten Thäler Sachsens liegenden Städtchens Gottleuba, welches zum Amte Pirna gehört. Schon brachten Flüchtige aus Liebstadt die Nachricht, daß das feindliche Heer im Anzuge sei, und um in die benachbarten Berge zu flüchten, schien die Zeit zu kurz, wenn es nicht möglich werde, dasselbe eine Zeitlang zu beschäftigen. Da rief der Bürgermeister rasch die rathlosen Bürger auf dem Markte zusammen und forderte sie auf, freiwillig zurückzubleiben und sich den Hussiten entgegen zu werfen, auf daß Greise, Weiber und Kinder indeß Zeit zum Entrinnen gewinnen könnten. Obwohl sich aber fast alle Männer bereit erklärten, so wählte der tapfere Mann doch nur dreizehn Unverheirathete aus und zog mit ihnen, nachdem sie von den Ihrigen auf Nimmerwiedersehen Abschied genommen, dem Feinde entgegen. Sie besetzten eine steile Bergspitze, bei welcher dieselben vorüber mußten, wenn sie zur Stadt wollten, und als ihnen die Hussiten einen Gesandten entgegenschickten, der sie zur Uebergabe auffordern sollte, wiesen sie ihn muthig zurück. Nun rückten jene mit ihren ganzen Massen heran, um sie von ihrem Posten zu vertreiben, allein sie widerstanden männiglich, und erst nach Verlauf von drei Stunden, als keiner der vierzehn mehr am Leben war, ward der Paß frei und ihre Feinde drangen über die Leichen der tapfern Bürger in's Thal herab, allein sie fanden Niemanden mehr im Städtchen, denn jener Aufenthalt hatte Alle gerettet. Die walbige Höhe aber, wo jene so wacker gestritten, heißt noch

jetzt die vierzehn Nothhelfer, obwohl Manche diesen Namen
von einer einst dort gestandenen Kapelle (die 12 Apostel, die
Jungfrau Maria, Johannes der Täufer oder Joseph führen
in katholischen Ländern den Namen der 14 Nothhelfer) her=
leiten wollen, die übrigens recht gut zum Andenken an jene
Begebenheit erst erbaut sein könnte, um so mehr, als jene
14 hier begraben worden sein sollen. Eine andere südlich
von der Stadt gelegene Anhöhe, welche jenen Bürgern als
Ausguck gedient haben soll, heißt von derselben Begebenheit
noch jetzt die schnelle Gucke.

243) Der Ursprung des Schlosses Bärenstein.
Peccenstein, Theatrum Sax. Th. I. S. 89. sq.

Da wo jetzt das Schloß Bärenstein liegt, war vor grauen
Jahren eine rauhe Wildniß, und es hat einmal einer aus
dem Geschlechte derer von Bärenstein mit einem seiner Söhne
auf dem Felsen, den jetzt das genannte Schloß krönt, zwei
wilde Bären angetroffen. Nachdem diese zum Stehen gebracht
worden, ist der Sohn vor dem Vater niedergefallen, willens,
den einen abzufangen, allein es ist ihm dies mißlungen,
indem ihm der Bär den Spieß zerbrochen und ihn den Felsen
herunter geworfen hat. Hierauf hat die ganze Gefahr den
Vater bedroht, allein dieser, über den Fall seines Sohnes,
den er todt vermeinte, hart ergrimmt, hat den Bären heftig
zugesetzt, sie mit seinem Spieß durchbohrt und vom Felsen
hinabgestürzt, dann ist er aber zu seinem Sohne hingeeilt
und hat diesen wider alles Erwarten noch lebendig gefunden.
Von dieser Geschichte hat der Ort den Namen Bärenstein
erhalten und ist derselbe nachmals auch auf das Schloß über=
tragen worden.

244) Der Ritter von Bärenstein und der Löwe.
Peccenstein a. a. O. S. 91. sq.

Der König von Ungarn Matthias ist den Deutschen
niemals sonderlich hold gewesen, also daß er sich mehrmals

öffentlich hat vernehmen laffen, er wolle den Türken einen
Paß durch fein Land vergünftigen, Deutfchland zu überfallen.
Gleichwohl hat er immer deutfches Volk an feinem Hofe
gehabt und in feinen Kriegen gebracht, und fo ift denn auch
ein Ritter von Bärenftein in feine Dienfte gekommen. Nun
trug es fich zu, daß der König einmal auf dem Schloffe zu
Ofen fpazieren ging, und wie er dabei an die Löwengrube
kommt, da fordert er den von Bärenftein zu fich, befiehlt,
den Löwen Fleifch vorzuwerfen und redet darnach den von
Bärenftein an, er folle doch, da er fo kühn fei, den Löwen
vom Fleifche wegjagen. Wiewohl nun der Ritter leicht ab-
nehmen konnte, wie folches gemeint fei und was ihm für
Gefahr bevorftehe, wenn er es unternehmen wolle, fo hat er
doch, um allen Unglimpf zu verhüten und abzuwenden, fein
Leben nicht zu fparen gedacht, feinen Mantel um den linken
Arm gewickelt, das Schwert in die rechte Hand genommen
und ift alfo in die Grube auf den Löwen zugegangen. Wie
diefer ihn anfichtig worden und fein unerfchrockenes Gemüth
gemerkt, hat er feiner nicht erwarten wollen (wie es denn
die Natur diefes Thieres fein foll, daß es denen weicht, fo
es an Kühnheit übertreffen), und alfo hat der Ritter von
Bärenftein das Fleifch genommen und dem König überbracht,
nicht ohne deffen fowie des ganzen Hofes große Verwunderung.
Ob nun wohl der König fich darauf ganz gnädig gegen ihn
bezeigt, hat jener doch bald Abfchied genommen und fich aus
feinen Dienften begeben. Andere erzählen jedoch diefe Gefchichte
anders und fo hat der Gefchichtfchreiber Crantz folche That
einem Polen zugefchrieben, obwohl mit anderen Umftänden.

---

245) Woher die von Ende ihren Namen haben?

Peccenftein a. a. O. S. 102.

Das uralte Gefchlecht derer von Ende, deffen fchon auf
dem fünften zu Braunfchweig 996 gehaltenen Turnier gedacht
wird, hat urfprünglich den Namen der Wolfersberger geführt.
Diefe find mit den Wolfskehlern, einem fränkifchen Gefchlechte,

in einen langwierigen Streit, darüber sie von beiden Seiten
zum Fauſtrecht gerathen, gekommen, und da deſſen kein Ende
werden wollen, ſo hat ſich endlich ein Fürſt von Sachſen in
die Sache geſchlagen und weil die von Ende ganz unver=
ſöhnlich geweſen, ſo ſolle er geſagt haben, es ſolle einmal ein
Ende ſein, und hat einen Machtſpruch gethan, in Folge deſſen
die Wolfersberger den Namen Ende empfangen und an=
genommen haben ſollen.

---

246) Der Urſprung des Geſchlechts der Herren v. Leipziger.

Peccenſtein a. a. O. S. 118.

Der Name dieſes Geſchlechts kommt nicht vor dem Jahre
1294 vor und hat daſſelbe alſo ſeinen Anfang genommen.
In der ſchweren Fehde zwiſchen Markgraf Albrecht dem Unartigen
und ſeinen Söhnen Friedrich und Dießmann hat ein gewiſſer
Heinrich von Leipzig, ſonſt auch der Schwarzbürger oder
Sterner genannt, bei gedachtem Friedrich ſeiner ſonderlichen
Tapferkeit wegen in hohen Gnaden geſtanden und iſt ein
Hauptmann über ein Fähnlein Fußvolk geweſen. Dieſer iſt
mit ſeinen Leuten, des Markgrafen ärgſtem Feinde, dem Fürſten
Eberhard von Anhalt, bei nächtlicher Weile ins Lager bei
Dommitzſch gefallen und hat ihm den Schlaf aus den Augen
gewiſcht, alſo daß faſt Herr und Knecht hierüber darauf=
gegangen ſind, hat auch dem andern Kriegsvolk Thor und
Thüre zur Schanze geöffnet, die denn obgedachtem Leipziger
ſamt ſeinen Soldaten treulich und in Eile beigeſprungen, nach=
gedrängt, den Fürſten aus der Schanze geſchlagen und zur
Schlacht gereizt, alſo daß damals über vier Tauſend der
Feinde auf der Wahlſtatt geblieben, die andern aber nebſt
dem Fürſten in die Flucht getrieben worden ſind, denen Heinrich
von Leipzig alſo ſtreng zugeſetzt und ſie herumgetrieben hat,
daß er auch den Fürſten von Anhalt zur Haft gebracht und
ihn dem Markgrafen überantwortet hat. Wegen ſolcher mann=
haften That hat der Fürſt den Heinrich von Leipzig alſo
begnadigt, daß er ihn zum Ritter geſchlagen, und ihm ein

neues Wappen, darin ein springender Fuchs auf dem Schwanz mit etlichen Hahnfedern besteckt zu sehen ist, gegeben, ohne Zweifel darum, daß er als ein listiger Fuchs sich in die Schanze geschlichen und darauf als ein freudiger Hahn Leib und Leben gewagt, hat ihn auch mit einem Landgut nicht weit von Leipzig gelegen beschenkt.

247) **Ursprung des Namens der Freiherrn von Ungnad.**

Peccenstein Th. S. I. S. 323.

Das uralte Geschlecht der Freiherrn von Ungnad, so in Oestreich heimisch, ist auch in Sachsen im Amte Weida auf dem Gute Berenßdorf (s. 1583) ansässig gewesen. Diese haben ursprünglich die Herrn von Weissenwolf geheißen und einen Wolf in ihrem Wappen geführt. Daß sie aber ihren Namen verändert, ist also zugegangen. Es hat im Jahre 1186 in Kärnthen ein böser Raubritter, Turpin von Schachenstein benamt, auf einem hohen Bergschloß, der Schachenstein geheißen, gehaust und allerlei Muthwillen und Frevel an Priestern und andern Leuten verübt, auch alles böse Gesindel bei sich gehegt und gepflegt. Darum hat der damalige Landesherr von Kärnthen, Herzog Ulrich, Herrn Friedrich von Ehrenfels und Herrn Heinrich von Weissenwolf mit vielem Kriegsvolk hin= geschickt, um der Sache ein Ende zu machen, und haben diese Jahr und Tag vor der Feste gelegen, endlich aber hat der Räuber sich nicht getrauet, ihnen länger Widerstand zu leisten, hat sich durch einen unterirdischen Gang davon gemacht und Niemanden als seine Frau zurückgelassen. Diese als eine verschlagene Frau hat mit dem von Weissenwolf allerlei Unterhandlungen geführt, ob sie ihn nicht von ihrem Schlosse abbringen oder sie doch wenigstens bei demselben gelassen werden könne, sie hat aber nichts erlangt, als daß sie mit ihrem Gesinde das Schloß frei verlassen durfte. Darum hat sie heftige Klagen geführt und vielfältig über des von Weissen= wolf Unbarmherzigkeit mit den Worten geschrieen: O Ungnade über alle Ungnade! Diese Rede ist auch an des Fürsten Hof gekommen und derselbe hat wegen dieser Heldenthat, mit der jener das ganze Land beruhigt, dem von Weissenwolf den Namen Ungnade beigelegt.

---

248) Der Ursprung des Namens Reuß.

Peccenstein a. a. O. S. 262. sq.

In einer alten Handschrift des Klosters Bose vor Zeit steht folgende Geschichte, welche besagt, warum die Fürsten Reuß den Namen Reuß von Plauen, Gera und Weida führen.

Als im Jahre 1228 Kaiser Friedrich II. mit König Andreas von Ungarn, König Primislaus von Böhmen, Erzherzog Leopold von Oestreich und andern Fürsten und Herrn eine große Heerfahrt wider die Saracenen unternommen, ist auch Landgraf Ludwig IV. von Thüringen, der h. Elisabeth Gemahl, mitgezogen und hat einen Herrn von Gera oder Plauen, dessen Name aber sonst nicht weiter angegeben wird, bei sich gehabt. Zwar ist der Landgraf zu Brundusium Todes verblichen, allein nichts destoweniger sind seine Ritter unter ihrem Obersten mit weiter gezogen, aber nachmals in einem harten Scharmützel vor Ptolemais der Herr von Gera und der Graf von Gleichen von den Saracenen gefangen und in ferne Derter verschickt worden, bis nach 12 Jahren ersterer durch einen reussischen (russischen) Kaufmann losgekauft und als leibeigener Sclave nach Rußland geführt, der Graf von Gleichen aber durch eines saracenischen Herrn Tochter auf gleiche Weise befreit worden, also daß Beide wiederum wunderbarer Weise heim zu den Ihrigen gekommen sind. Nachdem nun der Herr von Gera lange als Sclave in Rußland gehalten worden und viel Ungemach hat ausstehen müssen, ist von dem Großfürsten ein eiliges Aufgebot wegen des Tartaren-Einfalls (1232) ergangen, und hat jener auch mit ins Feld ziehen müssen, es sind jedoch die Russen überwältigt worden und haben ihn die Tartaren, da er ihre Aufmerksamkeit durch seinen ritterlichen Widerstand erregt, nicht getödtet, sondern zu einem ihrer obersten Fürsten, Hoccata genannt, gebracht. Der hat ihn gut gehalten und hat er mit ihm gen Schlesien ziehen müssen. Als die Tartaren aber, nachdem sie den frommen Herzog Heinrich erschlagen und die Stadt Liegnitz in Brand gesteckt, wieder umkehrten, hat er, weil er beim Nachzug gewesen, seinen Vortheil abgesehen und sich davon gemacht, ist auch bald mit Gottes Hilfe zu bekannten Freunden gekommen und hat sich in seinem russischen Habit an den Hof Kaisers Friedrich II. begeben. Hier ist er eine Zeitlang geblieben und hat sich besonders durch seine Geschicklichkeit in allen ritterlichen Spielen, im Ringen und Springen, so damals in Deutschland noch nicht so allgemein gewesen, ausgezeichnet. Darum hat der Kaiser großen Gefallen an ihm gefunden und ihn sehr geehrt, ihn auch oft, weil er fremde Sprachen fertig und gut hat sprechen können, an seine Tafel gezogen und sich von ihm von seinen Reisen und Schicksalen erzählen lassen. Weil er aber vor allen Hofleuten sich durch seine Länge ausgezeichnet, hat er die Gewohnheit gehabt, ihn, wenn er ihn rufen ließ, immer den langen Reussen zu nennen, und dieser Zuname ist ihm so gemein geworden, daß er sich selbst in Briefen und Titeln „Heinrich von Gera der Reusse genannt" geschrieben und diesen Namen für alle Zeiten angenommen hat.

---

249) Warum die Fürsten Reuß den einzigen Taufnamen Heinrich führen.

Peccenstein a. a. O. S. 265. sq.

Der Grund, warum die Familie der Reusse nur den einen Taufnamen Heinrich führt und zum Unterschiede der einzelnen Personen blos die Zunamen: der ältere, mittlere und jüngere nach ihres Leibes Länge und Gestalt oder ihrer Zahl beifügt, ist folgender. Es hat einst ein Herr von Plauen um ritterlichen Ruhmes Willen sich über das Meer in ferne Lande begeben und ist in Syrien in einer Schlacht gegen

die Saracenen angeblich erschlagen worden. Da ist nach
etlichen Jahren, da er fast vergessen, aber auch von seinem
Tode noch keine gewisse Nachricht gekommen war, einer, so
ihm an Gestalt, Rede und Geberden allerdings ähnlich gewesen,
an den Tag gekommen, hat sich für ihn ausgegeben und
durch allerhand Nachrichten und Wissenschaft den Verwandten
und Freunden sich also dargethan, daß Jedermann glauben
können, er sei der rechte und verlorengeglaubte Herr, ist ihm
auch sein Antheil an der Herrschaft eingehändigt worden,
worauf er sich verheirathet und Kinder gezeugt hat. Als
aber endlich der Betrug durch Schickung Gottes an dem Orte,
wo der rechte Herr erlegt und begraben war, ausgekund-
schaftet und der Betrüger zur gebührenden Strafe gezogen
worden, da haben die Herrn Geblütsverwandten sich unter
einander verglichen, künftig nur einen einzigen Taufnamen
zu gebrauchen, und ist dieser Brauch auch bis dato geblieben.

---

250) Sage von dem Schenken von Tautenburg.
Peccenstein a. a. O. S. 285.

Das alte thüringische Geschlecht der Schenken von Tautenburg, die von der Burg Varila auch den Beinamen von Varila
führten, hat auch für das Königreich Sachsen eine hohe
Wichtigkeit, denn ein Johann Schenk v. Tautenburg ist von
Herzog Albrecht von Sachsen 1498 seinem Sohne Herzog
Heinrich mit nach Frießland als Hofmeister und Unter-
statthalter beigegeben worden, und als bei einem Aufruhr
der Friesen der junge Herr und sein Hof in Lebensgefahr
gekommen und schon die Kette geschmiedet war, an welcher
diese ihnen aufhängen wollten, und die nachmals in dem
Neuen Stall zu Dresden zu sehen war, ist es dieser Schenke
gewesen, der der Friesen Grimm solange mit Vorstellungen
aufzuhalten gewußt hat, bis der Vater des jungen Herzogs
mit Heeresmacht anlangte und die Aufrührer zu Paaren trieb.
Es hat aber einmal ein Ritter aus dieser Familie (1274)

eine Reise zum heiligen Grabe unternommen und glücklich
vollbracht, ist aber auf dem Rückwege auf der Insel Aetolia
von Saracenen gefangen und dem Sultan Bonbogobar zum
Geschenk geschickt worden. Weil aber dieser an ihm einen
helbenmüthigen Sinn gespürt und der Ritter sich in allen
ritterlichen Spielen auszeichnete, hat er ihn liebgewonnen und
hochgehalten und hat dieser ihn auf seinem Zuge gegen den
Johanniterorden begleiten müssen, in Folge · dessen dieselben
trotz tapferer Gegenwehr bis auf die Insel Creta zurückgedrängt worden sind. Bei diesen Kämpfen hat Herr Schenk
wider seinen Willen gegen die Christen kämpfen müssen, Alles
in der Hoffnung, sich des Sultans Gunst und seine Freiheit
zu erwerben. Als nun aber nachmals die Saracenen gegen
ihre ärgsten Feinde, die Tartaren in Scythien, zogen, hat
er ebenfalls wieder mitziehen müssen, ist aber, als er sich
allzukühn unter sie gewagt, mit vielen andern saracenischen
Obersten gefangen worden, aber zum Glücke in die Hände
eines tartarischen Obersten, der von Geburt ein Pole war,
gefallen, dem er so wohl angestanden hat, daß dieser ihm
nachmals sein eigen Stück Landes zu eigen und endlich gar
seine Tochter zum Ehegemahl gegeben. Als er nun zu immer
höherer Würde und Reichthum gelangte, dachte er darauf,
wie er sein Vermögen durch Kaufleute und Wechsel auf deutschen
Boden schaffen und sich von diesen barbarischen Völkern frei-
machen könne. Dies ist ihm auch gelungen, denn er ist einmal nebst andern Tartaren als Gesandter an König Lesce
den Schwarzen von Polen geschickt worden und hat dabei sein
Weib in Mannskleidern mit sich in einer Kutsche aus dem Lande
geführt und ihr befohlen, ihn mit einigen Dienern an einem
gewissen Orte zu erwarten. Als nun seine Gefährten den
Rückweg angetreten, hat er sich von ihnen auf der Straße
verloren und durch Polen nach Böhmen und dann nach
Deutschland begeben, und ist mit seiner Gemahlin frisch und
gesund nach 12jähriger Abwesenheit zu den Seinen gekommen,
hat aber fast Alles in seiner Herrschaft verändert gefunden und
es hat ihn Niemand mehr erkennen wollen, seine Reussische

Gemahlin aber, so treulich bei ihm gehalten, aber keine Kinder mit ihm gezeugt, ist bald nachher gestorben und im Kloster Reinhardsbrunn begraben worden. Das ihr gesetzte Grabmal war Anfang des 17. Jahrhunderts noch zu sehen und führte die Inschrift: Anno Domini 1286 obiit Cythavia Russica Generosi Domini Baronis de Vargila gemma lucidissima. Orate pro ea.

___

251) Das Wappen der Grafen von Lynar oder die Sage vom Schlangenkönig im Schlosse zu Lübbenau.

J. G. Büsching, Wöchentliche Nachrichten für Freunde der Geschichte, Kunst und Gelahrtheit des Mittelalters. Dritter Band. Breslau 1817. S. 342 sq.

Poetisch beh. von Segnitz Bd. II. S. 289 sq.

___

Im Schlosse und Dorfe Lübbenau, welches den Grafen Lynar gehört, die aus Toscana stammen, sowie in der hier in viele Arme sich spaltenden Spree giebt es viele Wasser= schlangen, die zwar unschädlich sind, aber den Kühen die Milch aussaugen sollen. Jedes Haus hat gewöhnlich zwei Haus= schlangen, eine männliche und eine weibliche, die sich nicht eher sehen lassen, als bis der Hausvater oder die Haus= mutter stirbt, wo sie dann ihr Loos theilen. Dieses Schlangen= heer hat aber einen König zum Oberhaupt, eine sehr große, starke und lange Schlange, welche auf dem Kopfe zwei ge= bogene Haken hat, mit denen sie ihre elfenbeinähnliche Krone trägt. Ein rüstiger Fischer, der noch in dem ersten Viertel dieses Jahrhunderts lebte, fischte einst in einem alten mit Weiden bewachsenen Graben unweit des Schlosses an der sogenannten Schnecke, und hat zu seinem größten Erstaunen, indem er das Netz herauszieht, eine gewaltig große Schlange mit etwas Weißem auf dem Haupte gefangen. Der Gewohn= heit der dortigen Einwohner nach, sogleich alle Schlangen, die ihnen in den Weg kommen, zu morden, nimmt er das Ruder, oder wie es in der Landessprache heißt, das Rudel und sticht die Schlange an. Diese erhebt ein lautes Pfeifen, im Augenblick sieht er sich von einem Haufen von Schlangen umlagert, die sich in seinen aus einem einzigen Eichenstamme

ausgehöhlten Kahn (dergleichen die Fischer hier gebrauchen)
drängen und sein Ruder bis an die Spitze umringeln. Er
geräth in Angst und Schrecken, springt aus dem Kahne ans
Ufer und will davon eilen, aber die Schlangen schießen ihm
nach. Zum Glück fällt ihm ein, seine Jacke auszuziehen und
diese von sich zu werfen, das thut er und entkömmt. Die
Schlangen hatten sich auf sein Kleidungsstück als den ver=
meinten Feind geworfen und es durch und durch zernagt und
bis in den faulen Graben mit geschleppt, wo man es nach
einigen Tagen in diesem Zustande fand.

Nun ist es aber eine alte Sage, daß, wer sich der Krone
des Schlangenkönigs bemächtigen könne, der gelange zu sehr
großem Reichthum, die Krone selbst sei von unschätzbarem
Werthe, ja man könne sogar auf diese Art die Schlangen
vermindern, denn die Krone sei nur einzig vorhanden und
erbe auf die erwählten Könige. Da soll nun einst Jemand
den kühnen Entschluß gefaßt haben, sich in den Besitz dieses
Hauptschmuckes des Königs zu setzen. Er stieg zu Pferde, um
bei drohender Gefahr desto schneller den rächenden Schlangen
enteilen zu können. Auf einem grünen Platze bei dem
Schlosse breitete er an einem schönen Maitage ein feines
weißes großes Tuch aus, denn man wußte, der Schlangen=
könig lege gern seine Krone auf reinliche weiße Sachen, wenn
er ungestört mit seinen Genossen spielen wollte. Kaum ist
das Tuch ausgebreitet, so hält er mit dem Rosse nicht weit
davon hinter einem Erlengebüsch an der Schnecke, und zu
seiner Freude sieht er den Schlangenkönig mit Gefolge herbei=
kommen, und seine Krone auf das weiße Tuch legen. Sie
begeben sich sodann in vollem Zuge nach der Eisgrube, um
auf dem Berge in der Sonne zu spielen. Der Reiter eilt
sacht mit dem Rosse hinzu, nimmt sein Tuch mit der Krone
an den vier Zipfeln zusammen und jagt im Fluge davon.
Im Augenblick hört er ein durchbringendes Schlangenpfeifen.
Er ist aber mit dem Rosse zu schnell und kommt bald auf
das feste Land und Pflaster in die Stadt. Niemandem erzählte
er von seinem Schatze, aber seit dieser Zeit ward er ein stein=

15*

reicher Mann und noch heute ist sein Haus eins der reichsten
Kaufmannshäuser in der Stadt, obgleich vielleicht nun die
Familie selbst sich der Sage nicht mehr zu erinnern weiß.
Der oben erwähnte Fischer fing freilich den Schlangenkönig
bloß mit etwas Weißem auf dem Haupte. Es waren also
wohl nach der Sage die beiden Haken, in denen er sonst die
Krone trug.

Seitdem haben sich auch die Schlangen beträchtlich ver=
mindert, und auch hierin würde also die Sage erfüllt sein.
Das Wappen der Grafen zu Lynar führt noch bis auf diese
Stunde eine gekrönte Schlange oder einen Schlangenkönig im
Schilde nebst einer Mauer, und soll dieses Bild eben bedeuten,
entweder daß ihnen derselbe mit seinem Volke hold und ge=
wärtig sei, oder daß sie von jenem klugen Manne, der dem
Schlangenkönig seine Krone entführte, abstammen.

252) Der Ursprung des Geschlechtes derer von Hacke.

Peccenstein, Theatrum Sax. Th. I. S. 306.

Das alte Geschlecht derer von Hacke muß schon im Jahre
520 in der Blüthe gestanden haben, denn in der Thüringer
Chronik wird von einem Ritter von Hacke gerühmt, daß er
bei den Sachsen in großem Ansehn als Kriegsmann gestanden,
also daß sie ihm die Sachsenburg eingegeben, um ihnen gegen
die Franken desto bessern Beistand zu leisten. Auch hat er
mit 100 muthigen Soldaten dieselben bei Nacht und Nebel
in ihrer Landfestung Scheidungen überfallen, einem andern
Haufen die Thore geöffnet und sie also damals darin erschlagen
und die Festung den Sachsen zu eigen gemacht. Wegen solcher
ritterlichen That hat man ihm auch gestattet, neben der Sachsen=
burg, so man ihm auf sein Leben mit allem Zubehör zu
genießen eingeräumt, auf einem Berge etwas seitwärts nach
dem Abhang zu ein besonderes Haus zu bauen und für sich
und die seinigen erblich zu behalten, inmaßen denn das
Unterschloß daselbst samt dem Vorberge noch bis auf heute

die Hackenburg genannt wird. Später haben sich aber die Nachkommen dieses Ritters in die Mark Brandenburg gewendet, da denn einer, Namens Ernst Hacke, bei Markgraf Wolbemar in hohen Gnaden gewesen, also daß er dessen geheimer Rath, so zu sagen sein Heber und Leger ward. Da ist der Markgraf von einem seiner Vettern einmal überfallen worden, und obwohl er Niemand als diesen Hacken bei sich gehabt, hat doch derselbe sich dem Mörder entgegengeworfen und denselben mit seiner Faust erlegt. Wegen solcher Treue und männlichen That hat der Markgraf den Hacken nicht allein hoch geschätzt und zum Ritter geschlagen, sondern ihm auch vor aller Welt das Zeugniß gegeben, er müsse bekennen und sagen, daß er an ihm von Jugend auf ein männliches und treues Gemüth befunden, und daß wahr sei, was ein guter Hacke werden wolle, das krümme sich in der Zeit. Von solcher Rede hat er diesem Ernst den Namen Hacke gegeben, da er zuvor einen andern gehabt, und darum hat sich das Geschlecht vor Alters die Beissen, sonst Hacken genannt geschrieben.

253) Das Wappen der Grafen von Stolberg.
Peccenstein a. a. O. S. 253.

Nach einer alten Thüringer Chronik soll das Alter dieser Familie bis zum Jahr 530 oder wenigstens bis 564 n. Chr. zurückreichen, wo ein gewisser Otto de Columna aus einer abligen römischen Familie, die von der Säule genannt gewesen, zu den Zeiten Kaisers Justin des jüngern sich unter dessen Kriegsvolk, so er gegen die Thüringer und deren rebellischen König Ermanfried geführt, als Oberster brauchen lassen und also tapfer verhalten, daß durch sein Verdienst hauptsächlich der Thüringer König gedemüthigt und unter der Römer Gewalt zurückgeführt ward, auch hat ihn der Kaiser zum Schutze der Sachsen in der Gegend am Harze zurückgelassen. Als nun der Kaiser sich einst in Thüringen und in dem Hause Scheidungen aufhielt, hat jener an dem Orte, wo nachher das Schloß Stolberg erbaut wurde, einen schwarzen Hirsch von ansehnlicher Stärke und Größe angetroffen, solchen durch besondere List lebendig gefangen und dem Kaiser zugeschickt, sich auch sonst so wohl verdient gemacht, daß ihm und seinen Nachkommen der ganze Strich und Platz, darauf der Hirsch gefangen worden war, auf etliche Meilen in der Länge und Breite vom Kaiser geschenkt, er auch mit einem schwarzen Hirsch in seinen Wappen zu führen begnadigt und zum Grafen und römischen Judex oder Statthalter dieser Gegend eingesetzt und beschenkt ward.

---

254) Das Wappen der Nostitze.
Bernhardi in d. Deutschen Viertelj. Schr. 1853. H. IV. S. 262.

Die 5 rothen Linksschrägbalken im silbernen Schilde führt das uralte Geschlecht derer von Nostitz seit der Schlacht auf dem Marchfelde. Denn hier hat Rudolph von Habsburg einem Ritter von Nostitz nach erfochtenem Siege die Hand gereicht, ehe derselbe aber seine blutige Rechte in die des Königs legte, zog er sie eilig über seinen weißen Wappenrock und die fünf von seinen Fingern herrührenden rothen Streifen, die sich auf diesem zeigten, blieben fortan sein Wappen.

---

255) Woher das Geschlecht derer von Löser seinen Namen erhalten.
M. Saxe, Alphabetum Historicum. Zwickau 1666. Th. II. S. 32. cf. Peccenstein Th. I. S. 176.

Als der Markgraf Woldemar von Brandenburg Markgraf Friedrich von Meißen mit Kriegsmacht überfallen, geschlagen und gefangen hatte, verlangte er als Lösegeld von ihm einige Städte in Meißen und ließ deshalb ein Schreiben an den Meißner Abel ergehen, darein zu willigen. Dieselben aber haben geantwortet, er solle ihren gefangenen Herrn an einen bestimmten Ort bringen, damit sie ihn sehen und selbst mit ihm sprechen könnten. Da nun Wolbemar eingewilligt und einen Ort und Zeit angegeben, ist die Meißnische Ritterschaft mit solcher Macht erschienen, daß sie nicht blos ihren Herrn freimachten, sondern auch den Brandenburger fingen und nach Altenburg führten. Weil nun aber die Erbmarschälle von Sachsen nicht blos hierzu den Rath gegeben, sondern auch die vornehmsten gewesen, die ihren Herrn erlöst, hat man sie, die vorher die Rehfelder geheißen, auch ein Reh in ihrem Wappen geführt und einem Dorfe in der Lochauer Haide jenen Namen gegeben, nunmehr die Löser genannt.

---

256) Die Wahlen in Sachsen und vornehmlich im Plauenschen Grunde bei Dresden.

C. G. L. C. F. (d. h. Chr. Lehmann), Nachricht von Wahlen, wer sie gewesen, wo sie Gold-Erz aufgesucht und gefunden, wie sie solches geschmelzt und zu gute gemacht. Frkft. u. Lpzg. 1764. 8. S. a. Lehmann, Hist. Schauplatz S. 198 sq. Misc. Saxon. 1768. S. 306—310. 324—332. u. Beschreibung des Fichtelberges. Leipzig 1716. 4.

In Sachsen, Thüringen und am Harze, in Schlesien, Böhmen und Ungarn haben sich in den Bergwerksdistricten seit mehreren Jahrhunderten Ausländer eingefunden, welche in denselben herumzogen, Golderz in Flüssen und in der Erde aufsuchten, fanden und mit sich nach Hause trugen, daselbst zu gut machten und sich dadurch vielen Reichthum erwarben. Dies war auch kein Wunder, denn sie fanden und schmelzten Gold aus den meißnischen Goldseifen an der Flöhe bei Olbernhau, aus der Zschopau und allen Bächen an derselben, wo man schwarze Goldkörner fand, aus dem Grenzwasser Biela (Pila), wo sie Goldkörner fanden, die sich flötzen ließen, aus dem Bächlein Conduppel und fast aus allen Forellenbächen im Gebirge. Man nannte diese Leute Wahlen (Vallenses oder von Wahla, d. h. fremd), weil sie größtentheils aus Venedig (daher oft Venetianer genannt) und Florenz, aus Veltlin, Wallis, Graubündten (deshalb Churwahlen gen.) und den Niederlanden (aus Walheim bei Mecheln) her waren. Sie

sprachen ein ebenso schlechtes Deutsch als Italienisch, werden
auch oft als Landfahrer oder fahrende Schüler bezeichnet,
und es gedenkt ihrer auch bereits Luther in seiner Auslegung
der Epistel an die Galater (c. 3) und in der Vorrede zum
Prophet Daniel, nennt sie aber ruhmredige Leute, die viel
Prangens machten. Man erzählt von ihnen auch, daß nach
Auffindung der Bergwerke zu Annaberg die Wahlen dahin
gekommen, das reichhaltige Erz geschmelzt und auf eine bessere
Art gut gemacht, als die dasigen Bergleute gekonnt. Weil
aber die Venetianer diese Schmelzkunst als ein Geheimniß
für sich behalten wollten, sich aber doch einer unter ihnen
fand, der die Kunst auch Andern mittheilen zu wollen schien,
so erkauften sie einen Mörder, der nach Annaberg reiste und
diesen ermordete. Der Getödtete hieß Johann Mengemeyer
und geschah dies im Jahre 1514. (Annab. Chron. c. 9).
Man kennt aber unter andern folgende Namen: D. Marcus
und M. Hieronymus von Venedig und Piger, Antonius von
Florenz, Bastian Dersto von Venedig, Matz Nic. Schlascau,
Adam und George Bauch, Christoph und Hanß, Friedrich und
Barthel Fratres und Moses Hojung von Venedig, die sich
von 1400 bis 1608 im Gebirge aufgehalten haben oder an
Flüssen ertappt worden sind. Uebrigens scheinen diese Leute
sehr oft von guter Herkunft gewesen zu sein. Denn man
erzählt, daß einst ein sächsischer Edelmann einen solchen
Wahlen häufig auf seinem Grund und Boden ertappt habe,
wie derselbe Erz suchte und wegschleppte; er ermahnte ihn
erst, davon abzustehen, drohte ihm zuletzt gar mit Mißhand=
lungen, und als er auch da noch nicht hörte, jagte er ihn
mit Schlägen von seinem Gute. Da trug es sich zu, daß er
nach einigen Jahren auf einer Reise auch nach Venedig kam,
und da er sich hier längere Zeit aufhielt, erblickt ihn auch
der von ihm geschlagene Venetianer. Derselbe suchte nun
mit ihm in Gesellschaft zusammenzukommen, und als ihm
dies gelang, lud er ihn auch zu sich ein, und nachdem er
ihn auf's Prächtigste bewirthet, legte er die schlechten Kleider
an, die er, als er in Sachsen gewesen war, getragen hatte,

trat vor ihn hin und fragte ihn, ob er den noch kenne, den er einst auf seinem Gute mit Schlägen abgelohnt habe? Jener besann sich auch, sagte aber, es thue ihm leid; wenn er ihm damals gesagt, wer er sei, würde er ihm auch bessere Ehre angethan haben, und so sind sie als gute Freunde auseinander gegangen.†) Hieraus folgt nun aber, daß diese Wahlen das Erz mit sich huckenweise fortgetragen, zu Hause gut gemacht und geschmolzen haben, sie haben aber auch die Orte, wo sie Golderz gefunden, fleißig angemerkt und in ihr Schieferbuch eingetragen, wie sich aus dem von einem gewissen Johann Begge, der 1685 zu Frauenstein verstarb, und ein solches 1685 niedergeschriebenes Heft hinterließ, von dem

---

†) Becker, der Plauische Grund S. 121, erzählt diese Sage, welche der oben S. 209, Nr. 234 mitgetheilten, sehr ähnlich sieht, anders also. Ein Wahle hatte lange Zeit bei einem armen Manne, der sich stets möglichst dienstfertig gegen ihn gezeigt, gewohnt; des Morgens war er ausgegangen und des Abends hatte er kleine Säckchen mit Steinen nach Hause gebracht, die er dann auch, wenn er wieder heimreiste, mit sich nahm. Einst nahm er von seinem Wirthe für immer Abschied, gab ihm einige Goldstücke und sagte, er wünsche ihn oder seine Kinder einmal bei sich zu sehen. Nun trug es sich später zu, daß einer seiner Söhne als Soldat mit der kaiserlichen Armee nach Italien kam. In einem Treffen verwundet, mußte er den Abschied nehmen, und da er in der Nähe von Venedig war, bekam er Lust, diese Stadt zu sehen. Als er hier gegen Mittag anlangte und eben an einem Kanal stand, den er gern herabgefahren wäre, wenn er nicht die Kosten gescheut hätte, so kam ein vornehmer Herr, der sich übersetzen lassen wollte. Dieser bemerkte ihn, sah ihm scharf in's Gesicht und fragte ihn, ob er nicht aus dem sächsischen Erzgebirge sei und so und so heiße. Der Soldat bejahte die Fragen und der unbekannte Herr nahm ihn hierauf mit nach Hause. Hier fragte er denselben, ob er ihn nicht mehr kenne. Der Soldat erwiderte: „nein." „Nun, so will ich Dir Jemanden bringen," entgegnete er, „den Du gewiß kennen wirst", und ging zum Zimmer hinaus. Nach einer Weile kam er in der alten zerrissenen Kleidung zurück, die er gewöhnlich auf seinen Reisen getragen hatte, und nun erkannte ihn der erstaunte Soldat im Augenblick. „Siehst Du," sagte jener, „dieses schöne Haus und ein ansehnliches Gut habe ich mir aus den Steinchen erworben, die ich in Euerer Gegend aufgelesen habe". Er bewirthete den jungen Menschen auf's Beste, ließ ihm Kleider machen, behielt ihn einige Wochen bei sich und beschenkte ihn bei seiner Abreise für sich und seinen Vater mit einigen hundert Thalern.

gleich die Rede sein wird, aufgesetzten ergiebt. Sonderbar ist es allerdings, daß sie die Schriften in deutscher Sprache und nicht in ihrem Landesdialect abgefaßt haben, da sie doch offenbar für ihre Familie bestimmt waren, damit ihre Kinder und Freunde nach ihrem Tode sich im Lande zurecht finden, und das Erz, was sie nicht selbst fortbringen konnten und deshalb versteckt hatten, am angegebenen Orte entdeckten. Sie haben übrigens zur Angabe der verschiedenen Metalle und Gruben und um sich nach längerer Zeit sicher orientiren zu können, in Bäume und Felsen bestimmte Merkzeichen eingeschnitten, welche man die Wahlenzeichen nennt und am Schlusse des oben angeführten Lehmannischen Werkes auf zwei Tafeln abgebildet sind. Gleichwohl schienen diese Zeichen später verwischt und unkenntlich geworden zu sein, wenigstens hat ein gewisser Greis, Namens Cerisi, der bis auf die neueste Zeit in Bischofswerda lebte und von einem solchen Wahlen abstammte, trotz aller Bemühungen nichts finden können und ist arm gestorben (s. Winter im Feuill. b. Constit. Z. 1853. S. 383). Sie hatten sich auch vieler abergläubischer Mittel bedient, so z. B. haben sie zum Schmelzen, Rösten und zur Verwandelung der Metalle einzelne Kräuter gebraucht, wie das Mondkraut (lunaria), bei Aufgang der Sonne im vollen Mond gepflückt, Goldwurzel oder Martigen, Mondenraute und Eisenkraut, auch Taubenkraut genannt. Sie sollen aber auch die Erze verthan oder verzaubert haben, damit sie Niemand als sie finden könne. Sie sollen deshalb ein Stück Holz von einem Sarge genommen und an solche Orte, wo Körner, Erz oder sonst Metalle sind, oder in einen Baum in der Nähe eingeschlagen haben und Niemand habe sie dann ausfindig machen können, es sei denn, das Holz wäre verfault oder herausgefallen. Auch sollen sie Todtenköpfe in die Brunnen und Erzgruben geworfen haben, die erst entfernt werden müssen, wenn man etwas finden will, ja zuweilen sollen sie einen bösen Geist dahin gebannt haben, wie auf dem Tollenstein bei Sitta, und hier muß wieder dieser erst vertrieben werden. Gleichwohl giebt es auch wieder Mittel,

um diesen Zauber aufzuheben, so wird in dem oben an=
geführten Buche S. 126 Folgendes angegeben: „Kreuch drey=
mal rücklings vorne um das (verzauberte) Loch, wenn es
nicht aufgethan, so ist's auf jener Seite verthan worden und
so hast Du es auf dieser Seite noch einmal verthan: So
gehe und kreuch auf jener Seite sechsmal rücklings herum,
so thust Du jenes und Deines auf, dann wirst Du es recht
finden, also kannst Du auch alle anderen Sachen, die verthan
sind, wieder aufmachen, sie mögen verzaubert sein wie sie
wollen." Weiter (S. 125) wird von einem Goldschmied in
Ungarn erzählt, er habe bezauberte Erze also aufthun können,
er habe den Neumond beobachtet, und wenn dieser am Freitag
früh einfiel, da schnitt er ein noch warmes, neubackenes Brod
auf, griff dreimal im Namen der h. Dreifaltigkeit hinein und
nahm soviel Brosamen, als er erfassen konnte. Wenn ihm
nun solch bezaubertes Golderz gebracht ward, um es zu
tractiren, sott er es erst in Menschenurin gehörig ab, proce=
dirte dann wie gewöhnlich und brauchte dazu die vorgenannten
Brosamen. Einst hat ihm Jemand ein Stück Golderz, das
verzaubert war, gebracht und hat sich mit der Hälfte des
Werthes begnügt, den jener ihm auch gegeben hat.

Jedenfalls sind die Wahlen bergverständige Leute ge=
wesen und deshalb hat der Aberglaube sie zu Zauberern und
Teufelsbannern gestempelt. So wird (S. 128) folgende
Geschichte erzählt. Im J. 1469 starb zu Eger Sigismund
Wann, der eine Venetianerin Katharina, eine geborne Wahlin
auf seiner Wanderschaft geheirathet, welche die Kunst, das
Gold vom Zinne zu scheiden, von ihren Eltern gelernt hatte,
und da sie mit gedachtem ihrem Manne nach Wunsiedel ge=
zogen, hat sie daselbst mit großem Nutzen es practicirt und
sind sie um viele tausend Thaler reich geworden, so daß sie
im Jahre 1439 das Hospital zu Wunsiedel, das arme Brüder=
haus, gestiftet mit zwölf Brüdern, die mit Beten, Kirchen=
gehen und andern guten Werken den Orden führen sollten,
dahin seine Grabschrift führt, die also lautet:

Ao Dni 1451 Jahr
Als die Stiftbrief sagen für wahr
Ist dies löblich Haus gefangen an,
Gebaut durch ein christlichen Mann,
Sigismund Wann ist er genannt,
Seinem Vaterlande wohl bekannt.
Eine Wahlin gehabt zum Weib,
Ohne Leibeserben verschied beyder Leib.
Von Gott mit dieser Kunst begnad,
Wie man von alter Urkund hat,
Das Gold von Zinn zu scherren
Dadurch sich ihre Güther thäten mehren rc.

Speciell für das Weiseritzthal hat aber jenes vorhin erwähnte Schieferbüchlein des Wahlen Begge darum Interesse, weil es höchst interessante Conjecturen über den Metallreich= thum dieser Gegend liefert. Diese Stelle lautet aber (a. a. O. S. 68 sq. u. a. b. Horn, Sächs. Handbibliothek Bd. II. p. 249—252) also:

„Wenn man von Dreßden gehet gegen Mittag an der „hinderften Mühle im Plauischen Grunde, ehe man zum „Schweizerbette kommt, liegt ein Goldgang, der gegen Morgen „streichet und siehet man denselben bei Tage ausstreichen an „den hohen Felsen, der ist so reich, daß auch der halbe Theil „Gold und Silber ist, es. ist aber nicht wohl dazu zu kommen.

„Weiter beym Schweizerbette ist ein großer Steinfels, „daran sind unterschiedene Zeichen gehauen, von denselben „gehe zweyhundert Schritte, da wirft Du einen sehr mächtigen „Gang antreffen, der soviel Gold, Silber und Kupfer hält, „daß es nicht zu beschreiben. Der Gang kommt aus halbern „Abend und Mittag und streichet oben bey Tage aus. Der „Berg sieht oben ganz röthlich aus, und ist sehr hoch.

„Ferner diesem Berg über das Wasser, die Weißeritz „genannt, liegt ein Gründgen nahe bey einem Dorfe, so „Coschitz heißt, unten am Gründgen ist ein Goldgang, der „aber mehr Silber als Gold hält, jedoch ist viel gebiegen „Gold und Körner, dem Hanfe und Wicken gleich, welche „ganz graulich aussehen und inwendig voller Gold sind, da= „bei befindlich.

„Weiter hinauf am Grünblein ist ein Stollen, darinnen
„viel Silber und Kupfer ist, und ist sehr milde und schmeidig.
„Im Bächlein, das in die Weißeritz läuft, findet man ge=
„diegene Goldkörner sehr schwarzbraun.

„Vom Schweizerbette, eine kleine Viertel Meile ohn=
„gefähr, kommt man an einen steinigten Weg durch Erlen und
„Haselsträucher auf einem lustigen ebenen Fleck, und oben
„auf dem Berge stehet ein Haus, vor selbigem nahe dabei
„kommt ein mächtiger Kupfergang, darbey Rothgülden=Erz
„ist, und ist zum Wahrzeichen unten am Berge ein Graben,
„darinnen die Erde ganz kupfern sieht. Ingleichen halten
„die Steine auf der Erde hierum viel Gold und Kupfer.

„Fernerhin kommt man zu einem kiefernen Busche, unten
„am Fußsteige liegen viel Steine auf einander, von der
„Steinrücke fünfzig Schritte ist ein großer Stein, da dann
„zwey Kreuze gegen Mitternacht, und wo das längste Kreuz,
„der Strich gegen Mitternacht hinweiset, da scharre ein wenig
„Erde auf, so findest du Rothgülden=Erz und Kupferglas=Erz,
„eine halbe Elle hoch, und eine Viertelelle breit, von da ist
„viel weggetragen worden. Der Berg ist so reich, daß es
„nicht zu beschreiben.

„Gehe am Gebürge an den Felsen hin, durch die Wiesen,
„so kommst du zu einem Wege, der aufs näheste Dorf gehet,
„gehe den Weg etwa hundert Schritte im Gesträuche am
„Berge hinauf nach, so findest du eine rothe Höhle, darinnen
„ist ein Schatz eines Königsreichs werth an Roth= und
„Weißgüldenerz, und viele Edelgesteine.

„Bey Sambsdorf im hohlen Wege streicht ein mächtiger
„Silbergang zu Tage aus.

„Der Windberg über der Weißeritz nahe bei Potschappel
„ist so reich an Gold und Silber, daß es nicht zu beschreiben.
„Es kommt ein Flüßlein vom Berge gegen halb Mitternacht
„und Morgen, darinnen findet man viel Goldkörner, und
„gehet ihnen nichts ab denn die Oberhaut.

„Im Tharandischen Walde liegen Erz= und Kupfer=
„gänge so reich an Gold und Silber, daß es nicht zu be=

„schreiben. Wenn man von Höckendorf geht, darunter liegt
„ein Bergwerk, ist so reich an Silber, daß vor viel tausend
„Thaler daraus genommen worden.

„Nicht weit davon liegt der grüne Stollen, da fließet
„die Weißeritz, über dem Wasser nach dem Tharandischen
„Walde, dem Berg hinauf liegt ein reiches Bergwerk, da-
„rinnen Rothgülden- und Glaserz am Bruche stehet, auch
„bereits das Wahrzeichen an einem Baume zu finden, eine
„spitze Keulhaue und unter dem Baume ein großer Stein,
„darauf drey Kreuze gehauen. Weiter hinauf in dem Walde
„wird man mehr Zeichen an Bäumen finden, und mitten
„durch die Bäume streichet ein sehr mächtiger Kupfergang
„einer Elle breit, und liegt der ganze Mann da, der sich nach
„dem Wasser, der halbe Theil oder Arm nach Freiberg, und
„das ganze Corpus liegt nach dem Tharander Walde, wie
„die Zeichen vermelden.

„Zu Höckendorf, wo das reiche Silber-Bergwerk ist,
„welches aber durch Gottes Strafe wegen Uebermuths über-
„schwemmt ist, hat ein Bauer 1660 gediegen Silber ausgeackert.

„Anno 1681 im Junio ist N. N. durch den rothen Gang
„mit fleißigem Gebethe gegangen, und den ganzen Stock auf
„etliche hundert Schritte übers Kreuz angetroffen, und wäre
„allda das Glück mit Gott zu suchen durch Absenkung des
„Schachts auf etliche Lachtern 2c."

---

257) Der Nix in der Weißeritz.

Mündlich.

Auch das kleine Weißeritzflüßchen hat seinen Nix, derselbe hält sich aber gewöhnlich in Dresden auf und wollen
ihn Viele in dem hohen Wasserbette hinter den Rädern der
Hofmühle sitzen, sich baden und spielen gesehen haben in der
Nähe des Ausgangs des An der Weißeritz genannten Gäßchens
in der Wilsdruffer Vorstadt.

---

258) Der Hirschsprung im Plauischen Grunde.

J. Petzholdt, Der Plauensche Grund. Dresden 1842. 12. S. 12 sq.

Auf der linken Felsenhöhe des Eingangs zum Plauischen Grunde in der Nähe der sogenannten Krähenhütte erhebt sich ein steiles Felsenhorn, welches, weil bei einer in Folge der Vermählungsfeierlichkeiten des nachmaligen Churfürsten August III. mit der kaiserlichen Prinzessin Maria Josepha 1719 abgehaltenen Treibjagd von hier vier Hirsche und ein Bär sich in die Weißeritz hinabzustürzen genöthigt wurden, der Hirsch= oder Bärensprung heißt.

259) Der Schatz im Burgwartsberge.

Petzholdt a. a. O. S. 29.

Auf dem Burg= oder Burgwartsberge bei Pesterwitz hat ursprünglich eine Burg gestanden, von der jedoch nichts mehr übrig ist. In diesem befindet sich eine verzauberte Braupfanne von Gold. Als Zeichen eines hier verborgen liegenden Schatzes sieht man zuweilen ein Licht auf dem Berge.

260) Die Entdeckung des Potschappeler Steinkohlenlagers.

Petzholdt a. a. O. S. 32 sq.

Um die Mitte des funfzehnten Jahrhunderts hat sich einmal ein Kuhhirt auf den Kohlsdorfer Feldern (bei Pesterwitz im Plauischen Grunde) an einem rauhen Tage ein Feuer angezündet, da aber ein heftiger Wind es immer wieder auslöschte, so suchte er eine Menge Steine zusammen, um damit eine Art von Mauer gegen den Wind zu errichten. Unter diesen Steinen befanden sich viele schwarze, die das muthige Pferd, welches er nebst den Kühen hütete, mit dem Hufe aus der Erde herausgearbeitet hatte. Sein Unternehmen gelang ihm, das Feuer brannte nun ruhig, aber mit großem Erstaunen bemerkte er jetzt, daß auch seine Mauer in Brand

gerieth und größtentheils vom Feuer verzehrt ward. Er er=
zählte dieses Wunder sogleich seinem Herrn, allein er wurde
ausgelacht, doch wiederholte er den nächsten Tag den Versuch
und warf von diesen vermeintlichen Steinen einige mit in
das Feuer, die ebensogut verbrannten, wie die am vorigen
Tage. Dies bewog ihn, einige mitzunehmen, er zündete sie
zu Hause in Gegenwart seines Herrn, der ebensowenig von
Steinkohlen etwas wußte, auf dem Herde an, und über=
zeugte ihn nun.

261) Das Schweizerbette im Plauischen Grunde.

W. G. Becker, Der Plauische Grund bei Dresden. Nürnberg 1799. 4. S. 36 sq.

Kurz vor der zweiten Mühle im Plauischen Grunde, der
sogenannten Königsmühle befand sich sonst eine später ge=
sprengte herüberragende Felsklippe, die ohngefähr 6 Ellen
hoch, 2 Ellen breit, und oben flach, aber abschüssig war.
Hier hat sich einmal ein Schweizer von der sächsischen Garde
im Rausche niedergelegt, um auszuschlafen, welches ihm auch,
ohne daß er Schaden genommen, gelungen ist. Die Stätte
führt den Namen des Schweizerbettes noch jetzt, von dem
Felsen aber ist keine Spur mehr übrig.

262) Das Zauberschloß im Windberge bei Burgk.

Nach Becker a. a. O. S. 107 sq. und Petzholdt, S. 60. sq. Novellistisch
beh. v. Gottschalk, Deutsche Volksmärchen Th. I. S. 163 sq. Poetisch
verarb. von Ziehnert Bd. I. S. 19 sq.

In Burgk am Windberge wohnte vor Jahren ein alter
Dorfmusikant, der in der ganzen Gegend beliebt war, denn
alle Mädchen und Bursche behaupteten, daß sich's nach seiner
Geige am besten tanze. Die Beine hoben sich wie von selbst
und auch die ungeschicktesten Tänzer mußten Takt halten, sie
mochten wollen oder nicht. Dies lag nun einmal so in seiner
Geige. Rothkopfs Görge, so hieß der lustige Fiedler, war
also in allen Schänken willkommen und wurde zu allen
Kirmsen und Hochzeitsfesten bestellt. Eines Sonntags, als

er den Bauern von Deuben zum Tanze aufgespielt hatte und
in der Mitternachtsstunde einsam nach Hause ging, über=
rechnete er den Ertrag seiner Geige und dachte dann an den
künftigen Sonntag, zu welchem er wieder bestellt war. So
verging ihm die Zeit und unvermerkt kam er zum Wind=
berg. Da fiel ihm auf einmal das Zauberschloß ein, von
welchem er in seiner Jugend so viel gehört hatte, daß es im
Innern des Berges stehen solle — auch auf dem Gipfel
desselben soll früher ein Schloß gestanden haben — und sprach
bei sich selbst: „Du bist doch nun schon manches liebes Jahr
und zu jeder Stunde der Nacht da vorübergegangen und hast
noch niemals etwas von diesem Zauberschlosse gespürt, wer
weiß, ob es wahr ist. Mir sollte Niemand erscheinen und
mir gebieten, zu folgen, ich faßte mir wirklich ein Herz und
füllte mir meine Tasche mit Gold. Ja wer nur den Eingang
in's Zauberschloß wüßte!" „Den will ich Dir zeigen," er=
widerte ihm ein Mann, den er niemals gesehen und der ihm
jetzt gerade in den Weg trat. Der arme Görge erschrak so
gewaltig darüber, daß er nicht einmal zurückzutreten vermochte,
und so freundlich auch immer die Antwort des Unbekannten
erklang, so sah es doch um das Herz, was er sich vorhin zu
fassen getraute, gar jämmerlich aus. „Komm, folge mir ge=
trost," versetzte der Berggeist, „Du wirst im Schlosse von
einer hohen Gesellschaft erwartet, um ihr zum Tanze zu
spielen; sie wird Dich gnüglich bezahlen, daß Du Dein Lebe=
lang hast, was Du brauchst: aber hüte Dich ja, im Schlosse
zu reden und fordere ja nicht, wenn man Dich fragt, was
Du für Deine Musik begehrest." Rothkopfs Görge war ganz
versteinert vor Schrecken. Der Berggeist ging vor ihm her
und winkte ihm, zu kommen, und Görge folgte, ohne es zu
wollen. „Was hülf' es Dir auch, wenn Du flöheft," ver=
mochte er doch noch bei sich zu denken, „er würde Dich bald
ergreifen und Dir wohl gar das Genicke brechen." Mit In=
brunst stammelte er das stets so bewährte: „Alle gute
Geister 2c.," was schon so Manchem in gleichen Aengsten ge=
holfen, und wankte zitternd hinter ihm drein.

Durch einige schaurige Wege, die Rothkopfs Görgen, so
gut er auch am Windberge Bescheid wußte, gänzlich unbekannt
waren, und die er sich auch niemals wiederzufinden getraute,
gelangten sie enblich an ein großes leuchtendes Thor, das
sich plötzlich, sobald sie in den geräumigen Vorhof getreten
waren, von selbst wieder schloß. Der Musikant glaubte, er
werde aus diesem bezauberten Schlosse wohl nun nie mehr
herauskommen, denn wenn der Ton seiner Geige dem Berggeist
gefiele, so könne es demselben leicht in den Sinn kommen, ihn
gar zu seinem Hofmusikanten zu machen. Zwischen Furcht
und Erstaunen getheilt, durchging er den mit Fackeln er=
leuchteten Vorhof und erblickte dann mehrere prächtige und
hohe Gebäude und Thürme, die kaum, nach seinem Augen=
maße zu schließen, im Windberge Platz haben konnten, und
Alles war hell und erleuchtet, wie am Tage. Sein Führer
ging stets vor ihm her und brachte ihn durch das Haupt=
gebäude in einen großen, von vielen tausend Kerzen er=
leuchteten Saal, wo eine große Gesellschaft von Herren und
Damen in schwarzer altdeutscher Tracht und mit köstlichen
Perlen und Edelsteinen geschmückt, ihn augenblicklich um=
ringte und von oben bis unten mit großen Augen betrachtete.
Ihm pochte das Herz gewaltig; sein Führer aber winkte ihm
freundlich und führte ihn durch den versammelten Kreis zu
einem Kamine mit dem deutenden Winke, sich nun auf der
Geige hören zu lassen. Auch hier umgaben ihn, während er
stimmte, die Herren und Damen, und endlich erhielt er das
Zeichen zum Anfang. Es begann eine Art Tanz, dergleichen
er weder in Burgk, noch auf den andern Dörfern umher
jemals gesehen hatte. Das Sonderbarste vor Allem war aber,
daß er dazu mit der größten Fertigkeit eine Musik spielte,
die er in seinem Leben noch niemals gehört hatte und von
der er auch nachher niemals wieder einen Ton hervorbringen
konnte. Als sich die Gesellschaft ohngefähr eine Stunde, nach
seinem Bedünken, mit dem Tanze belustigt hatte, kam jedes
Paar mit ernsthaften Schritten und schweigend auf ihn zu,
und nun betrachteten sie ihn mit Blicken, vor welchen seine

Augen zu Boden sanken. Endlich trat einer der Herren aus
dem Kreise hervor und fragte: „Was forderst Du für eine
Belohnung?" Bei allem Angstschweiß gedachte doch Görge
der Ermahnung des Führers: er zog seinen zwischen die
Knie geklemmten Hut hervor, hielt ihn mit demüthiger Ge-
behrde offen vor sich hin und gab durch eine Bewegung zu
erkennen, als sei er mit Allem zufrieden. Da ergriff der
nämliche Herr eine Kohlenschaufel, fuhr damit in den Haufen
der im Kamine glühenden Kohlen, und schüttete sie Görgen
in den Hut. Dieser entsetzte sich darüber nicht wenig, allein
in demselben Augenblicke trat der bekannte Führer herbei,
und winkte ihm freundlich, er solle ihm folgen. Görge ge-
horchte sogleich, voll banger Erwartung, was weiter folgen
werde, und sah sich in Kurzem zu eben dem Thore zurück-
begleitet, durch welches der freundliche Mann ihn eingeführt
hatte. In diesem Augenblicke war auch der Führer und mit
ihm die ganze Erscheinung verschwunden; Rothkopfs Görge
aber befand sich, von der finstersten Nacht umhüllt, auf dem
nämlichen Platze, wo ihm der Geist in den Weg getreten war.

Nachdem er sich von seiner betäubenden Angst wieder
ein wenig erholt hatte, verfolgte er den wohlbekannten Heim-
weg mit eiligen Schritten und dachte der wunderbaren Begebenheit nach. Er ärgerte sich im Geheim nicht wenig über
die höllische Belohnung, die er in seinem Hute vor sich hin
trug, und hätte die Kohlen gern auf die Seite geworfen,
wenn er nicht die vermeinten bösen Geister, die im Windberge hauseten, wider sich aufzubringen befürchtet hätte. Es
war ihm ohnedies nicht wohl dabei zu Muthe, daß der Hut
immer schwerer wurde, die Last nahm mit jedem Schritte zu
und kaum vermochte er sie mehr zu tragen: allein die Furcht
gab ihm Kräfte, und so schleppte er sie geduldig mit fort.
Kaum aber hatte er seine Wohnung erreicht und die Haus-
thüre aufgeschlossen, so schüttete er die schweren Kohlen nebst
dem, was sie sonst noch erschwert haben mochte, mit einem
Male auf die Seite, und warf die Thüre geschwind hinter
sich zu. Er kroch so eilig als möglich in sein Bette, zog die

Decke über den Kopf und drückte noch unter derselben die
Augen so fest zu, als er konnte, allein die Bilder des Zauber-
schloſſes ſchwebten ihm noch immer vor Augen, bis endlich
die Müdigkeit der Geſchäftigkeit ſeiner Einbildungskraft Ein-
halt that und der ganze Görge mit Leib und Seele in einen
tiefen Schlaf verſank.

Als er am Morgen erwachte, ſtand der ganze Zauber
mit aller Lebhaftigkeit wieder vor ihm da. Er ſprang ſogleich aus dem Bette, um ſeinen Hut zu beſehen, der ſeiner
Meinung nach ganz verbrannt ſein mußte, aber zu ſeinem
größten Erſtaunen fand er den Hut unverſehrt. Indem er
ihn ſo verwundert von allen Seiten herumdrehte, fiel aus
einer kleinen Oeffnung im Futter ein Goldſtück heraus, dergleichen er noch nie eins in Händen gehabt hatte. Auf einmal enträthſelte ſich ihm nun die Belohnung mit den glühenden Kohlen, ſowie die ſich immer vermehrende Schwere
derſelben. Mit großer Begierde ſprang er vor's Haus, nach
den ausgeſchütteten Kohlen zu ſehen, allein ſtatt der gehofften
Goldſtücke fand er nichts als ein Häufchen todter Steinkohlen.
Er raffte ſie alle emſig zuſammen und trug ſie hinein auf
den Tiſch, allein ſie wollten weder erglühen, noch in Gold
ſich verwandeln. Er that ſie wieder in den Hut, allein auch
dieſer Verſuch lief fruchtlos ab.

Da ſtand nun Rothkopfs Görge und kratzte ſich hinter
den Ohren, daß er ſein Glück ſo verſcherzt hatte. Das in
dem Hute gefundene Goldſtück machte ihn ärmer als er geweſen war, weil es ihn beſtändig an ſeinen Verluſt erinnerte.
Da er aber als luſtiger Spielmann von Natur keinen Hang
zur Schwermuth beſaß, ſo ergab er ſich endlich darein, und
nach einigen Jahren ſchien er ſogar froh darüber, daß er
nicht zum reichen Manne geworden war. „Denn“, ſprach er
zuweilen, „ſchon das eine Goldſtück hat mir Unmuth und
Sorgen genug gemacht, wie ſehr würde mich nicht erſt ein
ganzer Hut voll ſolcher Goldſtücke gepeinigt haben.“

263) Das Panier des Ritters St. Georg zu Tharand.

Ursinus bei Mencken. Script. Hist. Sax. T. III. p. 1272.

Als der Landgraf Ludwig von Thüringen mit Kaiser
Friedrich nach Palästina zog, schickte ihm Gott vom Himmel
herab das Panier des Ritters St. Georg seiner Mildthätig=
keit und guter Werke halben, und unter diesem stritt er gegen
die Ungläubigen und siegte. Dann ward das Panier gen
Wartburg gebracht, darnach aber gen Meißen auf ein Schloß,
welches der Tharant heißt. Da kam Feuer in dem Schlosse
aus (1190) und viele Leute sahen das Panier des Ritters
im Feuer zum Fenster hinausfliegen, aber Niemand hat er=
fahren, wo es seitdem geblieben ist. Dieses Wunders wegen
ward hernach die St. Georgenkirche zu Eisenach gebaut.

264) Der Einsiedel im Thale der rothen Weißeritz.

(B. Cotta), Tharand und seine Umgebungen. Dresd. u. Lpzg. 1835.
16. S. 91.

Ganz in der Nähe des Städtchens Tharand†) befindet
sich das Thal der rothen Weißeritz. Hier gestatten schroffe

---

†) Das Wahrzeichen der Stadt ist eine in Stein gehauene und
neben dem Thorwege der Schloßmühle eingemauerte und roth angestrichene
Granatblüthe, welche sich darauf bezieht, daß die Weißeritz Granaten mit
sich führt, weshalb seit der zweiten Hälfte des 15. Jhdrts. der Ort selbst
Granaten hieß. Von dem alten Schlosse hat man zwar keine gleich=
zeitige Abbildung mehr, allein der verstorbene Director d. Kgl. Kupf. Cab.
Frenzel vermuthete mit Recht, daß die Darstellung einer Burg von dem
anonymen altdeutschen Kupferstecher S. N. in dem K. Oeff. Kupferstich=
Cabinet und in der Privatsamml. S. M. d. höchstf. K. (Nr. 6579) be=
findlich und von Heinecken, Nachr. Th. I. S. 384 beschrieben, dasselbe, wie es
zu jener Zeit noch aussah, wiedergiebt. Der Name Granaten hat übrigens
zu einer sonderbaren Verwechselung Anlaß gegeben. Schlenkert, Tharand.
(Dresd. 1797. S. 84) und nach ihm der Verfasser von: „Die Weißeritz=
thäler und ihre Umgebung. Dr. 1833. 12. S. 78 erzählt nämlich, Kurfürst
Moritz habe 1549 dem nachherigen Kaiser Maximilian II., als er noch
Erzherzog gewesen, 1548 hier ein glänzendes Jagdfest gegeben und beruft
sich auf ein hbschr. auf der Dresdener Bibliothek befindliches lateinisches

Felſenriſſe und wild aufbrauſende Fluthen im Frühjahr kaum
einen ſchmalen Pfad am linken Gehänge hin. Eine felſige
Landzunge, der ſogenannte Einſiedel, wo einmal ein Einſiedler
ſeine Clauſe gehabt haben ſoll, iſt in der Umgegend als ein
Ort, wo es ſpukt, berüchtigt. Man erzählt ſich von grauen
Männchen, die da herumgehen, und von Geiſtern, die einen
dort verborgen liegenden Schatz bewachen ſollen, den nur
eine ganz reine Jungfrau heben kann. Ein Mann aus dem
nahegelegenen Somsdorf ſah vor einigen vierzig Jahren,
wie ein kleiner, höhniſch lachender Zwerg eine alte Frau
vom Berge herabzerrte, die dann zerkratzt und halb beſinnungs=
los in ihre Heimath ankam. In demſelben Thale befindet
ſich auch der Nixenhügel (bei der langen Brücke am Felſen
hin), der ſehr tief und von zwei Waſſernixen bewohnt iſt.

265) Der Untergang der Grube zu Höckendorf.

Vermiſchte Nachr. z. ſächſ. Geſch. Bd. II. p. 45. sq. B. C. Tharand und
ſeine Umgebung. S. 53. Novelliſtiſch beh. v. Bronikowsky, Darſtellungen
aus vergangener Zeit. Bd. III. (hier heißt die Grube die goldene Ecke).

Das edle Geſchlecht von Theler war Baugewerk des
Bergwerks zu Höckendorf, die edle Krone genannt, und ſo

Gedicht eines gewiſſen Stephan Schirrmeiſter aus Nürnberg: Venatio in-
clyti, pii ac augusti romanorum imperatoris ac Bohemorum regis etc.
Maximiliani ad Granatam in Hexametern, welches dem Churfürſt Auguſt
dedicirt iſt (Dresd. b. 4. Septbr. 1568, Hdſchr. z. ſächſ. G. I. 128).
Darin wird die bekannte Geſchichte erzählt, daß ſich Maximilian auf einer
Jagd von den Seinigen verirrte und in eine Wildniß gerieth, wo er nach
langem Herumſtreifen in ein Haus kam, in dem ſich Räuber aufhielten,
die auch den Plan faßten, ihn des Nachts zu ermorden. Indeß durch ein
Frauenzimmer gewarnt, war er auf ſeiner Hut und erlegte die meiſten
ſeiner Feinde. Als nun der Lärm des Kampfes Bauern aus der Nähe
herbeizog, ward er, trotzdem daß er ſeinen Stand entdeckte, gefangen und
gebunden in das nächſte Dorf vor den Richter geführt, von dieſem aber
natürlich losgelaſſen. Dieſe Begebenheit geſchah aber bei Granada in
Spanien, und hat Schlenkert dieſelbe wohl nur aus abſichtlicher Täuſchung
nach Tharand verſetzt. S. Haſche, Mag. d. ſächſ. Geſch. Bd. II. S. 24.
Abendzeitung 1818. Nr. 106. cf. Götze, Merkwürd. d. Dresd. Bibl.
Bd. III. S. 89.

reich und übermüthig geworden, daß sie ihre Pferde mit
silbernen Hufeisen beschlagen ließen. 1557 am 25. August
wollten sie es gar Herzog Albert zu Sachsen, der am 23. April
des Jahres 1477 zu Georgenfundgrube bei Schneeberg mit
seinen Räthen an einem silbernen Tische gespeist und dabei
gesagt hatte: „unser Kaiser Friedrich ist wohl gewaltig und
reich, gleichwohl weiß ich, daß er jetzt keinen so stattlichen
Tisch hat",†) nachthun, allein so fürstlich ihr Eingang ge=
wesen, desto trauriger war das Ende, ein schweres Gewitter
brachte so plötzlich einen heftigen Regenguß, daß die Grube
ersoff und in ihr 50 Personen verunglückten.

266) Die 7 Martersäulen zu Höckendorf.

Moller, Freiberg. Annales II. S. 62. B. C. Tharand S. 53 Anm.
Sachsengrün 1861. S. 21. Poetisch beh. b. Ziehnert Bd. II. S. 29. sq.

Im Jahre 1360 ist Conrad Theler, ein Freibergischer
Patrizier, der Ermordung seines Schloßcaplans halber, nach
Rom und dann nach Jerusalem gezogen und hat im folgen=
den Jahre zu Höckendorf, welches sein eigen gewesen, von
der Kirche an bis auf den Gottesacker in das Feld nach dem
Maße, so er zuvor vom Richthause Pilati zu Jerusalem bis
auf den Berg Golgatha genommen und 1538 Ellen soll be=
troffen haben, zum Gedächtniß und Erinnerung des Ganges
des Herrn Christi zu seiner Kreutzigung, sieben steinerne
Martersäulen aufrichten und an jede eine Bitte des Vater=
unsers zeichnen lassen. Die Säulen sind an besagtem Orte
noch zu sehen, und in der Sakristei der Kirche zu Höckendorf
befindet sich auch das Bild des Ritters in knieender Stellung
(†. 1361) in Stein gehauen noch jetzt. Von jenen 7 Capellen
oder Säulen stehen jedoch dermalen nur noch zwei, die fünf
andern sind umgestürzt.

---

†) Nach Müller's Annalen S. 40 gab dieser Tisch beim Einschmelzen
400 Ctnr. oder 80,000 Mark Silbers, also 800,000 Stück Speciesthaler.
S. a. Curiosa Sax. 1733. S. 83. Tertor, Histor. Bildersaal b. sächs.
Gesch. I. S. 167. sq.

267) Der gespenstige Reiter bei Hainsberg.

Mündlich.

Auf der nach Tharand führenden Chaussee soll sich an gewissen Tagen um Mitternacht ein Spukgeist sehen lassen: er reitet auf einem Pferde ohne Kopf und trägt den seinigen zuweilen selbst unter dem Arme, er jagt bis Tharand und kehrt dann wieder zurück.

268) Der Todtenteich bei Tharand.

B. C. Tharand S. 101. sq.

Wenn man durch Tharand hinauf am Amthause vorbei nach dem Kalkofen und dann weiter im Thale fortgeht, so kommt man in den sogenannten Ebergrund und zur Ebermühle, bei welcher der von dem Mühlbache gebildete Todtenteich liegt, der seinen Namen davon hat, daß früher bis an das Ende des vorigen Jahrhunderts die Sitte herrschte, wenn die Bewohner der umliegenden Dörfer den Tod austrieben, den diesen vorstellenden Strohmann hier hineinzuwerfen. Man behauptet, bei hellem Sonnenschein in der Tiefe desselben noch heute das steinerne Bild desselben liegen zu sehen.

269) Auffindung des Freiberger Bergwerkes.

G. Agricola, De vet. et nov. Metallis I. 12. Moller, Freibergische Annales, Freib. 1653. 4. Th. I. S. 16. sq.

Einst haben Fuhrleute Salz aus Halle an der Saale geholt, um es in Böhmen einzuführen', als sie nun an die Grenze des böhmischen und meißnischen Gebirges kamen, haben sie in der Gegend, wo jetzt die Stadt Freiberg liegt, in einem Wagengeleiße ein Geschiebe von gediegenem Bleierz angetroffen, welches vom Wasser bloßgelegt worden war. Weil es nun dem Goslarischen Erz nicht ganz ähnlich sah, haben sie dasselbe auf den Wagen geworfen und hernach mit sich

nach Goslar genommen, da sie bisweilen auch Blei von Goslar
an andere Orte geführt. Da nun die Bergleute dieser Stadt
gedachtes Geschiebe probirten, so fanden sie, daß es an Silber
weit reicher als der Goslarische Glanz= und Bleischweif war,
es haben sich also eine Anzahl derselben aufgemacht und nach
Anleitung der Fuhrleute dorthin begeben. Dadurch ist die
heutige Bergstadt Freiberg nach und nach entstanden, jene
Bergleute aber sind, weil ihnen ihr Suchen wohl gelungen,
sämmtlich reich geworden.

270) Das Wahrzeichen der Stadt Freiberg.

Moller a. a. O. S. 29. sq. 138. 101. Cur. Sax. 1733. S. 135 sq.

Früher mußte derjenige Handwerker, welcher sich aus=
weisen sollte, daß er zu Freiberg gewesen, wissen, daß auf
dem Dache des alten Thurmes des Petersthores (bis 1631)
auf allen vier Seiten ein steinerner Mannskopf zu sehen sei,
angeblich zur Erinnerung an den Ueberläufer, der 1297 die
Stadt an Kaiser Adolph von Nassau verrathen hatte, ferner
daß sich an der Brücke eine große uralte männliche Statue
wie ein Roland, mit dem königlich dänischen, churfürstlich
sächsischen und Stadtwappen und der Jahreszahl 1557 befand,
und endlich daß im Rathhause vor der sogenannten Commisions=
stube nach dem Markte zu in zwei Ecksteinen Kreutze ein=
gehauen waren und Erz darin eingefaßt war. Endlich ist
auch noch der viereckige breite Stein auf dem Markte zu
Freiberg, der die Stelle bezeichnet, wo Kunz von Kaufungen
hingerichtet ward, ein solches Zeichen. Dieser Raubritter soll
nämlich unter dem steinernen Kopfe am Erker des Rathhauses,
der sich durch eine schreckliche Physiognomie, Knebelbart,
Sturmhaube und das Bild der Gerechtigkeit über sich aus=
zeichnet, und gerade auf jenen im Jahre 1702 erneuerten
Stein hinblickt, verstanden werden.

271) Der Teufel holt einen verliebten Cleriker zu Freiberg.

Camerarius, Horae subcisivae. Cent. I. No. 70. Moller, Bd. II. S. 19 sq.

Es hat sich zu Freiberg ein geistlicher Scholar auf der dasigen Klosterschule heftig in eine schöne Jungfrau verliebt und, weil er sie nicht zu seinem Willen verführen können, Rath und Hilfe bei einem Schwarzkünstler gesucht. Der hat ihn in einen Kreis gezogen und seine gewöhnlichen Beschwörungen angefangen, da denn der Teufel, der sich zu solchem Spotte nicht lange bitten läßt, geschwind in Gestalt der Jungfrau erschienen ist und sich also geberdet hat, daß der von brennender Liebe halb unsinnige Jüngling nicht anders vermeinet, als daß es seine Liebste sei. Darum sprang er auf und reichte ihr aus dem Kreise heraus die Hand, aber zu seinem großen Unglück und Verderben, denn alsbald riß ihn der Teufel zu sich hin und warf ihn dermaßen gegen die Wand, daß er auf der Stelle todt blieb. Dabei hatte er aber auch den Schwarzkünstler nicht geschont, sondern er nahm den zerschmetterten Körper und warf ihn mit solcher Gewalt wider denselben in den Kreis hinein, daß derselbe davon erstarrt die ganze Nacht winselnd liegen blieb und am Morgen noch halb todt gefunden und nachmals zur gebührenden Strafe gezogen ward. Solches geschah im Jahre des Herrn 1260.

272) Die Wallfahrt zur schönen Marie in Freiberg.

Moller a. a. O. Bd. II. S. 20 sq. Peccenstein Th. III. S. 15.

Im Jahre 1261 sind die Geißler in großer Zahl in das Land Meißen gekommen und auch in die Stadt Freiberg gezogen, wo damals stark zur sogenannten schönen Marie†) gewallfahret ward. Sie sind halb nackend zwei und zwei

---

†) Eine ähnliche Wallfahrt war früher zu Regensburg unter diesem Namen sehr berühmt. Ueber die Entstehung derselben existirt ein seltnes Reimgedicht: Wie die new Capell zu der schonen Maria in Regenspurg erstlich auftummen ist, nach Christi geburt. M. CCCCC. vnd XIX. jaar. o. O. u. J. 2 Bogen. 4. S. dar. Hormayr, Tasch. 1843. S. 176. sq.

baarfuß in rothen offenen Mänteln, so spanisch Armilausen†) heißen, einhergeschritten, allein ob sie wohl sich gegeisselt und große Buße und Heiligkeit vorgegeben, hat sie Bischoff Albrecht zu Meißen doch nicht leiden wollen, weil sie eine neue Secte seien, und haben sie bald wieder aus der Stadt weichen müssen. Von jener Wallfahrt meldet aber ein Cellischer Mönch, so sich Conrad von Freiberg nennt, es sei diese zu einem Marienbilde, das von Wachs in menschlicher Größe schön und zierlich geformt gewesen und in einer besondern Kapelle (wahrscheinlich im Johannishospitale oder der Frauen= kirche) gestanden habe, gegangen, dorthin wären Leute von allen Orten, gerade wie wenn sie bezaubert gewesen, in Haufen zusammengeströmt, und was ein Jeder, Mann oder Frau, von seiner Arbeit gerade in der Hand gehabt, wie ihn diese Tollheit ergriffen, das habe er mit sich genommen und allba gelassen, wie auch viele krumme, lahme und andere preßhafte Menschen, die sich zu diesem Bilde gewendet und Gelübde verrichtet, gesund worden und ohne Mangel wieder davon gegangen sein sollen. Diese Wallfahrt hat lange Zeit ge= währt, bis man erfahren, daß unter dem Scheine der Heilig= keit ein böses sodomitisches Leben und viel Schande und Laster getrieben werde, worauf durch ein Fürstlich Edict dem Pilgern dahin und den unordentlichen Zusammenkünften ge= steuert und solche mit Ernst abgeschafft worden sind.

---

273) **Entstehung des Freiberger Gebäcks: Der Bauerhase.**
S. Dresd. Anz. 1873. Nr. 99. S. 26.

Markgraf Friedrich mit der gebissenen Wange liebte das zu seiner Zeit mächtig emporblühende Freiberg vor allen andern Städten seines Landes und pflegte dort häufig Hof zu halten. Zu dem Kreise, den er dort gern um sich ver=

---

†) Isidorus (Orig. XIX. 22) erklärt das Wort so: armilausa vulgo vocatur, quod ante et retro divisa atque aperta est, in armos tantum clausa, quasi armi clausa. s. Brinckmeier, Gloss. dipl. I. S. 169.

sammelte, gehörte ein Caplan, der die Freuden der Tafel nicht verschmähte und ihm wegen seines muntern aufgeklärten Wesens besonders werth war. Eines Faſtnacht-Dienſtags hatten die Herrſchaften bis nahe an Mitternacht getafelt, als der Markgraf ſeinem Koch, Namens Bauer, befahl, als nächſten Gang Haſenbraten auf den Tiſch zu bringen. Der Caplan, welcher des Guten vielleicht bereits genug gethan hatte, erhob jedoch hiergegen Einſpruch und erklärte es im Hinblick auf die mit Mitternacht anhebende Faſtenzeit für Sünde, nach der letzteren Beginn noch eine Fleiſchſpeiſe zu ſich zu nehmen. Während der Markgraf nun hierüber mit dem Caplan in einen Wortſtreit ſich einließ, war der Koch, ein luſtiger Patron, nachdem er verheißen, beiden Partheien alsbald gerecht werden zu wollen, in ſeine Küche gegangen, hatte von ſeinem Teig einen Haſen geformt, denſelben mit Mandeln wohl beſpickt, und offerirte dieſes Gebäck alsbald dem Markgrafen und ſeinen Gäſten mit dem Bemerken, daß dergleichen Haſen wohl auch in der Faſtenzeit mit Fug und Recht gegeſſen werden könnten. Der Caplan, den dieſe neue Speiſe reizte, erklärte dieſelbe ſofort für zuläſſig und der Markgraf, mit ſeinem Koch höchlich zufrieden, befahl, daß das neue Gebäck, dem er, ſeinem Erfinder zu Ehren, den Namen „Bauerhaſe" beilegte, in Zukunft ſtets ſeine Tafel während der Faſtenzeit ziere.†)

---

274) **Ein Freiberger Bürger rettet Markgraf Friedrich dem Freudigen das Leben.**

Moller a. a. O. Bd. II. S. 47.

Im Jahre 1305 iſt der Kaiſer Albrecht nach Altenburg gekommen und hat Markgraf Friedrich den Freudigen zu ſich

---

†) Eine andere Erklärung des Namens iſt, daß, weil ſonſt die Bauern den Haſenbraten nur dem Namen nach kannten, da ſie ſelbſt nicht jagen durften, ſie an Feſttagen ein Gebäck in Form deſſelben machten, das ſie ſcherzweiſe Bauerhaſe nannten. Nach dem Dresd. Anzeiger v. 6. April ſtammen die Freiberger Bauerhaſen aber von dem ſogenannten Oſterhaſen.

entbieten laffen, ihn auch fehr freundlich aufgenommen und
zu feiner Tafel gezogen, allein heimlich hat er einen Meuchel=
mörder beftellt gehabt, der plötzlich in's Tafelzimmer hinein=
fprang und einen Stoß auf den Markgraf führte. Als diefes
feine Diener fahen, ift der eine, fo ein Bürger von Freiberg†)
gewefen, ihm in den Stoß gefallen, dabei aber tödtlich ver=
letzt worden, die andern aber haben zu ihrer Wehr gegriffen
und theils den Thäter in Stücke gehauen, theils ihren Herrn
aus der Gefahr vom Schloffe hinweg und am folgenden Tage
in fremden Kleidern aus der Stadt gebracht, worauf er fich
nach Pegau gerettet hat.

---

275) Die Mordgrube zu Freiberg.

Moller a. a. O. Bd. II. S. 60. Poetifch beh. bei Ziehnert Bd. I. S. 89 sq.

Als um die Mitte des 14. Jahrhunderts das Bergwerk
zu Freiberg im höchften Flor war, trug es fich zu, daß, in=
dem es gewöhnlich war, daß an Feiertagen gewiffe Zufammen=
fünfte und gemeine Tänze bei Zechenhäufern gehalten wurden,
auch in einer fehr berühmten Bergzeche zwifchen Berthelsdorf
und Erbißdorf ein folcher öffentlicher Reigentanz gehalten
ward (1360). Da ift gerade ein katholifcher Priefter mit
einer Monftranz vorübergegangen, um einen Kranken zu
beichten, und der Glöckner hat nun zwar das gewöhnliche
Zeichen mit dem Glöcklein gegeben, allein keiner der Tanzenden
oder Zufchauer hat darauf geachtet, mit Ausnahme des Fiedlers,
der zum Tanze auffpielte, welcher fich auf die Kniee nieder=
ließ, um dem heiligen Sacrament die Ehre zu erweifen. Da
hat fich alsbald die Erde aufgethan, und die ganze anwefende

---

† Dreffer in P. V. der Isagoge f. Befchr. Altenburgs und Pfeffer=
korn. Auserl. Gefch. der Landgraffch. Thüringen S. 440. fagen aber, es fei
dies nicht ein Freiberger Bürger, fondern einer aus Altenburg gewefen
und weil ihm feine Hand, als er den Stich auffing, abgehauen worden,
werde fie zum Andenken folcher Treue bis dato nebft der Rofe als das
Altenburgifche Graffchaftswappen geführt.

Gesellschaft lebendig verschlungen, mit Ausnahme des Fieblers, der sich auf einem kleinen Hügel so lange erhielt, bis man ihm zu Hülfe kam: dann ist aber der Hügel auch eingesunken, also daß man weder Tänzer noch Tänzerinnen wieder gesehen hat. Seit dieser Zeit hat sich aber an diesem Orte nie wieder irgend ein nützlicher Bau vornehmen lassen, man hat auch weder die Verfallenen, noch den Schmuck und das Geschmeide, so sie an und bei sich gehabt, wieder erlangen und retten können, denn ob man wohl oft geräumet und sonst viele Mühe deswegen angewendet, ist doch Alles, was man des Tages über bewältigt, des Nachts wieder eingegangen und hat daher diese Zeche noch bis heute den Namen Mordgrube behalten. Vor Zeiten ist die ganze Geschichte zu Erbißdorf in der dasigen Kirche abgemalt gewesen und im Jahre 1490 hat man an der Stelle jenes Ereignisses noch ein gewaltig rundes Loch, so groß wie der halbe Markt zu Freiberg sehen können.

276) Der große Brand zu Freiberg.

Moller a. a. O. S. 110. Poetisch beh. b. Segnitz Bd. II. S. 196.

Den 24. Juli des Jahres 1471 hat ein Bäcker zu Freiberg, Namens Werner Kühn, so sein Haus auf der Burggasse dem Oberthore gegenüber hatte, als das Holz bei Heizung des Backofens nicht gleich brennen wollte, solches in aller Teufel Namen brennen heißen. Darauf ist die Flamme zum Ofen herausgeschlagen, hat das Haus angezündet und also überhand genommen, daß kein Löschen mehr helfen wollen, also daß von der ganzen Stadt nur die Frauenkirche, die Meißner Gasse und die übrige Hälfte der Sechsstadt stehen blieb.

277) Die schöne Polyrena zu Freiberg.

Curiosa Sax. 1741 pag. 344 sq. Moller a. a. O. S. 177. Textor, Denkw. a. d. Sächf. Gesch. Bd. VI. p. 195 sq.

Ein Doctor des canonischen Rechts, Johann Gartewitz

von Freiberg, († 1520) hat einige Zeit zu Rom gelebt und
sich daselbst in den Stand der Ehe begeben, nach dem Tode
seiner Frau aber ist er in den geistlichen Stand getreten,
nach Freiberg zurückgekehrt und daselbst Canonicus geworden
(1508). Er hat aber dahin seine in Rom gezeugte Tochter,
die ihrer Schönheit wegen die schöne Polyxena genannt ward,
mitgebracht, welche ein Brauherr auf der Meißner Gasse
Andreas Behem (Böhme) geheißen zur Frau nahm. Diese
hat ihrem Ehemann auf Anstiften eines Soldaten (Martin
Krebs), mit dem sie Ehebruch getrieben, erst Gift beigebracht,
und als dasselbe nicht nach Wunsch wirken wollen, denselben,
ob er wohl bettlägerig und contract worden, doch um ihn
los zu werden, des Nachts mit dem Brodmesser erstochen,
vorgebend, als wenn er solches aus Schmerzen und Ungeduld
selbst gethan. Sie ist aber, weil man Verdacht geschöpft,
eingezogen und den 3. Septbr. 1522 enthauptet und alsdann
aufs Rad gelegt worden.

---

278) **Der ungerathene Sohn, der zu Freiberg drei Jahre
auf einer Stelle gestanden hat.**

Moller a. a. O. S. 220 sq. Camerar., Horae subcis. III. pag. 124.
Cur. Sax. 1736. S. 3. sq. (Hilscher). Das verwünschte Kind zu Freiberg
Freib. 1747. 8. Poet. beh. b. Segnitz. Bd. I. S. 20. †)

Im Jahre 1545 hat ein Bürger zu Freiberg, Namens
Lorenz Richter, seines Handwerks ein Leineweber, welcher auf
der Weingasse gewohnt, seinem vierzehnjährigen Sohne etwas
zu thun befohlen. Als dieser nun nicht alsobald den Befehl
vollzogen, sondern in der Stube eine Zeit lang stehen blieb,
hat er ihn aus zornigem, ergrimmten Gemüthe verwünscht
und gesagt: ei so stehe, daß Du nimmermehr fortgehen könntest!
Auf diesen Fluch und Verwünschung des Vaters ist der Knabe
auch stracks stehen geblieben, daß er nicht von der Stelle

---

†) Eine ähnliche Sage von einem Kornwucherer aus Pöthen bei
Halberstadt erzählt Knauth, Chronik des Klosters Zelle. Th. VIII. S. 285.

kommen konnte, hat auch drei Jahre ganz auf derselben Stelle gestanden, also daß er eine tiefe Grube in die Diele getreten und man ihm des Nachts, wenn er schlafen wollte, ein Pult untersetzen mußte, damit er den Kopf und die Arme darauf legen und ein wenig ruhen konnte. Weil aber die Stelle, da er gestanden, nicht weit von der Stubenthüre beim Ofen, und den Leuten, die in die Stube gegangen, gleich im Anlaufe gewesen, so haben die Geistlichen bei der Stadt auf ihr vorhergehendes fleißiges Gebet ihn von dem Orte aufgehoben und gegenüber in den andern Winkel der Stube glücklich und ohne Schaden, wiewohl mit großer Mühe gebracht, denn wenn man ihn sonst forttragen wollen, ist er alsbald mit unaussprechlichen Schmerzen befallen und ganz wie rasend worden. An diesem Orte, sobald man ihn wieder niedergesetzt, hat er ferner bis ins vierte Jahr gestanden und die Diele noch tiefer durchgetreten als zuvor, da man denn einen Vorhang um ihn geschlagen, daß ihn die Aus- und Eingehenden nicht so sehen können, welches auf seine Bitte geschehen, weil er am Liebsten allein gewesen und wegen steter Traurigkeit nicht gern viel geredet. Endlich hat der gütige Gott ihm die Strafe etwas gemildert, so daß er das letzte halbe Jahr sitzen, sich auch in's Bette, so neben ihn hingestellt worden, legen können. Wenn ihn Jemand gefragt, was er mache, hat er gemeiniglich geantwortet, er werde von Gott dem Herrn seiner Sünden wegen gezüchtigt, setze Alles in dessen Willen und halte sich an das Verdienst seines Herrn Jesu Christi, auf welches er hoffe selig zu werden. Hat sonst ganz elend ausgesehen, ist blaß und bleich von Angesicht und hager und schmächtigen Leibes, auch sehr mäßig in Essen und Trinken gewesen, daß man ihm oft die Speisen einnöthigen müssen. Nach verflossenen sieben Jahren ist er dieses seines betrübten Zustandes den 11. Septbr. 1552 entbunden worden und im wahren Bekenntniß und Glauben an den Herrn Jesum Christum eines natürlichen vernünftigen Todes, nicht aber an der Pestseuche, wie Einige geschrieben, gestorben. Die Fußtapfen hat man nach langer Zeit an beiden Orten im gedachten Hause

in der obern Stube, da sich die Geschichte begeben, die ersten
beim Ofen, die andern in der daneben befindlichen Kammer,
indem die Stube hernach kleiner gemacht und unterschieden
worden, sehen können. Der Vater, von dem man gemeldet
hat, daß man ihn wegen der erfolgten Wirkung seiner Ver=
wünschung den himmlischen Vater genannt habe (dies ist
unrichtig, sondern er erhielt den Namen, weil er in dem zu
Pfingsten 1516 zu Freiberg auf dem Markte gehaltenen geist=
lichen Spiele den Gott Vater agirt hatte), hat besagte Fuß=
tapfen in den Dielen alsbald nach des Sohnes Tode aus=
setzen lassen wollen, weil er sich wegen seines unbesonnenen
Eifers und Fluchs geschämt, es hat ihm dies aber der Rath
untersagt und geboten, daß er solche zum immerwährenden
Gedächtniß stehen lassen mußte.

279) Das Mönchskalb zu Freiberg.
Moller Bd. II. S. 179. cf. Bd. I. S. 213.

Den 29. Juni 1523 ist zu Freiberg im öffentlichen
Kuttelhofe in einer geschlachteten Kuh, so einem Bauer zu
Klein=Waltersdorf zugehörte, das sogenannte Mönchskalb ge=
funden worden. Dieses Kalb hat einen runden ungestalteten
Kopf gehabt und oben darauf eine Platte wie ein Pfaffe,
sammt zwei großen Warzen wie kleine Hörner: mit dem
Untermaule ist es einem Menschen, mit dem obern und der
Nase einem Kalbe gleich, sonst aber ganz glatt am Leibe
gewesen, es hat die Zunge lang aus dem Munde heraus=
gestreckt; die Haut am Halse und Rücken herunter hat wie
eine gewundene Mönchskutte ausgesehen, an den Seiten
aber vorn und an den Beinen ist es voller Ritze und Schnitte
gewesen, als wenn die Kutte zerhauen oder zerschnitten wäre.
Solches Ungeheuer ist von Dr. M. Luther in seinen Schriften
(Bd. IX. b. Witt. A. f. 187), wo es auch abgebildet wird,
neben der Beschreibung des Papstesels*), den man 1496 zu

---

*) S. Deuttung der zwo greulichen Figuren Bapstesels zu Rom und
Munchkalbs zu Freyberg in Meyssen funden (durch Dr. M. Lutherum).

Rom gefangen, gebeutet worden, Melanchthon aber (Epist. ad Camerarium p. 22) meinte, daß durch dieses Kalb die Verderbniß der lutherischen Lehre in fleischliche und verderbliche Meinungen, wie sie zu selbiger Zeit im Schwunge gewesen, angezeigt worden, inmaßen auch bald hierauf ein Schwein zu Halle in den Osterfeiertagen ein Ferklein geworfen, welches einem Pfaffen in Gestalt des damaligen Habits ganz ähnlich gesehen. Es hat aber gedachtes Mönchskalb die Autorität der Geistlichen, so dem Papste zugethan gewesen, sehr verringert, also daß auch die Bergleute ein besonderes schimpfliches Lied davon gedichtet und dasselbe den Mönchen und Pfaffen zu Spott und Hohn lange Zeit allhier gesungen mit Bezug darauf, daß der Fleischer mit Vorbedacht und Willen das Fleisch von der Kuh, in welcher man das besagte Mönchskalb gefunden, Niemandem als den Canonicis, Mönchen und andern Geistlichen gelassen und solche dasselbe unbewußt verzehrt haben.

──────────

280) Der Affe mit dem Kinde zu Freiberg.

Moller a. a. O. Th. II. S. 185 sq. Poet. beh. 6. Segnitz Bd. I. S. 111.

──────────

Am 3. September des Jahres 1528 hat sich zu Freiberg ein Affe auf dem Schlosse losgerissen und ist durch das Hinterthor in ein nahe dabei stehendes Haus hineingeschlichen, wo er ein Kind, so noch in Windeln gewickelt gewesen, aus der Wiege genommen und damit fortgelaufen. Als man ihm nun nachgesetzt und die Gassen und Wege in der Stadt ver-

──────────

Wittenb. 1523. 4. Der Papstesel, ein Monstrum mit einem Eselskopfe, mit einem weiblichen, mit Schuppen bedeckten Leibe, mit Ochsenfuß und Vogelklauen, statt der rechten Hand einen Eselsfuß, mit der Unterschrift: Monstrum Romae inventum mortuum in Tiberi Anno 1496, bildet auch Bl. 1. des Cranach'schen Holzschnittwerkes: das Papstthum von 1545 (beschr. im Allg. Lit. Anz. Bd. IV. S. 94. sq. Serapeum 1841. S. 33. sq. Chr. Schuchardt, L. Cranach und seine Werke. Leipzig 1851. Bd. II. S. 248. sq.) Der Papstesel, das Mönchskalb und der Säupfaffe sind abgebildet bei Lycosthenes, Wunderwerk S. CCCCLX. u. CCCCLXXIII. S. a. Seidemann, Beitr. z. Reform.=Gesch. Bd. I. p. 200. sq.

legt, daß er nicht weiter entwischen können, ist er mit dem Kinde auf ein Haus gesprungen, hat dasselbe oben auf der Dachrinne ausgewickelt, in die Vorderpfoten genommen und lange auf dem Dache mit demselben herumgegaukelt, also daß Jedermann gemeint, es werde um das Kind geschehen sein. Sobald jedoch sein Meister, der ihn im Schlosse erwartet, dazukam und ihm zurief, ist er wieder vom Dache herabgesprungen und hat demselben das Kind zwar ohne Windeln, doch unversehrt übergeben, worüber sich Jedermann gewundert und solches Gottes sonderbarer Güte und Bewahrung, so er dem Kinde erzeigt, zugeschrieben hat.

281) Der Teufel hört einen Bergmann beichten.

Moller a. a. O. S. 293 sq. Manlius, Collect. I. Hondorff Promtuar. exempl. IItes Gebot. Remigius, Daemonolatria Bd. II. S. 73.

Im Jahre 1537 ist ein alter ehrlicher Bergmann zu Freiberg, Namens Benedix Reisiger, der auf der Viehgasse vor dem Petersthore wohnte, sehr krank gewesen. Zu diesem ist der Satan vor Aller Augen mit einem langen Papier (und in Gestalt und Kleidung eines Geistlichen, wie Manlius sagt), fast einer Kuhhaut gleich, gekommen und hat ihm gesagt, er sei als ein Notarius abgefertigt, alle seine Sünden, die er begangen, aufzuzeichnen, hat sich auch bei seinem Bette niedergesetzt, Feder und Tinte zur Hand genommen und den Bergmann solche zu erzählen ernstlich vermahnt. Wiewohl nun dieser anfangs sehr erschrocken ist, hat er doch bald wieder Muth gefaßt, sich des Herrn Christi getröstet und geantwortet: „ich bin ein armer Sünder, willst Du meine Sünden ja aufschreiben und bist deswegen hergekommen, so schreibe oben an: des Weibes Samen Christus Jesus hat der Schlange den Kopf zertreten." Wie solches der Satan gehört, ist er alsbald mit Papier und Tinte verschwunden, daß nichts von ihm als ein übler und abscheulicher Gestank zurückgeblieben ist, der Bergmann aber ist in festem Glauben an das Verdienst Christi kurz darauf sanft und selig verstorben.

282) **Todter verwest nicht.**
Moller S. 293 sq.

Am 20. September des Jahres 1568 hat man zu Ehren-friedersdorf bei Freiberg einen Bergmann, Namens Oswald Barthel, der vor 61 Jahren im Jahre 1507 in einen Berg, der der Sauberg hieß, gefallen war, noch ganz unverwest in seiner ledernen Bergkappe und Kleidern mit dem Grubenbeile, Nascheltasche und Zscherper unversehener Weise wiedergefunden, und ist er mit den gewöhnlichen Ceremonien zur Erde be-stattet worden, laut der Leichenprebigt, die M. Georg Raubte, Pfarrer gedachten Orts, darüber gehalten und in Druck gegeben.

283) **Der Satan setzt einem Bergmann hart zu.**
Moller a. a. D. S. 293.

Den 26. Februar des Jahres 1607 hat ein Bergmann, welcher sonst seines stillen und eingezogenen Wandels halber gutes Lob gehabt, in der Fastnachtszeche von Andern an-gehetzt, allerhand Ueppigkeit getrieben und etliche leichtfertige Reden von Gott und göttlichen Sachen geführt, unter andern vorgegeben, daß, ob er schon in die Hölle käme, doch gute Gesellen genug darin anzutreffen sein würden. Als dieser nun Abends heimgehen wollte, ist ihm der Satan in schreck-licher Gestalt erschienen und hat ihm heftig zugesetzt und ge-droht, mit Vermelden, daß, so er rechte Macht über ihn hätte, wollte er ihn bald an den Ort führen, dahin er zu guten Gesellen begehre, ist auch hernach eine Zeitlang neben ihm in und aus der Grube gefahren, daß er nirgends Ruhe haben konnte, sondern überall hart angefochten und geplagt ward, bis er endlich Trost bei seinem Beichtvater suchte, das heilige Abendmahl nahm, ein gottesfürchtiges Leben versprach und böse Gesellschaft gemieden hat, worauf der Satan ausblieb und sich nicht ferner sehen ließ.

284) Die vom Teufel besessene Frau zu Freiberg.
Moller a. a. O. S. 425—440.

Im Jahre 1600 ist Anna Stephan Fieblerin eines
Kindes zu Freiberg genesen, und als ihr Mann bei ihr am
Bette gesessen und der Gevatterschaft halber sich mit ihr unter-
redet, ist dieser plötzlich krank geworden, worüber sie sich dermaßen entsetzt, daß ihr Blut über sich gestiegen und ihr
Schmerzen über Schmerzen zugezogen. Von da an hat sie
immer abscheuliche Convulsionen und Gesichte gehabt, ist ihr
auch der Teufel mehrmals, das eine Mal in Gestalt der
Hebamme erschienen und hat sein Spiel mit ihr getrieben.
So hat er sie einmal aus dem Bette gerissen und oben auf
die Dachrinne zwischen ihrem und ihres Nachbarn Hause
gesetzt, ein anderes Mal hat man sie um drei Uhr Morgens
auf dem Ofen, ein ander Mal vor dem Fenster auf einem Stein
gefunden, endlich ist sie einmal in Gegenwart zweier sicherer
Zeugen im Bette mit dem ganzen Leibe, Händen und Füßen
aufgehoben worden, und ohne daß sie irgendwo angestoßen,
hat sie so frei geschwebt, also daß man geglaubt, sie wolle
zum Fenster hinaus sehen 2c., in der Kirche ist der Teufel
wie eine Katze oder Hund ihr um die Beine gekrochen, dann
hat sie aber zum Oeftern einen weißen hellen Glanz gesehen,
der sie getröstet und in die Zukunft hat sehen lassen, worauf
sie vielerlei wunderbare Sachen, unter andern die Drangsale
Freibergs im 30jährigen Kriege, prophezeit hat. Endlich,
nachdem weder Beschwörungen noch Zureden und Ermahnungen
der Geistlichkeit, noch Arzneimittel geholfen, sondern ihr Zu-
stand an die 20 Jahre angedauert, also daß sie zuletzt
drei ganze Jahre verschlossenen Leibes gewesen, ist sie den
10. October 1620 selig verstorben.

285) Kreutze fallen vom Himmel.
Moller a. a. O. Th. II. S. 148.

Im Jahre 1504 sind Kreutze von verschiedenen Farben

ben Leuten vom Himmel herab auf die Kleiber gefallen, und wenn dieselben auch verschlossen gewesen, hat man doch dergleichen Zeichen auf ihnen gefunden.

___

286) Der Donatsthurm zu Freiberg.

Curiosa Saxon. 1763. S. 171 sq.

___

Auf dem sogenannten Donatsthore zu Freiberg befindet sich ein runder und sehr starker Thurm, dessen Mauern 9 Ellen stark sind und den angeblich die Bergleute, so jeber nur einen Pfennig von ihrem Solde abgegeben, haben erbauen lassen. Wenn man nun um die Stadt Freiberg herumgeht, so sieht man, wenn man vom Erbischen Thore nach dem Donatthor zugeht, einen kleinen viereckigen Wachtthurm, hinter den sich, sobald man demselben gleichsteht, der große Donatthorthurm verkriecht, also daß man von solchem nichts mehr als den Knopf von der oben darauf stehenden Fahne sehen kann, trotzdem daß der große Thurm noch mehr als einmal so hoch ist, als der nächst vorstehende Wachtthurm.†)

___

287) Der Berggeist am Donat zu Freiberg.

Ziehnert Bd. III. S. 170 sq.

___

Auf dem Donat Spath, im Bereiche der Elisabethen Fundgrube zu Freiberg sieht man in der Nähe eines alten Schachtes den Namen Hans in Stein gehauen und deutet ihn als das Erinnerungszeichen an einen hier verunglückten Bergmann dieses Namens. Die Sage erzählt hierüber Folgendes.

Es hat einmal am Donat ein armer Bergmann, Namens Hans, gearbeitet, der so in Dürftigkeit schmachtete, daß er oft in der Grube mit Thränen laut über seine Noth jammerte.

___

†) Wenn man von Neudorf aus nach Neustadt=Dresden geht, giebt es auch eine Stelle, von wo aus gesehen der Schloßthurm den Kreuzthurm vollständig deckt.

Da zertheilte sich einmal plötzlich der Felsen und aus dem steinernen Thore trat ein kleines Männchen hervor. Das war der Berggeist. Der sprach zu ihm: „Hans, ich will Dir helfen, aber Du mußt mir jede Schicht dafür ein Pfennig= brod und ein Pfenniglicht geben und keinem Menschen etwas davon sagen." Hans erschrak zwar, allein da er sah, daß der= selbe guter Laune sei, so versprach er Alles. Der Berggeist verschwand und ließ ihm viel Silber zurück, Hans aber hatte nun immer Ueberfluß an Geld, ließ tüchtig aufgehen, hütete sich aber wohl, irgend Jemandem etwas von seiner Geldquelle zu sagen. Da kam das Stollnbier, an welchem die Bergleute gewöhnlich etwas über die Schnur zu hauen pflegen. Dies that leider auch Hans, und nicht lange dauerte es, so war er schwarz, vergaß sein dem Berggeist gegebenes Versprechen und erzählte seinen Genossen, was ihm begegnet war. Am andern Tage, als er nüchtern geworden, erinnerte er sich freilich an sein Geschwätz, allein er konnte das Gesagte nicht wieder zurücknehmen und fuhr mit Zittern und Zagen an. Sein Geschäft war aber, den Knechten, welche am Haspel standen, das Zeichen zu geben, allein dasselbe ließ an diesem Tage lange auf sich warten, man rief ihn zwar, aber es er= folgte keine Antwort. Plötzlich zuckte es am Seile, ein helles Licht erglänzte in der Teufe, und die Haspelknechte, die frei= lich nicht wußten, was das zu bedeuten haben könne, drehten gleichwohl geschwind den Rundbaum und bald war der Kübel zu Tage gefördert. Allein statt des Erzes lag in demselben der Bergmann Hans todt mit blauem Gesichte wie ein Er= würgter, auf ihm das letzte Pfennigbrod und rings um den Kübel brannten die Pfenniglichter, die er dem Berggeist ge= opfert hatte und die dieser jetzt samt dem todten Geber zurückgab.

----

288) Die Domkanzel zu Freiberg.
Mündlich.

Im Dom zu Freiberg befindet sich eine kunstreich ge= arbeitete Kanzel von 11 Ellen Höhe, welche die Gestalt des

Kelchs einer weißen Lilie oder Rose hat, an der ein Stiel unten heraus geht, der von einem starken Jüngling mit gebogenem Rücken getragen wird. Alles ist aus lauter Steinwerk künstlich durchbrochen, und erzählt man, daß einst ein Meister und sein Geselle†) jeder ein Modell für diese Kanzel (nach Andern hätte jeder eine Kanzel gebaut) entworfen hätten, das des Gesellen sei aber besser gelungen und derselbe deshalb von seinem Meister erschlagen worden, es könne aber deshalb kein Prediger auf derselben auftreten, weil es ihn nicht darauf leide. Der wahrscheinliche Grund für letztern Umstand liegt aber darin, weil ein Rückenhalt fehlt, der Standort derselben akustisch unpassend gewählt, und ihre Dauerhaftigkeit selbst vielleicht fraglich ist.

289) **Sprüche von der Stadt Freiberg.**

Die Stadt Freiberg ist nicht blos durch ihren reichen Bergsegen, sondern auch durch die Schönheit ihrer Lage berühmt gewesen; davon sagt ein altes Sprichwort (bei Knauth, Prodr. Misn. S. 172): wenn Leipzig mein wäre, wollte ich es in Freiberg verzehren. Obgleich das Freiberger Bier zwar keinen besondern Namen hatte, wie es im 16. und 17. Jahrhundert Mode war††), gab es doch zu einem andern Sprichworte Gelegenheit. Dieses hieß: es kitzelt einem in der Nase, wie das Freiberger Bier. Ein anderes Sprüchlein, daß sich zugleich mit auf zwei andere Städte Sachsens bezieht und deren Untergang prophezeit, lautet traurig genug also:

---

†) Dieser soll der Mann sein, der die Kanzel trägt, der Meister aber der Mann in altdeutscher Tracht, welcher unter der Treppe (von 17 Stufen) sitzt. An der Kanzel steht Papst Sixtus IV., unter dem der Dom eingeweiht ward, 1 Cardinal und 2 Bischöfe, außerdem befinden sich bei ihm auch noch 2 Löwen, einer stehend, der andere liegend, und hinter diesen 2 zottige Hunde. Der vorige Director d. Kgl. Kupferst. Cab., Frenzel, hat diese Kanzel in Kupfer gestochen, die Abbildung ist jedoch nicht publicirt. Eine andere steht im Sammler 1838. Nr. 1.

††) Ein Verzeichniß solcher curioser Biernamen s. Curiosa Sax. 1753. p. 315. Iccander, Sächs. Kernchron. CXLIV. Paquet S. 1018. Klemm, Allg. Culturwiss. Bd. II. S. 332 sq. u. in meinen Bierstudien (Dresd. 1872). S. 68 fgg.

Meißen wird ertrinken,
Freiberg wird versinken,
Dresen
Wird man zusammenkehren mit Besen,

allein glücklicher Weise ist diese böse Prophezeihung noch bei keinem der genannten Orte wahr geworden, wiewohl das theilweise Eintreffen derselben bei dem fast ganz durch den Bergbau unterminirten Freiberg nicht gerade zu den Unmöglichkeiten gehören würde.

290) St. Wolfgang zu Freiberg.

Poetisch behand. v. Otto Föhrau (b. h. Freiherr von Biedermann), Eine Sängerjugend. Dresd. 1847. 8. S. 118 sq.

Ist einst ein Bischof, Namens Wolfgang, aus dem Geschlechte derer von Schleinitz zu Freiberg gewesen. Wie der nun einmal im vollen Ornate zum Dienste des Herrn in den Dom geht, da stürzt sich ein Bettler vor seine Füße nieder, der Gliederreißen oder das böse Wesen zu haben schien. Mitleidsvoll blickten den Unglücklichen alle Anwesende an, nur der Bischof machte eine Ausnahme, er sprach zu ihm: „tobt wirklich eine Krankheit in Dir, so möge sich Gott Deiner erbarmen und Dich gesund machen, hast Du sie aber zum Frevel erlogen, um Almosen zu erlangen, soll sie von jetzt an Deine Strafe sein." Kaum war aber der gottlose Heuchler, der der ernsten Mahnung des Bischofs nicht ungehorsam zu sein wagte, vom Boden aufgestanden, als er auch mit jämmerlichem Geschrei wieder niederfiel und Niemand mehr an der Erfüllung des göttlichen Strafgerichts zweifeln konnte. Da hat das Volk den frommen Bischof als Heiligen verehrt und die Bergleute haben seitdem den H. Wolfgang zu ihrem Schutzpatron angenommen.

291) Das Wundermehl bei Freiberg.

Moller, Freiberger Annales II. S. 364. Anders erzählt bei Ziehnert Bd. III. S. 178. sq.

Den 20. Juli des Jahres 1590 hat ein armes Hirten-

mägblein, welches bei der damals gerade herrschenden Dürre
große Noth leiden müssen, in einem trockenen Wasserrisse bei
Deutschenbora zwei Meilen von Freiberg einen weißen Gang,
eine gute Spanne dick, wie Mehl anzusehen, angetroffen, etwas
davon heimgetragen und Brod daraus gebacken. Worauf von
anderen Leuten ein großer Zulauf geschehen ist, die es aus=
gegraben und gleichfalls verbacken haben. Ein solches Brod
ist damals nach Freiberg gebracht und aufs Rathhaus ab=
geliefert worden, es hat süßlich geschmeckt und ein wenig nach
Brod gerochen.†)

292) Die Entstehung des Jagdschlosses Grillenburg.

Im Tharander Walde liegt das alte Jagdschloß Grillen=
burg, welches vom Churfürsten August im Jahre 1558 er=
baut ward. Im Tafelzimmer desselben standen folgende
Reime, welche über diesen demselben vom Churfürsten bei=
gelegten Namen Aufschluß geben, und hier vollständig —
gewöhnlich liest man sie nur im Auszuge — also lauten:

Meines lieben Bruders kläglich End',
Der schwere Eingang zum Regiment,
Groß Widerwärtigkeit und Gefahr
Mir schwere Sorg und Müh gebahr.
Zu vertreiben die Phantasey
Fing ich an dies neu Gebäu,
Die Grillenburg ich's davon nennt',
In einem Jahr ward's gar vollend't.

Ich bin genannt die Grillenburg,
Darauf geschieht gar mancher Schlurg,
Gedanken und schwere Phantasey
Legt man auf diesem Hause bei.

---

†) Im Schönburgischen heißt ein Berg an der Mulde dem wüsten
Schlosse Eisenburg gegenüber, wo sich der von Mosel und der von Schön=
felß, die Genossen Kunzens von Kauffungen, in einer Höhle verborgen
hielten, noch jetzt Mehltheuer, weil einmal bei einer Theuerung dort
Mehl aus der Erde hervorgequollen sein soll. (S. Wachter, Glossar.
German. minus p. 224. Aehnliches bei Kamprad S. 436. 493. Hormayr,
Taschenb. 1838. S. 257. sq.)

Mit Jagen, Fahen, Hirsch und Schwein
Vertreibt man hier die Zeit allein,
Wer nun hat Grillen und Mucke,
Der laß sie hinter sich zurucke.†)

Zuvor ist hier nur Holz gewachsen,
Da baut' Herzog August zu Sachsen
In einem Jahr dies Jagdhaus behend,
Welches er selbst die Grillenburg nennt'.
Von wegen schwerer Sorg und Gedanken.
Die ihm oblagen und bedrangten,
Und richtet's an zur Lust und Freud'
D'rum wird man hier der Grillen queit.

---

293) Die drei Kreuze bei Brand.

Ziehnert Bd. III. S. 108. sq.

Vor dem Bergstädtchen Brand, welches in der Nähe von Freiberg liegt, standen seit uralten Zeiten drei Kreuze. Am 2. Mai des Jahres 1574 wurden statt der ursprünglich hölzernen, welche ganz morsch geworden waren, auf Kosten der Knappschaft und Berggewerke drei steinerne mit Gehäuse und Schieferdach gesetzt. Diese warf den 10. Novbr. 1582 ein heftiger Sturmwind wieder um, wobei eine Magd, die aus Freiberg Semmeln geholt und sich bei den Kreuzen, um auszuruhen, niedergesetzt hatte, von den Werkstücken erschlagen ward. Am 29. Juli 1608 wurden sie abermals erneuert und standen lange unversehrt, bis der Sturm vom 10. Novbr. 1800 wieder zwei von ihnen umstürzte. Jetzt stehen drei hölzerne Kreuze, jedes gegen neun Ellen hoch.

Als Entstehungsursache dieser Kreuze erzählt man aber Folgendes. In einem Kriege, Niemand weiß in welchem, ist Freiberg belagert worden und hat eine große Summe als Brandschatzung geben sollen, diese aber nicht gleich aufbringen können, also drei Rathsherrn als Geiseln gestellt. Weil ihnen

---

†) Bis hierher scheint das Sprüchlein von Churfürst August selbst zu sein, die folgenden Verse sind offenbar von einem spätern Verfasser.

aber inzwischen Entsatz kommen ist, so haben sie einen Boten ins feindliche Lager geschickt, der den Rathsherrn insgeheim kund= that, wie die Sachen stünden und daß sie womöglich in der kommenden Nacht entfliehen möchten, denn die Stadt sey nicht gesonnen, diese hohe Summe zu bezahlen. Hierauf sind dann die Rathsherrn ihrer Haft entflohen, auch glücklich bis vor das Lager gekommen, hier aber eingeholt und am andern Morgen für ihren Wortbruch durch das Schwert hingerichtet worden. Nachher hat dann die Stadt zum Andenken ihrer unglücklichen Rathsherren an der Stelle, wo sie hatten sterben müssen, die drei Kreuze errichten lassen.

---

294) Die Entstehung von Halsbrücke bei Freiberg.

In der Nähe der Dörfer Rothenfurth und Halsbrücke bei Freiberg führt eine Brücke über die Mulde, welche man die Halsbrücke nennt. Die Sage erzählt, sie habe daher ihren Namen erhalten, daß der Bote, welcher Kunz'ens von Kauffungen Begnadigung vom Churfürsten überbringen sollte, hier, weil die Brücke von den Fluthen der sehr angeschwollenen Mulde weggerissen worden war, aufgehalten ward, also nicht zu rechter Zeit eintreffen konnte und so Kunz seinen Hals her= geben mußte. Dagegen spricht jedoch der Umstand, daß das Vorwerk Hals, von dem das Dorf den Namen hat, früher da war, als jenes Ereigniß fällt, und ein Bote, der von Altenburg kam, schwerlich diesen Weg genommen haben würde.

---

295) Ein Traum verkündet Freibergs Befreiung von den Schweden.

Lehmann, Obererzgebirg. Schauplatz. S. 793.

Im Jahre 1642 lebte in Elterlein eine feine andächtige Jungfer von 24 Jahren, Margarethe, Christoph Landrocks Tochter, welche sich vor den schwedischen Einfällen sehr fürchtete und daher herzlich für sich und die belagerte Stadt Freiberg

betete. Am Neujahr 1643 stand sie vom Schlaf auf, war
gar freudig und sprach: „O nun bekommen die Schweden die
Stadt Freiberg nicht, heute sahe ich im Traume, daß zwar
der Torstensohn die Stadt an einer Kette hatte, aber es kam
ein vornehmer Reiter mit einem bloßen Schwerte geritten,
der hieb die Kette mit einem Streich entzwei, daß der Torsten=
sohn mit der halben Kette zurückfiel, darüber seine Soldaten
erschracken und ausrissen." Nach 7 Wochen ging der Traum
aus und der Feind mußte abziehen.

---

296) Der Name der Stadt Oschatz und die Wahrzeichen der Stadt.

Peccenstein, Theatr. Sax. Th. II. S. 9. Anders bei Segnitz Bd. II.
S. 177. u. von Bechstein bei Günther, Groß. poet. Sagenbuch der Deutsch.
Jena, 1846. Bd. I. S. 80. behandelt. — Curiosa Sax. 1733. S. 189. sq.

Die Stadt Oschatz soll nach der Sage dem Herzog Georg
dem Bärtigen von Sachsen ihren Namen verdanken, weil sie
unter allen andern die gehorsamste und fast sein Schatz ge=
wesen sei. Nach einer andern Sage soll aber ein deutscher
Kaiser (vermuthlich Otto der Große, 936—973, der aller=
dings die sächsischen Lande durchreist hat) einst mit seiner
Gemahlin in die Nähe des Dölzebachs im Lande Meißen ge=
kommen sein, wo man gerade mit der Erbauung einer Stadt
beschäftigt war. Der Kaiser habe nun gehört, die neue Stadt
habe noch keinen Namen, er habe also im Scherz seine Ge=
mahlin aufgefordert, einen solchen zu erfinden, und diese,
welche nicht gleich auf einen passenden gekommen, in der
Verlegenheit geantwortet: „o Schatz, ach wie —" Da soll der
Kaiser freudig ihre beiden ersten Worte zusammengezogen und
dem Orte den Namen Oschatz beigelegt haben.
Als Wahrzeichen der Stadt betrachtet man die in der
Brüdergasse am Marstall in Stein gehauenen zwei Brustbilder,
welche die beiden Brüder Dietzmann und Friedrich, Söhne
Alberts des Unartigen, bedeuten, die auf ihrer Flucht von
ihrem Vater an diesem Ort, als man sie eingeholt, gefangen

worden wären. Nach Andern hätten aber die Oschaßer Bürger diese beiden Prinzen hier gut aufgenommen, die Thore geschloffen und vor ihrem Vater geschützt.

297) Der Teufel im Beichtstuhle zu Oschaß.

S. L. S. Hoffmann, Hist. Beschreibung d. Stadt Oschaß. Oschaß 1813.
Bd. I. S. 105.

Einst saß in der Klosterkirche (Marienkirche) zu Oschaß ein Mönch in dem Beichtstuhle, der durch den Kreuzgang in ein Gemach ging, wo sich die Beichtenden versammelt hatten, und sollte Beichte halten. Da erschien der Teufel bei ihm und bekannte so viele grobe Sünden, die er begangen oder vollbringen geholfen habe, daß der Mönch es für unmöglich erklärte, wie ein Mensch dies Alles gethan haben könne. Nun entdeckte ihm der Teufel, wer er sey, und der Mönch fragte ihn, weshalb er denn überhaupt beichte, da er doch wissen müsse, daß er keine Gnade bei Gott finden könne? Der Satan aber antwortete, Alle, die vor ihm zur Beichte gegangen wären, hätten eben so schwarz und häßlich ausgesehen als er, und sobald sie die Absolution erhalten, wären sie schön und weiß gewesen, deswegen sei er hierher gekommen, um dieß auch zu werden. Der Mönch verweigerte ihm indeß die Absolution, worauf der Teufel in die Höhe fuhr und die Decke des Beichtstuhls mit fort nahm. Zum Gedächtniß dieser Begebenheit hing man an dem Orte, wo dieser Vorfall sich ereignet haben soll, eine Tafel auf, auf der derselbe abgebildet war. Auf dieser standen die Worte: 1478 testibus historicis, renovirt den 22. Februar 1578.†)

298) Der große Christoph zu Oschaß.

S. Hoffmann, Bd. I. S. 145.

An der Mitternachtsseite des am Markte und der Hospital-

---

†) Eine ähnliche Geschichte. die in einer Stadt in Sachsen am Weihnachtsabend des Jahres 1534 einem Pfarrer, Namens Laurentius Doner, widerfahren sein soll, erzählt Hondorff, Promtuar. Ex. S. 94.

gaffe ftehenben Eckhaufes zu Oschatz war vor dem letzten Brande von 1842 der h. Chriftoph angemalt mit der Unterschrift: Christophorus Christum, sed Christus sustulit Orbem. Constiterit pedibus dic ubi Christophorus. Als biefes Bildniß von dem Kunstmaler Chriftoph Richter erneuert warb und er nur noch die Inschrift an dem Hauserker zu vollenben hatte, ftürzte er rückwärts 6 Ellen hoch auf das Pflafter und gab auf der Stelle feinen Geift auf. Nach der Volkssage war bies die Strafe, baß er an der Wahrheit der Legende gezweifelt hatte.

---

299) Die schmatzenden Todten zu Oschatz.
Hoffmann Bd. I. S. 182.

Als die Peft 1552 zu Oschatz wüthete, wurden zu Ende des Augufts zwei Wächter angeftellt, welche 3 Nächte auf bem Gottesacker wachen und horchen follten, ob es wahr fei, was man berichtet, baß die Todten geschmatzt hätten. Es war nämlich die Sitte, wenn man folches vernommen unb baraus geschloffen hatte, baß die schmatzenden Todten noch mehrere ihrer Freunde nachholen würden, biefelben auszugraben, ihnen die Kleider, baran fie kaueten, aus dem Munde zu reißen unb ihnen mit bem Grabscheite ben Kopf abzuftechen. Noch heute entfernen an vielen Orten im Königreiche Sachsen barum die Leichenweiber forgfältig Alles vom Munde des Verftorbenen, ehe er eingefargt wird, damit er nichts von feinem Anzuge mit bemfelben erreichen kann.

---

300) Die drei Kreuze vor dem Hospitalthore zu Oschatz.
Hoffmann Bd. I. S. 192. 40. Hafche, Mag. f. Sächf. Gefch. Th. II. S. 290. sq. Mehr u. anders im Sammler 1837. Nr. 4. S. 12 fgg.

Auf einem Hügel vor dem Hospitalthore z' Oschatz ftehen 3 Kreuze, welche in Folge einer schrecklichen M.. othat an brei Gliedern einer Familie, die angeblich hier geschehen ift, wie fich das Volk erzählt, gefetzt fein follen, wiewohl eine andere

Erklärung die ist, sie sollten bezeichnen, daß hier die Gerichts=
barkeit der Stadt aufhöre und die des Amtes angehe. In
der Strehlaischen Vorstadt vor dem Sonntag'schen Vorwerk
standen sonst ebenfalls drei solcher Kreuze zum Merkmal, daß
früher hier das Hochgericht war.

301) Der Mordteich zu Schmannewitz bei Dahlen.

Hoffmann Bd. II. S. 267.

Bei Schmannewitz, einem zu Dahlen bei Oschatz ge=
hörigen Dorfe, das seinen Namen von dem dort in einem
heiligen Haine von den Daleminziern verehrten Gott Schwante=
wit empfing, befindet sich ein Teich, der Mordteich genannt,
wo einige Jungfrauen, die ihre Unschuld sich nicht hatten
rauben lassen, ermordet worden waren und heute noch um=
gehen sollen. Dadurch, daß jeder Vorübergehende ein Reis
auf ihre Grabstätte warf, schreibt sich die bedeutende Erhöhung
des Bodens.

302) Die Kegelspieler zu Döbeln.

C. Mörbitz, Chronica Doebelensia. Leisnig 1727. 8. S. 44 sq.

Als Wahrzeichen der Stadt Döbeln an der Mulde nennt
man zwei steinerne Köpfe, welche man aus dem zweiten Stock
des ersten Hauses an der Stadtmauer zur rechten Hand des
Oberthores, wenn man über die Brücke herein kommt, hervor=
ragen sieht. Der eine von ihnen schaut mit dicken Backen
und fröhlichem Gesicht über den Zwinger und die Mulde auf
die Oberbrücke und lacht gleichsam das ihm entgegenkommende
Volk an, der andere aber sieht innerhalb der Mauer und
Stadt gegen Mittag im Winkel, ein wenig hinter dem Thor=
thurm mit seitwärts gebogenem betrübten, niedergedrückten
Gesichte, und hat beide Hände auf dem Haupte, als wollte
er darin kratzen oder sich die Haare ausraufen. Die Ent=
stehung dieses Denkmals soll aber folgende sein. Zwei Brüder
waren Erben zu diesem Hause und wurden eins, darüber zu

loofen ober zu spielen, und zwar soll's auf ein Kegelspiel angekommen sein, weil inwendig im Hause sich zwei Hände mit
Kugeln präsentiren, auch Kegel an den Pfeilern im Hause
sich befinden. Sie setzten aber auf ein Loos das ganze Haus,
auf das andere aber ein ganz lebig Zeichen, da konnte es
nun nicht anders treffen, es mußte der verspielende und ganz
lebig ausgehende Theil betrübt werden und sich im Kopfe
krauen, der andere als Gewinner war desto fröhlicher und
soll dem Vorgeben nach zum Andenken solcher Begebenheit
diese beiden Köpfe haben einmauern lassen. Das Haus ist
ganz steinern und führt die Jahrzahl 1504.

---

303) Vögel brennen Häuser an.

Fiedler, Mügelnsche Gedächtnißsäule. Lpzg. 1709. 4 S. 69.

Im Jahre 1191 hat man bei Mügeln schwarze Raben
und andere Vögel in der Luft fliegen sehen, welche glühende
Kohlen in ihren Schnäbeln geführt, die haben sie fallen lassen
und damit Häuser, Scheunen und Ställe angezündet. Das
sind ohne Zweifel die schwarzen höllischen Geister gewesen,
den Gott um der Sünden der Menschen Willen aus gerechtem
Gerichte solches zu thun verhänget hat.

---

304) Blutzeichen.

Fiedler a. a. O. Fortsetzung S. 45. cf. S. 16. Kamprad S. 468. 472.
Heine S. 366. Hetel, Beschreibung v. Bischofsw. S. 295.

Im Jahre 1672 hat zu Schrebitz, eine Stunde von
Mügeln, unter dem Schulamt Meißen, eines Schneiders,
Namens Hans Kurtens, Kind, ⁵/₄ Jahr alt, ganzer sieben
Tage lang natürlich Blut geweint und sind ihm die blutigen
Zähren auf den Backen geronnen und angedorret, wenn solche
nicht alsobald abgewischt worden. Das Kind ist die ganze
Zeit über nicht unpäßlich gewesen, sobald es aber wiederum
Wasser geweint, ist es krank worden. Eben an dem heil.

Pfingſttage dieſes Jahres ſchwitzten unweit Dresden in eines Leinewebers Hauſe Tiſche, Bänke und Stühle häufiges Blut, ſo zwar, daß es in die Stube gefloſſen. Dergleichen hat ſich auch zu Plauen im Voigtlande zugetragen und bei gericht=licher Beſichtigung ſind auf den Stubendielen ganze Pfützen Blut gefunden worden. Desgleichen iſt den 9. März deſſelben Jahres dem Churf. Wildmeiſter zu Dahlen ein Hirſchgeweihe überbracht worden, davon die eine Zacke oder Ende am Horn ſo ſtark als eines Menſchen Naſe geblutet und über ein Nöſel Blut von ſich gelaſſen. So iſt auch im Jahre 1652 zu Wurzen ein Teich in Blut verwandelt worden, dergleichen ſich auch in Pirna zugetragen, wie nicht weniger zu Leipzig den 30. Julius bei einem Kramer und bei einem Bäcker das Fleiſch zu Blut worden. Dergleichen Blutzeichen haben ſich zu Halle in Sachſen und in dem Stadtgraben ereignet, welches vormals ſchwere Durchzüge fremder Völker und blutige Treffen bedeutet. In Meißen und in der Lauſitz ließen ſich nicht allein Blutzeichen und Gewächſe, ſondern auch an etlichen Orten Geſpenſter in türkiſcher Geſtalt ſehen, welche hin und wieder auf gewiſſen Plätzen ſpaziren gegangen ſind, oftmals auch gar mit einander ſcharmutziret haben. In 10 Jahren dar=auf hat man das Prognoſticon aus dem Türkenkriege gehabt.

305) Der lebendig gewordene Kuchen zu Döbeln.

Curiosa Sax. 1736. S. 319.

Am 17. September des Jahres 1736 hat der alte Bäcker=meiſter Hammer für ſeinen Krankheits halber im Teplitzer Bade verweilenden Sohn, der auf dem Niedermarkte wohnte, früh gebacken und Kuchen geſchoben. Nachdem er nun bereits einige in den Ofen geſchoben und noch mehrere hineinſchieben wollen, hat er den indeſſen zugeſetzten Backofen wieder ge=öffnet, da iſt ihm plötzlich einer der vorigen, der dem Leucht=feuer gegenübergeſtanden, nicht nur entgegengekommen, ſondern auch, weil er nicht flugs zugegriffen, wirklich zum Ofen heraus=

gefahren, hat sich aber, weil er oben noch weich und nur unten etwas geharscht gewesen, im Fallen gerollt und ist demnach in den Koth und die Kohlen gefallen, also daß er nicht hat wieder hineingeschoben werden können. Solches ist von Vielen für ein Anzeichen kommender Theuerung gehalten worden.

---

306) Die Wahrzeichen der Stadt Roßwein.
Curiosa Sax. 1733. S. 122.

In der Stadt Roßwein befindet sich unter dem Rathhause ein öffentlicher Durchgang, der auf der einen Seite sehr weit, auf der andern aber ziemlich enge ist. Da nun alle Bräute durch diesen Gang, wenn sie zur Trauung wollen, nach alt hergebrachter Gewohnheit geführt werden, so nennt man diesen Gang das Brautloch, also daß dies den Reisenden zu einem besondern Kennzeichen dient, daß, wer das Brautloch in Roßwein nicht gesehen, auch niemals in Roßwein gewesen ist. Als zweites Merkmal galt früher der Stadtseiger am Rathhause, an dem bei jedem Stundenschlag ein Kopf nach einem Apfel schnappte, solchen aber nie bekommen konnte. Dergleichen sonderbare Uhren sah man auch zu Großenhayn und Pirna an den Rathhäusern, da am erstern Orte zwei Löwen die Stunden zählten, am letztern aber sich zwei Böcke bei jedem Stundenschlag bewegten.

---

307) Der Abt im Handwerkshause zu Roßwein.
Ziehnert Bd. III. S. 238 sq. Poetisch beh. bei Segnitz Bd. I. S. 281 sq.

Als der letzte Abt des Klosters Altenzelle, Andreas Schmiedewald aus Roßwein, kurz vor der Säcularisation desselben (1545) selbst seinen Hirtenstab niederlegte, bedachte er mit den Klostergütern auch seine Verwandten und so schenkte er seinem Bruder Anton, Bürgermeister zu Roßwein, das dort befindliche Abthaus, von dem es 1565 der Tuchmacherinnung käuflich überlassen ward, die es als Handwerks-

18*

innungshaus benutzt. Weil nun aber der Abt also die Kirche um ihr Eigenthum brachte, soll er im Grabe keine Ruhe finden. Er wandelt also in dem Innungshause als Spukgeist herum und läßt sich oft mit Poltern hören. Gewöhnlich sieht man ihn aber auf dem Bodenraume desselben sitzen, wo die Traueranzüge der Bahrenträger und das Leichengeräthe der Tuchmacherinnung aufbewahrt wird. Sitzt er still da, so hat es nichts zu bedeuten, wirft er aber die oben genannten Gegenstände herum und hantirt damit, so stirbt binnen 3 Tagen ein Tuchmachermeister.

---

308) Das Räthsel von der Mulde.

Der Joachimsthaler Pfarrer Matthesius aus Rochlitz, Luthers Freund und Tischgenoß, machte aus dem Worte MVLD folgendes Räthsel:

Rath' was ist das? Drei Wasser-Stram †)
Die ha'n Ein' Sylb', Ein'n deutschen Nam',
Ein's theuern Doctors ††) Namen zwar,
Ein's frommen Weibes Sterbejahr †††).
Allen in vier Buchstaben steht:
„Gnad Dir Gott" sprech', wer hiefür geht!

---

309) Der Sächsische Götze Hennil.

Dithmar. L. VII. c. 50.

Die sächsischen Bauern haben in der Heidenzeit einen sonderbaren Hausgötzen gehabt, dem sie dienten und in den sie großes Vertrauen setzten, selbigem auch opferten. Sie hatten einen Stab, an dem sich oben an der Spitze eine Hand befand, welche einen eisernen Ring hielt, und dieser ward von einem Hirten in alle Häuser des Ortes herumgetragen und am Eingange von dem, der ihn trug, also angeredet: „Wache

---

†) Die Zschopau, die Freiberger und Zwickauer Mulde.
††) D. M. L. Doctor Martin Luther.
†††) MDLV (1555) starb die Wittwe Churfürst Moritzens.

auf, Hennil, wache auf!" dieß war nämlich sein Name. Hierauf setzten sich die Bauern sämmtlich zu Tische und ließen es sich wohl sein.

310) Die unglückliche Hochzeit zu Grimma.

Misander, Deliciae historicae S. 505. sq. Poetisch beh. v. Segnitz Bd. I. S. 252. sq.

Den 16. October des Jahres 1637 ließ ein feiner und gelehrter Mann zu Grimma seine Tochter dem Rector der Stadtschule daselbst ehelich antrauen. Bei der Hochzeit waren etliche Studenten von Leipzig, unter welchen einer sehr ärgerliche Hochzeitsverse gemacht hat und den Gästen austheilen lassen. Unter andern hatte er das christliche Begräbnißlied „nun lasset uns den Leib begraben" sehr verunehrt und auf dessen Singeweise ein anderes verfertigt, dessen Anfang war:

> Nun lasset uns die Braut begraben
> Und gar keinen Zweifel haben,
> Daß Morgen sie wird auferstehn
> Und auff zwei Weiberfüßen gehn ꝛc.

Aber was geschah? Man hatte mit den Sterbeliedern gescherzt, den dritten Hochzeitstag starb die Braut an der Pest, wenige Tage nachher der Bräutigam und mit ihm zugleich zwei Brüder der Braut, so Studenten waren, und man ging, wie der Chronist sagt: a thalamo ad tumulum, a luxu ad luctum.†)

311) Das Götzenbild auf der alten Brücke zu Grimma.

Albinus, Meyßnische Landchronica S. 149.

Auf der alten Brücke, die sonst zu Grimma über die Mulde führte — die heutige ist aus viel späterer Zeit — stand noch lange, nachdem die Sorben unterworfen waren, ein Götzenbild in Stein gehauen, welches drei Köpfe und Gesichter unter einem Hütlein hatte.

---

† d. h. vom Brautgemach zum Grabe, von Schwelgerei zur Trauer.

312) Das bucklige Kind zu Grimma.

M. Heidenreich, Vita Bennonis. Dresdae 1694. 8., § 13. S. 137.

Am britten Osterfeiertage des Jahres 1278 ist ein Bürger zu Grimma, Namens Nicolaus, mit seiner Ehefrau Christiane zum Grabe des H. Benno gekommen und hat erzählt, er habe einen halbjährigen Knaben gehabt, dem innerhalb 16 Wochen ein Höcker in Gestalt eines Kopfes gewachsen sei; nachdem sie das Kind aber dem H. Benno geweiht, habe sich die ganze Erhöhung wieder verloren. Dies bestätigten Beide und viele Einwohner Grimma's eiblich.

313) Der Bieresel zu Grimma.

Mündlich (S. meine Bierstudien. Dresd. 1872. S. 125).

Wenn man zum Papischen Thore herausgehet und statt nach dem Kirchhof zu sich rechts wendet, erblickt man eine Reihe Scheunen, die sich an einen hohen Berg lehnen: eine von diesen enthält einen Keller, der in den Berg hineingeht, und in diesem befindet sich angeblich der Bieresel. Dieser leidet des Nachts Niemand darin, kommt auch manchmal, wie man sonst erzählte, heraus und erschreckt die Vorübergehenden.

314) Der Kreuzweg auf der Straße nach Großbardau.

Mündlich.

Wenn man von der Stadt Grimma aus die Chaussee nach dem Dorfe Großbardau geht, so kommt man an einen Kreuzweg, den verschiedene Feldwege bilden. Hier geht Abends zwischen 12—1 Uhr kein Pferd gutwillig vorbei, zwingt man dieselben, so gehen sie durch, und viele, die zu dieser Stunde hier oder an einem weiterhin mitten auf der Straße befindlichen, zur Erinnerung an einen einst hier begangenen Mord gepflanzten Baume vorbeigingen, haben ein großes

Ding in Gestalt eines ungeheuren Ballen sich auf der Straße
von Grimma her in der ganzen Breite derselben einher-
wälzen sehen.

---

315) Der Nix bei Grimma und am Schlosse Döben.
Mündlich.

Wenn man die von der Stadt Grimma nach dem
Kloster Nimptschen führende Straße geht, sieht man jenseits
der Mulde einen großen hervorspringenden Felsen, der Trom-
peterfelsen genannt, weil im 30jährigen Kriege einmal ein
von den Feinden verfolgter Trompeter hier mit seinem Rosse
glücklich in die vorbeifließende Mulde sprang und sie durch-
schwamm. Dieselbe ist hier unergründlich tief, und sieht
man angeblich den Muldennix in weißen Hosen mit seinen
Töchtern im Sommer unter diesem Felsen sitzen und die
Schwimmer anlocken. Auch verlangt derselbe jährlich hier
sein Opfer von einem Menschenleben. Unter einer andern
Gestalt zeigt er sich unterhalb der Stadt Grimma beim
Schlosse Döben. Dieses alte Schloß liegt auf einem hohen,
schroff von der Mulde aufsteigenden Felsen, an dessen Fuße
ein schmaler Fußpfad, kaum für eine Person breit genug,
nach der ¼ Stunde entfernten, romantisch gelegenen Golzer-
mühle führt. Vor einigen zwanzig Jahren hörte man von
den Bewohnern der dortigen Umgegend oft, der Muldennix
zeige sich unter der Gestalt einer Bäuerin in altfränkischer
Tracht, in schwarzer Schooßjacke und rothem Frießrocke, den
Kopf mit einer schwarzen Haube, die mit breiten weißen
gepreßten Streifen besetzt sei, bedeckt. Diese sitze an heißen
Sommertagen gegen Abend auf dem erwähnten Felsenpfade
mit nach dem Wasser herabhängenden Beinen da, wenn aber
Jemand sich nähere, überschlage sie sich und springe in den
Fluß, der an dieser Stelle, ziemlich unter dem Schlosse,
unergründlich tief ist und angeblich ein versunkenes Schloß
in seinem Grunde birgt.

316) Der alte Jungfernteich bei Grimma.

Mündlich.

Wenn man bei dem früheren Spitale zu St. Georg vorbei die Straße nach dem Dorfe Reunitz geht, erblickt man der Ziegelscheune ziemlich schräg über einen kleinen Teich oder Tümpel: in diesem sollen die Seelen aller Grimmaischen Mädchen, die unverehelicht gestorben sind, gebannt sein, nachdem sie in Unken verwandelt wurden, an denen der Teich sehr reich ist, des Nachts aber sollen sie in der Nähe des Orts als Geister herumschweifen. Darum heißt dieser Teich der alte Jungfernteich.

317) Die Sage von dem Abendmahlskelche in der Klosterkirche zu Grimma.

Mündlich. Die frühern Mittheilungen über diese Sage hat Lorenz, Chronik v. Grimma. Bd. I. (Lpzg. 1856) S. 58 fgg. zusammengestellt, er zweifelt aber ohne Grund an der Wahrheit der Sage.

Zwischen dem später in die jetzige Landesschule verwandelten Augustinerkloster zu Grimma und dem durch die Flucht der Katharina von Bora berühmt gewordenen Nonnenkloster zu Nimptschen†) hat in früherer Zeit eine Verbindung durch einen unterirdischen unter der Mulde hinführenden Gang††)

---

†) In der dortigen Gegend existirt ein Sprichwort: mach's wie die Nonnen zu Nimptschen, d. h. reiße aus.

††) Dergleichen unterirdische Gänge haben sonst viele in alten Klöstern existirt, z. B. in dem Benedictinerkloster Bosau bei Zeitz, in dem Bene=dictinerkloster zu Saalfeld auf dem Petersberge, in dem Nonnenkloster zu Langensalza, in dem Kloster Altenzelle bei Nossen ꝛc. S. Puramandus, Hist. Nachr. von denen in alten Kirchen und Klöstern im Schooße der Erden verborgen liegenden, güldenen, silbernen und Edelgesteinen Schätzen — ingleichen von denen bei vielen Klöstern befindlichen unterirdischen Gängen und Gewölben ꝛc. St. I. Frankf. u. Jena 1731. 8. Variamandus, histor. Nachr. von unterirdischen Schätzen ꝛc. Frankf. u. Leipz. 1738. 8. S. 52. sq. 65. 73. Histor. Schauplatz sehr merkw. Gesch. v. unterirdischen Schätzen. Hannover 1747. 8. S. 28. sq. T. C. F. Neue Samml. merkw. Gesch. von unterirdischen Schätzen, Höhlen und Gängen. Bresl. u. Lpzg. 1756. S. 257. sq.

beſtanden. Den Ausgang deſſelben im Kloſtergarten zu
Nimptſchen konnte man vor einiger Zeit noch als die Mündung
eines alten Kellers ſehen, die Stelle aber, wo man im Kreuz=
gange des alten Auguſtinerkloſters in denſelben hinabſtieg,
hat mir mein ſeliger Vater, der hier Profeſſor an der Landes=
ſchule war, oft gezeigt. Seit dem Neubau der Schule iſt die=
ſelbe mit Steinplatten wie der Fußboden des übrigen Kreuz=
ganges neben der Kirche belegt, ſo daß ſie ſich durch nichts
mehr auszeichnet, ſie befindet ſich aber rechts im Winkel von
dem früher zum Tanzunterricht benutzten Zimmer.

Einige Jahre nach der Umgeſtaltung des alten Kloſters
zu einer gelehrten Schule iſt dem damaligen Rector derſelben,
dem berühmten Philologen und neulateiniſchen Dichter Abam
Siber hinterbracht worden, daß man aus jenem damals noch
allgemein bekannten Gange, deſſen Eingang verſchloſſen war,
zuweilen des Nachts Stimmengewirr und Geſang vernehme.
Er verſammelte alſo die ſtärkſten und anſehnlichſten ſeiner
Primaner um ſich — dieſe waren damals Männer mit Bärten
und 25—30 Jahre alt, von etwas männlicherem Ausſehen
wie unſere heutigen Studenten —, man verſah ſich mit
ſcharfgeſchliffenen Schwertern und guten Fackeln, und ſo ſtieg
man guten Muths in den geöffneten Gang hinab. Derſelbe
ging natürlich nicht gerade aus, ſondern war wie alle der=
artigen Schächte in Krümmungen angelegt. Als man nun
aber um die Ecke einer ſolchen Galerie gekommen war und
das Licht der Fackeln von der eingeſchloſſenen Luft in ſeiner
Helligkeit vielfach behindert ward, trat ihnen auf einmal aus
einer Mauerblende ein eisgrauer ſchwarz gekleideter Mönch
entgegen, der ſie fragte, was ſie wollten, und als er ſie auf
ihre Antwort, ſie wollten den Gang unterſuchen, vergeblich
zur Umkehr aufgefordert hatte, ebenſo ſchnell verſchwand,
wie er gekommen war. Dieſe Erſcheinung wiederholte ſich,
als ſie wiederum um eine andere Ecke gekommen, nochmals.
Die neugierigen Forſcher ließen ſich jedoch dadurch nicht ab=
halten, ſie gingen immer weiter, trotz dem, daß ihre Fackeln
faſt zu verlöſchen drohten. Da erblickten ſie plötzlich vor

sich eine Tafel, auf der große angezündete Wachskerzen
standen und um welche schwarzverhüllte Gestalten mit Todten-
gesichtern saßen. Von diesen erhob sich eine, wie es schien,
ein alter Prior, und sprach: „kehret augenblicklich um und
laßt die Todten ruhen, sonst seid Ihr alle des Todtes, zum
Andenken aber an das, was Ihr gesehen habt, nehmt hier
diesen silbernen Becher und versprecht uns in Ruhe zu lassen."
Bei diesen Worten verschwand er und mit ihm die Tafel
und ihre Beisitzer, die Fackeln verlöschten und die Wände
des Ganges, den jene noch zu durchwandern hatten, stürzten
zusammen. Bebend vor Schrecken eilten Alle dem Eingange
zu, und als man nach vielen Jahren den Gang abermals
betreten wollte, war er verschüttet, jener silberne, vergoldete
Kelch, der mit schön gearbeiteten Figuren geziert ist und die
Jahreszahl 1519 trägt, wird aber noch heute, wenn den
Fürstenschülern zu Grimma das Abendmahl ausgespendet
wird, gebraucht und führt den Namen der Mönchskelch.

---

318) Die Wunderblume auf dem Tempel bei Grimma.

Auf dem sogenannten Burgberge bei Grimma, an dessen
Fuße heute noch eine sehr besuchte Wirthschaft, früher Rie-
mers genannt, liegt, befindet sich eine reizende Anlage von
Tannen und ähnlichen Bäumen und in ihrer Nähe auf einer
künstlichen Erhöhung ein offener luftiger Tempel aus Holz
gezimmert und von einem Herrn Loth im J. 1795 angelegt.
Auf dem Vorderplateau nach der Stadt zu, der sogenannten
Kuppe, ist aber ein schöner Garten, der ebenso wie der ganze
Berg dem Rittergutsbesitzer zu Hohnstädt gehört, jedoch dem
Publikum nicht zugänglich ist. In diesem befand sich sonst
rechts von dem davor befindlichen Lusthause eine tiefe Grube,
lediglich aus Sand und Kies bestehend, in welcher die Kinder
ihr Spiel mit dem Nix zu spielen pflegten. Einst war ich
hier als Kind von 3—4 Jahren mit meiner Mutter ganz
allein im Garten, diese strickte am Gartenhause, ich lief aber

nach der Grube zu und sah mitten aus dem Sande eine tulpenartige Blume von wundervoller Farbenpracht und lieblichem Geruche hervorsprießen. Eingedenk des mütterlichen Befehls, in fremden Gärten nichts abzupflücken, eilte ich zu meiner Mutter zurück, um ihr den Fund zu melden. Dieselbe, wohl wissend, daß aus dem unfruchtbaren Sande kein Gräschen, geschweige eine schöne Blume herauswachsen könne, ging gleichwohl mit mir hin, allein die Blume war verschwunden. Später aber, als ich herangewachsen war, hörte ich von Bewohnern der Umgegend, daß ich die Glücksblume gesehen, und wenn ich sie gepflückt, Herr über alle Schätze und Besitzer ewiger Jugend und Schönheit geworden wäre. Ich habe die Blume nie vergessen und könnte sie noch heute malen, so treu hat sie sich mir ins Gedächtniß geprägt. Vor einigen Jahren erzählte mir der Amtmann Köberitz aus Grimma, er sei einst aus der Stadt auf dem Wege nach Hohnstädt am Tempelberge vorüber gegangen und habe eine ähnliche Blume von unten aus auf der Mitte des Berges stehen sehen, er sei sofort heraufgestiegen um sie zu pflücken, habe sie aber nicht wieder finden können.

---

319) Von dem Ursprunge des Geschlechts derer von Einsiedel.

(Rudolphi, Gotha diplomatica. Bd. III. T. 93. Caspari, Geistl. u. Weltl., Erlang. 1854. p. 79.) Die Legende v. H. Meinrad in d. Acta SS. Antv. Jan. T. II. p. 381—385. Mabillon. Acta. Ord. SS. Benedict. Sec. IV. P. II. p. 63—68, u. als Volkslied b. Arnim, des Knaben Wunderhorn Bd. III. S. 168 sq.

Um das Jahr 830 lebte in Böhmen ein Graf Berthold v. Sulgow. Nachdem seine Ehe lange Jahre ohne Kindersegen geblieben war, erfreute ihn endlich Gott in Folge eines Gelübdes, das seine Gemahlin gethan hatte, mit einem Sohne, der in der heiligen Taufe den Namen Meginrad empfing. Meginrad widmete sich, wie es die Mutter gelobt hatte, dem Dienste des Herrn, ging aber nicht in ein Kloster,

sondern zog sich in eine Einsiedlerhütte zurück. Da nun in
jener Zeit das Cölibat der Geistlichen noch nicht gesetzlich be=
stand, so nahm er sich ein Weib, nach den Worten der
Schrift: „Es ist nicht gut, daß der Mensch allein sei." Meginrad wurde bald ein glücklicher Vater mehrerer Kinder.
Auch diese verließen den väterlichen Wohnplatz nicht, bis end=
lich um das Jahr 1281 einer der Nachkommen Meginrabs,
Grubo genannt, in die Welt zurückkehrte, anstatt der Ein=
siedlerkutte den Harnisch anlegte und statt des Rosenkranzes
das Schwert in die Hand nahm. Grubo machte sich bald in
Schlachten und Turnieren berühmt, allein der Name Ein =
siebel blieb ihm und ward von ihm auf zahlreiche Söhne
und Töchter fortgeerbt.†)

---

†) Dieselbe Sage erzählt mit mehreren Veränderungen Stumpf in
seiner Schweizer=Chronik, Zürich 1548. Fol., S. 106. Nach ihr lebte im
9. Jahrhundert in Schwaben ein Graf, Berchtolt von Sulgow, dem seine
Gemahlin einen Sohn Meynrad oder Meginrad (Meinhard) gebar. Megin=
rad wurde von seinen Aeltern für den geistlichen Stand bestimmt und
daher in das Kloster Reichenau am Bodensee gebracht. Doch sein Sinn
verlangte nach der Einsamkeit des Waldes. Er verließ daher Reichenau
und zog sich in einen finstern, öden Wald am Züricher See zurück, um
hier ungestört als Einsiedler seinem Gott zu dienen. Da geschah es denn
im Jahre 863, daß zween Räuber zu ihm kamen und ihn erwürgten in
der Hoffnung, Gold und Schätze bei ihm zu finden. Als er eben von
ihren Händen sterben sollte, sah er zween Raben fliegen und sprach: „Die
Raben werden's verrathen!" Da nun nach einiger Zeit die Räuber in
Zürich in der Garküche saßen und Raben um das Haus fliegen sahen,
sprach einer zum andern; „Schau, schau, da fliegen die St. Meinhard's
Zeugen her!" Das zeigten Etliche der Obrigkeit an, die zog sie ein, und
da sie die That bekannten, wurden sie gerädert und mit Feuer verbrannt.
Aber der Leichnam des frommen Meinhard wurde nach Reichenau gebracht
und blieb dort ein Gegenstand der Verehrung bis zur Aufhebung des
Klosters, d. h. bis zum Jahre 1803.

An der Stelle aber, wo St. Meinhards Zelle gestanden hatte, er=
baute im Jahr 913 der Dom=Decan Eberhard aus Straßburg eine
Kapelle und eine neue Einsiedelei. Bald fanden sich hier viele Fromme
zusammen, bis endlich das Kloster Einsiedeln entstand. In Einsiedeln
wurden aber bald der Ordensleute so viele, daß das Kloster sie nicht alle
erhalten konnte. Manche der Klosterbrüder verließen ihre Zellen wieder.
Unter diesen befand sich auch ein Bruder, der aus dem Lande Meißen

320) Conrad von Einsiedel auf Gnandstein.

Fabricius, Origines Sax. Lips. 1606. p. 701. Theobald, Husitenkrieg. S. 237.

Unter den Edlen Sachsens, die im Jahre 1426 mit Kurfürst Friedrich dem Streitbaren gen Außig den Hussiten entgegenzogen, befand sich auch Ritter Conrad von Einsiedel auf Gnandstein. Am 15. Juni geschah denn jene blutige Schlacht, in welcher die Blüthe des sächsischen Adels ein ruhmloses Grab fand. Zu den Wenigen, die ihr Leben nicht verloren, gehörte Conrad von Einsiedel. Er floh mit einer Anzahl seiner Kampfesgenossen auf das Schloß Schreckenstein. Doch da die treulose Besatzung des Schreckensteines den Hussiten heimlich die Thore der Feste öffnete, mußte schon am zweiten Tage Conrad dieselbe dem Georg Dieckzinski übergeben. Letzterer aber schenkte dem gefangenen Conrad von Einsiedel Leben und Freiheit und ließ ihn ungehindert in sein Vaterland zurückkehren.

Um dem Höchsten für die Rettung aus der Gewalt der Feinde zu danken, beschloß Conrad zum heiligen Grabe in Jerusalem zu pilgern, um hier das Opfer seines Dankes darzubringen. Er hatte jedoch das Ziel seiner Reise noch nicht erreicht, als er in neue Gefangenschaft gerieth. Jetzt wurde er ein Gefangener der Saracenen, die ihn als Sclaven verkauften. Fast dreißig Jahre hatte er die Sclavenketten getragen, als er im Jahre 1455 bei der Belagerung von Belgrad in dem türkischen Heere zum Schanzen verwendet wurde. Als nun hier das türkische Heer durch Johann Hunyades eine gewaltige Niederlage erlitt, fiel Conrad

---

stammte und der in die Heimath zurückkehrte, um sich dem Kriegsdienste zu widmen. Aber hatte er auch seinem Leben eine andere Bestimmung als die früher gewählte gegeben, so behielt er doch den Namen Einsiedel und wurde so der Ahnherr derer von Einsiedel. — Dies soll geschehen sein um das Jahr 1280. Uebrigens ist die Sage der von den Kranichen des Jbycus sehr ähnlich, f. B. Schmidt, Romanzen u. Ball. deutsch. Dichter S. 206, sq. A. Schoppe, Sagenbibl. Lpzg. 1851. Bd. II, S. 122. sq. Götzinger, deutsch. Dichter Bd. I. S. 334. sq.

wiederum als Gefangener in die Hände der Ungarn. Diese schenkten ihm als einem Christen die Freiheit.

Hoffnungsvoll kehrte er zur Heimath und zur Gattin zurück, hoch schlug sein Herz, da er Gnandsteins Warte sah. Aber als er an dem Thore seiner Burg Einlaß begehrte, ward er schnöde abgewiesen. Niemand, selbst die Gemahlin, wollte den längst todt Geglaubten wieder erkennen, und in die Besitzungen des Verschollenen hatten sich die Verwandten bereits getheilt. Der von Allen verstoßene Conrad flüchtete sich zu seinem alten Jugendfreund, Hans von Gablenz zu Windischleuba. Dieser erkannte ihn wieder, und da ihm Conrad gewisse geheime Merkmale, die er sowohl, als seine Gemahlin an ihren Körpern hatten, vertraute, so wurde Gablenz der Vermittler zwischen beiden Gatten. Er überzeugte auch bald Gattin und Bruder, der Zurückgekehrte sei wirklich Conrad von Einsiedel. Obgleich nun Conrad die vertheilten und vererbten Güter nicht wieder erhalten konnte, so mußte ihm doch auf Befehl Churfürst Friedrichs des Sanftmüthigen eine anständige Abfindungssumme gewährt werden.

Noch erlebte Conrad das Glück, daß ihm seine Gemahlin, ohngeachtet ihres höheren Lebensalters, eine frohe Nachkommenschaft schenkte.

Conrads Stamm sollte jedoch nicht fortblühen. Nur einer seiner Söhne, Wilhelm, erreichte die Jahre des Mannesalters. Allein auch ihm wurde das heilige Land verderblich. Als er im Jahre 1493 mit Churfürst Friedrich dem Weisen nach Jerusalem pilgerte, verlor er unter Weges auf gewaltsame Weise sein Leben.

---

321) Der Schlüssel zu Gnandstein.

Mündlich. Ziemlich unsicher erzählt im Sachsengrün 1861 S. 86.

In einem schönen Thale, drei Stunden von der Stadt Borna an der von Leipzig nach Chemnitz führenden Straße schaut weit über die Umgegend das alte Schloß Gnandstein,

welches auf einem 80 Fuß hohen Porphyrfelsen erbaut ist.
Diese Burg ist schon seit dem 13. Jahrhundert in dem Besitz
der Familie von Einsiedel gewesen und kann man noch heute
in dem großen Familiensaale die Bildnisse der meisten Mitglieder derselben seit dem 15. Jahrhundert sehen. In der
dasigen Kirche hat Dr. Martin Luther selbst mehrmals ge-
predigt und einst dem Heinrich Hildebrand von Einsiedel, dem
er sehr gewogen war und an den er mehrere im Schloß-
archiv noch vorhandene Briefe geschrieben hat, auf sein Befragen, ob die Bauern auch nach der Reformation noch zu
frohnen hätten, zur Antwort gegeben, man müsse ihnen zwar
Erleichterung gewähren, aber nicht Alles erlassen, denn
„wenn der Bauer nicht muß, rührt er weder Hand noch
Fuß". Nicht allzulange nach seinem Tode ist ein gewisser
Haubold von Einsiedel, dessen Figur noch heute in der
Schloßkirche in Stein gehauen zu sehen ist, nach der Sitte
jener Zeit nach Italien gereist, und hat einst bei einem Un-
gewitter an der Pforte eines tief in den Apenninen gelegenen
Klosters um Aufnahme gebeten. Diese ward ihm auch gewährt, man ließ ihn ein und der Prior fragte ihn natürlich nach seinem Namen und dem Zweck seiner Reise. Kaum
hatte er sich genannt, als derselbe sich forschend nach verschiedenen seine Familie betreffenden Einzelnheiten erkundigte,
und als jener diese Fragen so beantwortete, daß kein Zweifel
an seiner Identität bleiben konnte, legte ihm der Prior einen
in der Klosterbibliothek befindlichen genauen Riß des Schlosses
Gnandstein und alte Schriften vor, aus denen er ersah, daß
an einem gewissen, nicht näher bezeichneten Orte desselben
ein großer Schatz in einer mächtigen eisernen Kiste vergraben
sei, es werde einmal etwas daselbst gebaut werden und man
werde dann zufällig ein eisernes Kistchen finden, in dem sich
9 Pfeile und ein großer Schlüssel befänden, dieses solle man
sorgfältig öffnen und nach der Seite zu, wo der Bart des
Schlüssels hinweise, da solle man in die Mauer einschlagen
und man werde auf die große Truhe, welche den Schatz ent-

halte, stoßen und dieselbe mit Hilfe des großen Schlüssels leicht öffnen können.

Jener Conrad von Einsiedel nahm nun eine genaue Abschrift obiger Mittheilung und hatte nach seiner Zurück= kunft nichts Eiligeres zu thun, als an verschiedenen Stellen der Burg Nachgrabungen anzustellen, ob man nicht vielleicht auch so auf den Ort, wo der Schatz liege, kommen könne, allein Alles war vergebens. Auch soll er, sowie mehrere seiner Nachkommen, die Aehnliches im Sinne gehabt, durch einen Traum gewarnt worden sein, von weitern Nach= grabungen abzustehen, der Schatz werde zu seiner Zeit schon von selbst an den Tag kommen.

Da ist in der zweiten Hälfte des vorigen Jahrhunderts ein Besitzer von Gnandstein aus dem Einsiedelschen Geschlechte auf den Gedanken gekommen, aus einem großen, im ersten Stocke des Schlosses gelegenen und in den obenerwähnten Thurm gehenden Zimmer zwei kleinere zu machen. Er läßt also die nöthigen Maurer kommen, und uneingedenk jener alten Prophezeiung bleibt er nicht dabei, als dieselben in die dicke Mauer einzuhauen beginnen. Dieselben schlagen nach ihrer Gewohnheit mit ihren Spitzhacken über Kopfhöhe ein, auf einmal stürzt unter den Steinen ein eisernes Kistchen herab, der Deckel desselben springt im Herunterfallen von selbst auf, die erwähnten Pfeile, ein vergelbtes Pergament und ein großer Schlüssel von der Form der alten Kirchen= schlüssel fallen heraus, und als man dem herbeigerufenen Schloßherrn das Gefundene überliefert, kann natürlich Nie= mand angeben, nach welcher Seite hin der Schlüssel ursprüng= lich in dem Kistchen gelegen hat. Zwar machte man nun abermals Versuche mit Nachgraben, allein man fand nichts. Nun hoffte man aus jenem Pergamente etwas Näheres zu erfahren, allein siehe es war in Schriftzügen geschrieben, die zu keinem bekannten Alphabet zu gehören schienen. Da hört jener Herr von Einsiedel zufällig, daß ein Leipziger Pro= fessor, Namens Kapp (sollte dies nicht eine Namensver= wechselung mit dem berühmten Heidelberger Paläographen

Fr. U. Kopp sein?), sehr geschickt in Entzifferung alter Urkunden
sei, man schickt ihm dieselbe also, ohne daran zu denken,
vorher eine getreue Copie nehmen zu lassen, und siehe, wie
als ob ein neidisches Schicksal der Familie auch diesen letzten
Anhaltpunkt rauben wollte, es kommt bei diesem Mann Feuer
aus und das Document verbrennt. So liegt denn jener
Schatz, von dem die erste Nachricht wahrscheinlich in jenes
Kloster durch den dorthin geflüchteten letzten katholischen Burg-
caplan nach eingeführter Reformation gelangt war, noch
heute ungehoben, die Pfeile hat der vormalige Besitzer des
Schlosses, Hr. Hauptmann von Einsiedel, noch als Knabe
gesehen, dann scheinen sie verloren gegangen zu sein, allein
das eiserne Kistchen und den großen Erbschlüssel zeigt man
noch heute als die freilich bis jetzt nutzlosen Wahrzeichen des
Schlosses. Sonderbar genug hat aber in neuester Zeit eine
Somnambule zu Brüssel, zu der, weil man von ihrem
wunderbaren Hellsehen dort großes Aufhebens machte, ein in
jener Stadt lebender Verwandter der Einsiedelschen Familie
auf deren Veranlassung gegangen war und ihr über das
Schloß Gnandstein verschiedene Fragen vorgelegt hatte, im
magnetischen Schlafe sowohl die Lage, als die Bauart, das
Detail der Auffahrt ins Schloß und überhaupt die ganzen
Räumlichkeiten daselbst so genau beschrieben, wie dies kaum
ein dort Geborener und Erzogener zu thun vermöchte, ja zu
verstehen gegeben, daß, wenn man in einem alten Schuppen,
der sich auf dem Schloßhofe befindet und mit seiner Rückseite
an jenen alten Thurm stößt, an einer gewissen, ziemlich
genau bezeichneten Stelle nachgraben wolle, man seinen Zweck
wohl erreichen werde. Indeß hat der vorige, sowie der jetzige
Herr Besitzer meines Wissens von allen weitern Nachgrabungen
bis jetzt abgesehen.

322) Warum der Meißner Weihbischoff Dietrich zu Hartha begraben ist.
Emser, Leben des h. Benno c. 20.

Wie der h. Benno gen Rom zog, ließ er an seiner

19

Statt einen Weihbischoff, Namens Dietrich, in seinem Bis-
thum. Der war ein frommer heiliger Mann, dessen Lob
groß war im Lande Meißen. Eines Tags zog er nach Colditz, wo er weihen wollte, ward aber unterwegs sehr krank,
also daß sein Ende nahe war. Man brachte ihn also in eine
nahegelegene Mühle, wo er starb, zuvor befahl er aber seinem
Caplan, man solle nach seinem Absterben des Müllers Esel
an die Bahre spannen und ihn da begraben, wohin ihn diese
tragen wollten. So geschah es auch, die Müllerthiere trugen
ihn bis an den Flecken Hartha, wo er begraben ward, und
die dasigen Einwohner wissen sich viel von den an seinem
Grabe geschehenen Wundern zu erzählen.

323) Der Ablaßkäse zu Wickershayn.
Hasche, Mag. Bd. III. S. 521 sq.

Im Dorfe Wickershayn, das eine kleine halbe Stunde
von Geithain gelegen ist und unter das Amt Rochlitz gehört,
wird am Feste Heimsuchung Mariä ein sonderbares Fest
gefeiert. Nach 12 Uhr Mittag begiebt sich der ganze Rath,
die Geistlichkeit, Schule, Cantorei und der Stadtpfeifer,
Organisten und 16 Musikanten aus der Stadt Geithain in
besagtes Dorf, wo sie beim Schulmeister abtreten und hier
mit Bier und einer Pfeife Tabak bewirthet werden. Dann
kommt ein Bauer aus dem Dorfe, einen zinnernen Teller in
der Hand, und giebt jeder der genannten Personen (die
Schüler ausgenommen) einen Groschen, so der Ablaßgroschen
heißt, dem Oberpfarrer aber einen Thaler. Hierauf wird
in die Kirche gelauten, und Alles zieht in Prozession in dieselbe, wo gesungen und Gottesdienst gehalten wird, dann
wandert Alles aus dem Gotteshause zum Rathspachter in
dessen große Scheuntenne, wo zwei Tische ohne Tischtuch und
rund herum Stühle stehen. An diese setzen sich die Oben-
genannten nach der Ordnung und was von Fremden etwa
anwesend ist; vor der Scheune und im Hofe bleibt aber das
zum Zusehen zusammengekommene Volk stehen. Wenn alle

Stühle beſetzt ſind, bringt der Pachter ſchönes weißes Brob,
Butter, Käſe, und beſonders auf einem runden Kuchenbeckel
einen runden Ziegenkäſe von der Größe eines Schleiffſteines,
dann aber auch Bier in Krügen, und Jeder kann nach Be=
lieben zulangen. Hierauf nimmt der Stadtrichter von Geit=
hain den großen Ziegenkäſe vor ſich und ſchneidet davon
Scheiben ab, die er auf einen hölzernen Teller legt, und
dann denſelben zuerſt dem Oberpfarrer überreicht, der ihn
wieder ſeinem Nachbar giebt, und ſo macht der Teller die
Runde an beiden Tiſchen, bis Jeder ſeine Portion erhalten
hat. Dieſer Käſe wird jedoch von den Wenigſten gegeſſen,
ſondern nebſt einem Stücke Weißbrob in Papier gewickelt,
mit nach Hauſe genommen und von da aus weit und breit
verſchickt, weil ihm dieſelbe Kraft zugeſchrieben wird, die man
im Merſeburgiſchen den ſogenannten Grünen Donnerſtags=
broden in oder aus dem Kreuzgange ertheilt. Nach Zerthei=
lung des Käſes kann übrigens Jedermann nach Hauſe gehen.
Dieſer Gottesdienſt und die Mahlzeit nachher geſchieht aber
zum Gedächtniß, daß der bekannte Tetzel hier ſeine Ablaß=
krämerei getrieben und in der dortigen Gegend während der
Faſtenzeit hat Butter und Käſe genießen laſſen. Da er ſich
nun Butter und Käſe ſtückweiſe bezahlen ließ, ſo ſind die
dortigen Einwohner auf den Gedanken gekommen, Käſe von
ſolcher Größe zu machen, um dadurch etwas von dem Ablaß=
pfennige zu ſparen.

---

324) Urſprung der Stadt Mittweyda.

Peccenſtein, Theat. Sax. III. S. 124. Ad. Chr. Kretzſchmar, Nachrichten
von der Stadt Mittweyda. Mittw. 1839. I. S. 118 sq.

Zu der Kirche von Seelitz, in welcher ein wunderthätiges
Bild der h. Jungfrau ausgeſtellt war, geſchahen vor alter
Zeit aus der Nähe und Ferne viele Wallfahrten. An dem
Zſchopauſtrome in der Gegend, wo ſich jetzt die ſogenannte
Großmühle befindet, ſtand ein ſehr großer Weidenbaum, bei
und unter welchem die Wallfahrer Mittagsruhe hielten und

19*

bie Pferbe auf bie Weibe gehen ließen. Dieser Ort wurde von benen, bie aus ber Gegenb von Oeberan unb Auguftus= burg kamen, für bie Mitte ber Straße nach Seeliß gehalten, unb als fich nach unb nach hier Leute anfiebelten, nannten fie ben neuen Ort Mittweyba.

325) Labung vor Gottes Gericht zu Mittweyba.

Kretzfchmar a. a. O. S. 160. sq.

Den 3. Januar 1636 wurde zu Mittweyba Johann Heybemann, ber Rechte Doctor unb Practicus in Neuforge bei Mittweyba, unb ben 31. Mai 1637 Aegibius Hanickel, Wilbmeifter unb Oberförfter, Bürger in ber Stabt, begraben. Beibe hatten fich in ber Neuforgifchen Capelle beim Gottes= bienfte barüber um ben Vorrang geftritten, wer oben an ftehen folle. Nun hat ber Oberförfter bem Doctor, als er nach bem Gottesbienfte burch bas Weberthor wieber nach Haufe gehen wollen, burch einen bazu beftellten Mann eine tüchtige Ohrfeige geben laffen. Der hat nun ben Oberförfter verklagt, aber nichts gegen ihn ausrichten können, ift aber nachmals erkrankt unb hat jenen zur Verföhnung an's Kranken= bett rufen laffen; ba biefer jeboch nicht gekommen ift, fo hat ihn ber Doctor mit furchtbaren unb fchrecklichen Worten vor bas Gericht Gottes gelaben, worauf er geftorben ift. Von Stunb an aber ift ber Oberförfter krank geworben unb ge= blieben unb enblich am Pfingftmontag ben 29. Mai 1637 geftorben.

326) Gott ftraft einen böfen Wunfch.

Herrmann, Mittweibaer Denkwürbigkeiten. S. 397. Poetifch beh. v.
Segniß Bb. I. S. 140 sq.

Nicolaus John warb im Jahre 1524 zu Mittweyba vom Donnerwetter famt zwei feiner Töchter erfchlagen, weil, als er einer feiner Töchter bie Hochzeit ausrichten follte, er aus Unwillen gesagt hatte: ich wollte, daß der Donner in die Hochzeit schlüge! So ist es geschehen, der Bräutigam aber, der neben der Jungfrau gesessen, ist nicht beschädigt worden.

---

327) Harras der kühne Springer.

Ab. Chr. Kretzschmar, Nachr. v. Mittweyda. Bd. I. S. 128 sq. Poetisch beh. v. Th. Körner, Poet. Nachlaß. Lpzg. 1815. Bd. II. S. 71 sq. Nach andern Sagen v. Ziehnert Bd. I. S. 193 sq.

Zwischen Frankenberg und Lichtewalde an der Zschopau befindet sich ein hoher Fels, der Haustein genannt. Am 28. Mai des Jahres 1499 ist der Ritter von Harras, Besitzer von Lichtewalde — seine Familie besaß dasselbe bis 1561 — in einer Fehde von seinen Feinden in der Nähe desselben überfallen und so verfolgt worden, daß ihm kein anderer Weg zur Rettung übrig blieb, als mit seinem Rosse von der Spitze des hohen Felsens, der darum den Namen Haustein trägt, in den unten vorbeiströmenden Zschopaufluß zu springen. Dieser kühne Sprung von einer Höhe von mehr als 100 Ellen ist ihm auch geglückt, und da er eine Tiefe von 10 Ellen Wasser im Flusse getroffen, hat derselbe weder ihm, noch dem Rosse Schaden gebracht, sondern beide haben das gegenüberliegende Ufer glücklich erreicht und später im Schlosse zu Lichtewalde Schutz gefunden. Der Ritter aber hat nach der Capelle zu Ebersdorf und dem dort befindlichen Gnadenbilde eine Wallfahrt gemacht und zum Andenken daselbst ein großes silbernes Hufeisen hinterlassen, welches in der Capelle aufgehangen, aber um 1529 gegen ein eisernes vertauscht worden ist. Im Mai des Jahres 1801 ist am Rande der Zschopau dem Haustein gegenüber bei einer sehr alten Eiche ein Denkstein mit der Inschrift auf den beiden Hauptseiten: „dem tapfern Springer, Ritter von Harras" errichtet worden, auf dessen Nebenseiten ein Sporn und ein Hufeisen abgebildet wurden.

---

328) Der Teufelsstein bei Mittweyda.

Poetisch beh. v. Segnitz Bd. I. S. 356 sq.

In der Nähe der Rochlitzer Vorstadt von Mittweyda befindet sich der sogenannte Kalk- oder Galgenberg, der mit
einer großen Menge von Granitblöcken, von denen manche
wohl an die 100 Centner schwer sein mögen, bedeckt ist. Auf
einem derselben erblickt man die Spuren einer Riesenhand,
und soll diese der Abbruck einer der Klauen des Teufels sein
Der hat nämlich einmal auf dem genannten Berge gesessen und
die Wallfahrt der Pilger nach Seelitz mit angesehen; da ist
er gerührt worden und hat beschlossen sich zu bessern und
Buße zu thun und dem Herrn eine Kirche zu bauen. Als
er jedoch die höllischen Heerscharen davon in Kenntniß gesetzt, haben diese erst nichts von Reue und Besserung wissen
wollen, dann haben sie aber versprochen, ihm gehorsam zu
sein, wenn er vom Aufgang bis Untergang der Sonne seine
Kirche fertig haben werde. Der Teufel hat sich auch sofort
an die Arbeit gemacht und auf dem Berge einen prachtvollen
Dom aufgeführt, allein während er mit Stolz seinen Pracht-
bau betrachtete, hat er vergessen, daß er ihnen versprochen,
die Kuppel mit einem hohen goldenen Kreuz zu zieren. Dabei ist die Sonne hinter die Berge gesunken und die höllischen
Bewohner haben ihn an sein Wort erinnert, worauf er voll
Wuth dergestalt auf die Erde stampfte, daß die Kirche zu-
sammenstürzte, und hat er sodann selbst die großen Stein-
blöcke über einander geworfen.

329) Der h. Antonius zu Leuben.

J. Chr. Sickel. Nachr. v. Polter-Geistern. Quedl. 1761. Bd. I. S. 16. sq.

Im Jahre 1727 ist Johann Christoph Sickel in Condition
als Hauslehrer nach Leuben bei Oschatz in Sachsen auf den damaligen Thielauschen Hof gekommen, wo ihm eine Stube ange-
wiesen ward, der gegenüber eine alte Kapelle zu sehen war,
worin vor der Reformation Gottesdienst gehalten worden war

Auf sein Befragen nach der Geschichte derselben wurde ihm jedoch
gesagt, daß dieselbe vor einigen Jahren säcularisirt, das alte
Gemäuer reparirt, auch über dasselbe ein holländisches Dach
gemacht, die Kapelle aber, weil ihre Mauer sehr dick war,
zu einem Milchgewölbe und der Obertheil des Daches zu
einem Fruchtboden benutzt worden sei. Als nun diese Veränderung vorgenommen ward, da hat man des Nachts eine
solche Unruhe, Gepolter und Gehämmer gehört, als wenn
Maurer und Zimmerleute allda arbeiteten. Dasselbe Getöse
hat sich nachher noch oft wiederholt, und der Hauslehrer
Sickel versichert, daß er öfters um Mitternacht in seiner
Stube ein heftiges Gepolter aus jener Kapelle vernommen
habe, gerade wie wenn Personen darin mit Bretern handtirten,
oder mit Steinen würfen.

In dieser Kapelle hat früher auch eine hölzerne Bild-
säule des h. Antonius gestanden, die man bei der Säcularisation herausgenommen und in ein danebenstehendes Gebäude,
das Backhaus genannt, gesetzt hat. Als nun einmal, während
die Herrschaft nicht zu Hause war, das Hofgesinde sich eine
Lust machen wollte, haben sie des Abends das Bild in die
Schenke getragen, ihm eine Tabakspfeife in das Maul gesteckt und sind mit vielem Vergnügen um dasselbe herum-
getanzt, haben ihm auch bisweilen Nasenstüber verabreicht.
Bei dieser lustigen Gesellschaft hat sich nun der Schäfer bis
in die späte Nacht am aufgeräumtesten bewiesen, nachher aber
den heiligen Antonius wieder an seinen Ort in das Backhaus
gebracht. Als nun der Anstifter dieser Kurzweil wieder auf
den Hof gegangen war und sich in seine neben dem Back-
hause und der Kapelle stehende Horde niedergelegt hatte und
eingeschlafen war, ist er von einem Gespenste plötzlich mit
derben Ohrfeigen dermaßen reichlich bedacht worden, daß er
durch solche Complimentirung außer sich gerieth und fast des
Todes war, auch einen so dicken Kopf und Gesicht bekam, daß
er am andern Morgen kaum noch einer menschlichen Gestalt
ähnlich sah, hat auch, was ihm begegnet war, alsobald auf
dem Hofe erzählt und sich niemals wieder an diesem Bilde

vergriffen. Man hat nachher dieses Bild in dem Backhaus=
garten vergraben, damit weiter kein Unfug mit demselben
getrieben werde, besagtem Sickel auch noch den Ort be=
zeichnet, wo dasselbe eingescharrt war.

---

330) Ein Doppelgänger zu Leuben.

Sickel, a. a. O. S. 71. sq.

In dem zweiten Viertel des vorigen Jahrhunderts ging
eines Morgens um 6 Uhr der Pachter des Rittergutes Leuben
nach seiner Gewohnheit aus dem Herrenhofe, der rings herum
mit einem starken Wassergraben versehen war, durch die da=
selbst befindliche anmuthige Baumallee über die nach der linken
Seite hin gelegene Wiese bis zu einem schmalen Stege, welcher
sich über dem nach dem Dorfe führenden Wassergraben be=
fand und ohngefähr einen Büchsenschuß vom Rittergut ent=
fernt war, spazieren. Da erblickt er nicht gar weit davon
ein ihm nach dem Stege zu entgegenkommendes Frauenzimmer
von seiner Gestalt, etwas hagerer, langer Statur und dabei
in einer ihm wohlbekannten Kleidung. Er eilt ihr also ent=
gegen, weil er nach allen Umständen es für gewiß hielt, daß
diese seine in der Stadt Mühlberg an einen dasigen Gelehrten
verheirathete Tochter sei. Er schlug demnach vor Freuden
in die Hände, und rief ihr zu: „wo kömmst Du her, liebe
Tochter?" Sie lächelte ihn gleichfalls mit freudiger Miene an,
gab aber keine Antwort von sich. Indem er nun über den
schmalen Steg geht, ihr die Hand zu reichen, und sie über
denselben zu führen gedachte, weil es eben geregnet hatte und
es auf dem Wege noch glatt war, verschwand sie, ehe er noch
über den Steg gelangte, vor seinen Augen, worüber er auf
einmal traurig ward, nach Hause eilte und den Seinigen mit
bekümmerter Miene das Vorgefallene erzählte. Weil er nun
glaubte, daß seine Tochter wahrscheinlich krank barniederliege,
ruhte er nicht eher, als bis er am folgenden Tage nach
Mühlberg reiste und sich selbst von ihrem Befinden überzeugen

konnte. Als er aber bei ihr anlangte, fand er sie gesund und
wohl, sie sagte indeß, als er ihr erzählte, was ihm auf dem
genannten Wege begegnet sei, sie habe gestern Morgen gerade
recht fleißig an ihn gedacht und sich nach Hause gesehnt.
Darauf hat er sie von da abgeholt und mit nach Hause genommen. Die wunderbare Vision aber hat obgedachter Hauslehrer Sickel aus seinem eigenen Munde gehört.

331) Der gespenstige Priester zu Leuben.

Anzeiger für Döbeln 1841, Nr. 30. Poet. beh. v. Segnitz. Bd. II. S. 114. sq.

Beim Beginn der Reformation ist im Dorfe Leuben ein
katholischer Priester gewesen, der bis an seinen Tod und selbst,
als fast seine ganze Gemeinde zur neuen Lehre übergetreten
war, Luther und seine Anhänger, so oft er die Kanzel betrat,
auf's Greulichste geschmäht hat. Endlich starb er und ward
in der Kirche beigesetzt. Allein er hat in derselben, die vom
alten Glauben abgefallen, keine Ruhe; Nachts um die
12. Stunde steigt er aus seinem Grabe heraus, legt das
Meßgewand an, macht in der Kirche die Runde, öffnet die
Kirchthüre und sieht hinaus, ob Niemand zur Kirche kommt,
hierauf geht er durch die Gräber den Kirchweg bis zum ersten
Hause des Dorfes hinab, dann kehrt er traurig auf demselben
Wege zurück und legt sich mit dem Schlage 1 Uhr wieder in
sein Grab zur Ruhe.

332) Der grobe Tisch zu Fichtenberg und die wunderbare Bettstelle zu Meißen.

Hormayr, Taschenb. f. d. vaterl. Gesch. Lpzg. 1838. 12. S. 257.

Als der gelehrte Augsburger, Philipp Hainhofer, zu Anfange des 17. Jahrhunderts nach Meißen kam und ihm das
dortige Schloß gezeigt ward, da führte man ihn im obersten
Stock in eine Kammer, wo eine große schwere geschnitzte Bettstelle stand, in der Herzog Friedrich (gewöhnlich sagt man
Kurfürst Johann Friedrich in der Nacht vor der Mühlberger

Schlacht) gelegen haben soll, und sagte ihm, diese bleibe nie
an einem Orte stehen, sondern verrücke sich immer von selbst.
Am Camine stand auch des Herzogs Friedrich Name von
seiner eigenen Hand geschrieben.

Bei dieser Bettstelle erzählte man ihm, daß zu Fichten=
berg, welches eine Meile von Oschatz gelegen sei (?) und
denen von Taupadel gehöre, schon über 400 Jahre ein Tisch
aus unbekanntem Holze stehe, und wenn man in diesen haue
oder schneide, so verwachse die Stelle sogleich wieder, wer
aber hineinhaue, der müsse noch dasselbe Jahr sterben. Da hat
sich einmal ein kecker Wagehals über Nacht darauf binden und
in das Zimmer sperren lassen, ist aber in derselben also ge=
martert und gepeinigt worden, daß er am Morgen keinem
Menschen mehr gleich gesehen, auch hat er auf der Erde und
der Tisch auf ihm gelegen. Es soll aber auf diesem Tische
einst der heilige Bartholomäus geschunden worden sein.

333) Das Rad in der Kirche zu Schweta.

J. Fiebler, Mülglische Ehren= und Gedächtniß=Säule. Lpzg. 1709. 4.
S. 81. sq. Sickel a. a. O. I. S. 21 sq.

Im Jahre 1304 ist zu Schweta bei Mügeln der Ritter
und Kriegs=Oberste Friedrichs des Gebissenen, Herr Melchior
von Saalhausen gestorben, ein Mann aus altem abligen Ge=
schlechte, der von Kindheit an ein herzhafter Soldat und
Kriegsmann gewesen und Hahn genannt worden, dieweil er
überall Hahn im Korbe gewesen. Als er aber in seinem
Alter sich zur Ruhe setzte und auf dem Hause Schweta wohnte,
hat es ihm noch von der Kriegszeit, wo er viel Menschen=
blut vergossen, angehangen, daß, wenn er sich erzürnt, er in
seiner Hitze denjenigen, der ihn zum Zorn bewegt, seiner
Wuth aufopferte, also, daß er bei der hohen Landesobrigkeit,
obgleich diese ihm seiner ritterlichen Kriegsthaten wegen wohl
gewollt, oft in große Ungnade gerathen und etliche Male hat
selbstflüchtig werden müssen. So hat er einmal zwei Böttcher

im Keller zu Schweta gehabt, die etwas an Wein- und Bier-
fäſſern haben arbeiten ſollen. Als er nun zu ihnen in den
Keller ging, ihrer Arbeit zuzuſehen, und ſie es ihm nicht zu
Sinne gemacht, hat er es getadelt und ſie unterrichtet, wie er's
haben wolle. Die Böttcher haben aber vermeint, ſie ver-
ſtänden es beſſer; es mögen auch einige Worte gefallen ſein,
worüber er erzürnt ward, kurz, er hat ſie wie Hunde nieder-
geſchlagen und im Keller erwürgt. Weil er nun ſchon allzu-
viel Werg am Rocken gehabt, hat er ſich in Eile aufgemacht
und ſich dahin geflüchtet, wo er ſicher zu ſein gemeint. Es
iſt ihm aber fleißig nachgetrachtet worden, alſo, daß er große
Mühe gehabt, ſeinen Verfolgern zu entgehen, doch iſt er ihnen
immer als ein rechter Hahn aus den Fäuſten entflogen. Einſtmals hätte er aber doch verſpielt gehabt, wäre nicht einer
ſeiner Unterthanen geweſen. Als ihm nämlich derſelbe Miſt auf's
Feld fährt und der von Saalhauſen hinter dem Wagen her-
geht, wird er gewahr, daß das Landgericht zu Roß und Fuß
einherzieht, ihn zu ſuchen und abzuholen. Als er nun hierüber
erſchrickt und zur Flucht nicht mehr Zeit hat, bittet er den
Bauer um einen guten Rath. Der heißt ihn aber heitern
Muths ſein, ſeine Feinde hätten ihn hinter dem Wagen noch
nicht geſehen, er ſolle ſich nur niederlegen, und weil ſie gleich
auf den Acker wären, da der Miſt hingehöre, wolle er ein
wenig Miſt auf ihn werfen, ſie würden ihn darunter nicht
ſuchen, er wolle unterdeſſen wieder auf den Hof fahren, als
ob er ſeiner Arbeit warte, und fleißig Acht geben; ſobald ſie
hinweg ſein würden, wolle er es ihm anzeigen und ihm wieder
heraushelfen. Dem guten Manne war aber ſein Leben lieb,
er hatte auch nicht Zeit, ſich viel zu beſinnen, legte ſich alſo
nieder und ließ ſich zudecken, alſo daß er auch ſicher verblieb.
Nun hatten ſie aber Kundſchaft, daß der von Saalhauſen um
dieſe Stunde gewiß zu Hauſe ſein ſollte, ſie ſuchten ihn alſo
deſto fleißiger und länger an allen Orten, wo ſie nur erriethen,
daß es möglich wäre, daß ſich da ein Menſch aufhalten könne.
Dabei geſchah es natürlich, daß er länger unter dem Miſte
im Geſtanke aushalten mußte, worüber er denn endlich un-

willig warb, aus Argwohn, die Leute seien längst hinweg
und der Bauer lasse ihn absichtlich so lange im Kothe stecken
und spotte seiner. Nachdem nun endlich die Gerichte fort sind,
kommt der Bauer fröhlich zurück, meldet dies seinem Herrn
und hofft großes Lob und Dank verdient zu haben. Statt
dessen schilt ihn aber der Junker, und als er sich entschuldigt,
greift Saalhausen nach dem Degen und sticht ihn todt. Als
er nun nach Hause gekommen, da hat er vernommen, wie
gefährlich die Sache für ihn gestanden und wie schlecht er
dem gelohnt, der ihm das Leben gerettet, und wie geschwind
er zuvor zum Zorne gewesen, so sehr hat er hernach bereut.
Weil nun seine Gefahr wegen so vieler Morde immer größer
geworden, hat er sich außer Landes begeben und endlich durch
großer Herrn und Potentaten Fürwort Gnade und Sicherheit
erlangt. Darauf hat er aber ganz einsam gelebt und sich
keiner Sache oder des Hauswesens mehr angenommen, sondern
nur gebetet und sein voriges Leben herzlich bereut, dann
aber um Kirche und Schulen sowie die Armen sich wohl
verdient zu machen gesucht, auf daß auch Andere für seine
arme Seele zu Gott beten möchten. Vor seinem Ende hat
er befohlen, wenn er verstorben, solle man ihn zwar zu
Schweta begraben, aber nicht in die Kirche, weil er sich der
heiligen Stätte für unwürdig erachte, sondern in der Vor=
halle oder Eingang und zwar mitten in dem Wege, damit
man über ihn hingehen müsse, denn weil er im Leben so
Manchem Gewalt angethan und auf ihn getreten, so solle ihn
auch Jedermann wieder mit Füßen treten. Ferner hat er
befohlen, ein Rad zu machen und solches über seiner Grab=
stätte in der Höhe aufzurichten, um damit anzuzeigen, daß er
sich nicht werth achte, daß er unter der Erde liege, sondern
mit so vielen Mordthaten wohl verdient habe, daß er auf das
Rad gelegt werde. Weil er aber auch die Kirche zu Mügeln
in seinem letzten Willen wohl bedachte, ist ihm in derselben
ein großes steinernes Bild mit seinem Schild, Helm und
Namen gerade der Kanzel gegenüber an der Wand gesetzt
worden. Jenes Rad ist aber seit seinem Tode mehrmals

erneuert worden und an der Stelle bis auf die jetzige Zeit zu sehen gewesen.

Weil nun aber der alte Ritter als Katholik auf die guten Werke baute, hatte er vor seinem Tode noch befohlen, es solle alle Sonntage ein altes Bußlied von 5 Versen: „Nimm von uns, Herre Gott, alle unsere Sünd und Missethat ꝛc." in der Kirche zu Schweta bei Anfang des Gottesdienstes gesungen werden, welches auch in dem alten Dresdner Gesangbuch (S. 350) abgedruckt ist. Nun ist Ende des 17. Jahrhunderts ein Pastor nach Schweta gekommen, der von dieser Stiftung nichts wußte, also nach seinem Gefallen Lieder singen ließ. Da hat es sich zugetragen, daß sich in der Kirche des Nachts ein so greuliches Gepolter hören ließ, daß jener darüber sehr erschrack. Weil es sich aber mehrere Nächte wiederholte, so hat er Gelegenheit genommen mit den Bauern, die neben der kleinen Capelle wohnten, und dem Schulmeister von diesem Gepolter zu sprechen. Diese haben ihm denn vorgestellt, daß, wenn das eingeführte Lied des Sonntags als ein altes Gestift nicht abgesungen werde, sich jedesmal in der Kirche etwas hören lasse, wie dies laut dessen, was sie von ihren Vorfahren vernommen, schon mehrmals geschehen sei. Darauf hat jener das alte Lied beibehalten und den folgenden Sonntag wieder absingen lassen, worauf man nichts mehr gehört hat. Der schon erwähnte Sickel, dem der alte Pfarrer diese wunderliche Geschichte selbst erzählte, bemerkt noch, daß in der Kirche bei Absingung des Glaubens eine allerdings unschädliche Ceremonie aus dem Papstthum beibehalten werde. Wie nämlich beim Absingen des Glaubens die Worte gesungen werden: „Von Maria der Jungfrauen ist ein wahrer Mensch geboren," erhoben sich alle Weibspersonen groß und klein und sangen stehend diese Worte, bis dieselben durch den Gesang beendigt wurden.

---

334) Der gespenstige Reiter zu Kieselbach.

Kamprad, Chronik von Leisnig und Colditz. Leisnig 1753. 4. S. 454.

Den 28. November des Jahres 1639 hat ein Trupp

schwedischer Reiter das Dorf Kieselbach bei Leisnig bis auf
drei Häuser, nachdem sie es ausgeplündert, abgebrannt. Als
sie fort waren, haben die Bauern jedoch einen von ihnen, der
zurückgeblieben war, aber sich fest gemacht hatte, mit Aexten
todt geschlagen und dann ein wenig in die Erde verscharrt.
Als derselbe des Nachts wieder herauskroch, haben sie ihn
nochmals todt geschlagen, wer aber dann des Nachts vorübergegangen, der hat ihn auf einem Stocke sitzen sehen.

335) Die beiden wunderbaren Schlangen bei Leisnig.
Kamprad S. 490 sq.

Am 30. August d. J. 1711 geht Andreas Kurth, Unter-
müller zu Maynz, nach Leisnig zur Frühpredigt, da begegnet
ihm auf dem Wege an Joh. Fischers Berge eine blaue
Schlange, die eine andere rothe bis auf eine Hand lang verschlungen hatte. Als er nun die blaue Schlange mit einem
Haselstecken auf den Kopf schlägt, speit sie mit drei Absätzen
die rothe Schlange wieder aus. Alsdann schlägt er die rothe
Schlange auch, denn keine Schlange kann fortlaufen, so man
sie mit einem Haselstecken schlägt. Endlich sticht er beide durch
den Kopf und steckt solche auf einen Zaun, die blaue war
Sonntag zu Mittag todt, die rothe aber erst Montags.

336) Der Todtenborn zu Leisnig.
J. Kamprad, Leisniger Chronika. S. 29. Poet. beh. b. Segnitz. Bd. II. S. 129.

In der Vorstadt Neusorge zu Leisnig befindet sich ein
schöner Quell, der heißt der Todtenborn und zwar aus folgen-
dem Grunde. Vor langen Jahren hat sich in seiner Nähe
eine vornehme Prinzessin aufgehalten, welche eine Liebschaft
mit einem Prinzen gehabt hat. Die hat sich bisweilen an
diesen Brunnen begeben, wo damals noch viel Gehölz und
Wald war. So haben sich Beide einmal eine gewisse Zeit
bestimmt hier zusammenzutreffen, die Prinzessin hält ihre Zeit

auch, es kommt aber kein Prinz. Da nun die Stunde ver-
strichen ist, meint sie, längeres Warten sei vergeblich, sollte
sich ihr Geliebter aber ja noch einstellen, so läßt sie ihren am
Brunnen ausgebreiteten Mantel zum Wahrzeichen, daß sie
dagewesen, zurück. Nun geschieht es aber, daß sich der Prinz
doch noch einfindet, er findet den Mantel und auf diesem
einen jungen Löwen liegen. Der Prinz erkennt den Mantel
und glaubt, der alte Löwe habe die Prinzessin getödtet, er-
sticht sich deshalb mit seinem Dolche. Als man nun hier den
Ermordeten findet, begiebt sich die Prinzessin ebenfalls dahin,
nimmt den Dolch, der noch in seiner Brust steckt, und giebt
sich damit den Tod, und davon heißt der Brunnen noch jetzt
der Todtenborn.†)

337) Der Theuerborn zu Leisnig.
Kamprad S. 30. 504.

In der Nähe der Stadt Leisnig bei den Stadtgärten
nach Gorschmitz zu befindet sich in einem breiten, einer Back-
stube ähnlichen Gewölbe der sogenannte Theuerborn, von dem
man früher glaubte, er quelle nur, wenn theuere Zeit sei.
Nachdem er nun lange Zeit versiegt schien, gab er im
Jahre 1738 plötzlich wieder viel Wasser, welches Viele sehend
und hörend machte, auch sonst von Gebrechen, als Schwulst,
Flüssen und Gliederreißen, befreit haben soll.

338) Der Hahnberg und der Hahnborn zu Leisnig.
Kamprad S. 38. sq.

Dem Schloßberge zu Leisnig liegt der Hahnberg gegenüber. Dieser hieß vor Zeiten der Maienberg und der an
ihm befindliche Brunnen, der jetzt der Hahnborn heißt, früher
der Maienbrunnen. Dies ist so zugegangen. Es ist einmal
in der Stadt Leisnig ein großes Sterben gewesen, also daß
nicht mehr als vier Paar Eheleute zusammengeblieben sind.
Nun ist kurz nachher ein Hauptmann vom Lande in die Stadt

---

†) Dies ist doch offenbar die Geschichte von Pyramus und Thisbe.

gezogen, und zwar in ein Haus am Baberthore. Dieser hatte eine einzige Tochter, welche täglich von der Stadtmauer auf der Neusorge aus einen wohlgebilbeten und geschickt gebauten Jüngling gehen sah, in den sie sich so verliebte, daß sie ihn zu heirathen Verlangen trug. Nun ruft sie ihm einmal von der Stadtmauer herab zu und fragt, ob er nicht eine Leiter bekommen könne, daß sie auf dieser herabsteigen und mit ihm reden könne. Dieser Jüngling, mit Namen Martin Hahn, der nur Tagearbeit verrichtete, bewerkstelligte dies auch, und so eröffnete sie ihm ihre Gesinnung und sagte, wenn er sich verheirathen wolle, so wolle sie ihn zu ihrem Manne nehmen. Ob er nun wohl einwendete, ihr Herr Vater werde solches nicht geschehen lassen, so überredet sie ihn doch, daß er zum Oberpfarrer geht und sich aufbieten läßt. Er thut es auch, allein der Oberpfarrer meinte gerade wie der Jüngling, es werde ihr Vater dies nicht bewilligen, erbietet sich aber, selbst zu demselben zu gehen und es ihm beizubringen, und so er es geschehen lasse, brauche es bei dieser Zeit keines Aufbietens, sondern er wolle sie gleich ohne Aufgebot trauen. Der Hauptmann aber giebt dem Oberpfarrer zur Antwort, ehe er das geschehen lasse, wolle er seine Tochter erschießen. Wie das die Tochter erfährt, giebt sie dem Jüngling einen Speciesthaler, daß er in einen Weinkeller gehen, und ein Paar Kannen Wein, auch etwas Semmel kaufen solle, sie aber wolle ihn am Maienborn erwarten. Da das geschehen, trauen sie sich selbst in Gottes Namen an diesem Brunnen, verloben und binden sich, keins von dem andern zu lassen. Nach solcher Verrichtung geht der Jüngling wieder zum Oberpfarrer und erzählt, was geschehen sei, derselbe verspricht ihm, er wolle deshalb Bericht an das Oberconsistorium erstatten, und sollten sie die Antwort bald hören. Darauf bekommt der Hauptmann den allergnädigsten Befehl, bei Leib- und Lebensstrafe sich nicht an seiner Tochter zu vergreifen, es sei vor Gott ein Mensch so gut als der andere, er solle solches für Gottes Schickung halten, da ohnedem bei dieser Zeit das Heirathen ganz vergessen und wenige Eheleute vorhanden wären. Zugleich bekömmt der Oberpfarrer auch ein aller-gnädigstes Rescript, dieses verlobte Paar in die Kirche vor dem Altar stellen zu lassen und über sie den Segen zu sprechen. Welches denn nachmals eine gesegnete Ehe worden, der Hauptmann ihnen auch allen Vorschub gethan und zu-frieden gewesen. Von dieser Geschichte hat jener Brunnen den Namen der Hahnborn und der Berg den des Hahn-berges erhalten.

339) Die sieben Köpfe zu Leisnig.
Kamprad a. a. O. S. 41.

Eins der Wahrzeichen der Stadt sind sieben steinerne Köpfe, welche über dem Niederthore zu sehen sind. Man erzählt, daß derjenige Kopf unter denselben, der nach dem Lichtenberge zu stehe, ein Frauenzimmer von hohem Stande bedeute, welches sich für eine Jungfrau ausgegeben habe, während sie doch 6 lebendige Männer gehabt. Als Solches offenbar ward, hat sie zur Strafe dieses Thor und die Stadt-mauer erbauen lassen müssen.

340) Das Kirchthor zu St. Matthiä in Leisnig.
Kamprad S. 141.

Ein zweites Wahrzeichen ist früher das große Kirchthor zu St. Matthias gewesen. Wenn daselbst Jemand etwas in den einen Schwibbogenpfeiler heimlich hineinredete, hörte es der Andere, der auf der andern Seite stand, ganz deutlich, der aber in der Mitte war, vernahm keine Sylbe.

341) Die sechs Teufelskünstler in Leisnig.
Kamprad S. 41. sq.

Als drittes Wahrzeichen zeigte man an einem Scheun-thore vor dem Oberthore zu Leisnig sechs Männer in Stein gehauen, welche mit ihren Leibern und Gesichtern in einem

Kreise also auf der bloßen Erde liegen, daß sie sich mit den Füßen alle einander berühren, während in der Mitte ein Raum mit Charakteren bezeichnet ist. Dazu hat folgende Begebenheit Anlaß gegeben. Ein Bürger aus Leisnig, Namens Johann Richter, ein Kupferschmied, gerieth, als er im 17. Jahrhundert auf der Wanderschaft ist, zu Prag in Böhmen unter eine böse Gesellschaft, welche, um Teufels= künste zu lernen, sich auf einen Kreuzweg begaben und sich nach oben beschriebener Figur mit ihren Leibern und Ge= sichtern auf die Erde legten und das Verlangte erwarteten. Dieser Johann Richter willigt aber nicht ein, sondern geht davon. Nach der Zeit erfährt er, daß diese Gesellen allerlei Künste an den Tag gaben, und was Andern nicht möglich gewesen, ist bei ihnen möglich geworden; er hat aber weiter auch in Erfahrung gebracht, daß einer nach dem andern schändlich ums Leben gekommen und nach anderthalb Jahren keiner von ihnen allen mehr am Leben war. Darum hat er Gott vielmals gedankt, daß er ihn von dieser Gesell= schaft geholfen, und diese böse Geschichte zum Gedächtniß in Stein hauen lassen.

342) Die bösen Söhne zu Leisnig.
Kamprad S. 42. Poetisch beh. v. Segnitz Bd. I. S. 290.

Als viertes Wahrzeichen der Stadt Leisnig betrachtet man den Stein an der Stadtkirche, auf welchem ein Mann ausgehauen steht, der beide Arme in seine Seiten stemmt. Auf seinen beiden Seiten ist je ein Knabe abgebildet zu sehen, zur Erinnerung an seine zwei ungerathenen Söhne, welche ihren Vater stets sollen angespieen haben, und die Gott also gestraft hat, daß ihnen eine Kröte aus dem Munde ge= wachsen ist.

343) Der feurige Hund in der Schule zu Leisnig.
Kamprad S. 241.

Zu der Zeit, als Paul Matthias Schwarz Rector der

Stabtſchule zu Leisnig war (1651—91), iſt einmal ein Schul-
knabe, des Kirchvaters Chr. Riecker's Sohn, zu Mittag um
12 Uhr in die große Schulſtube gekommen, da hat er einen
großen ſchwarzen Hund mit feurigen Augen angetroffen, der
die Bänke umwirft. Heftig erſchrocken läuft er hierauf zum
Herrn Rector und zeigt es ihm mit Zittern und Beben an.
Dieſer geht auch gleich mit herunter und trifft den Hund
vor der Säule, daran die Sanduhr hängt, an, derſelbe ver-
ſchwindet aber, ſobald der Herr Rector zu reden anfängt.
Darauf hat der Herr Superintendent Dr. Jacobi, der noch
benſelben Nachmittag in die Schule gekommen iſt, der Sache
wegen eine ernſtliche Vermahnung an die ganze Schuljugend
gehalten und ſolche Vermahnung noch den Sonntag darauf
in der Amtsprebigt wiederholt. Allein unter den Schülern
iſt doch des feurigen Hunds wegen eine ſolche Furcht ent-
ſtanden, daß keiner allein mehr in die Schule gehen wollte,
ſondern ſie warteten alle braußen vor der Thüre, bis der
Herr Cantor kam und Singeſtunde hielt.

344) Die ſeltſamen Bienen zu Leisnig.
Kamprad S. 433.

Im Jahre 1578 hat ein Bürgermeiſter zu Leisnig von
dem Pfarrer zu Langenleuba einen Bienenſchwarm um 12 gr.
gekauft und in ſeinen Garten tragen und einfaſſen laſſen,
welche aber etliche Male aus unterſchieblichen Stöcken gezogen
und ſich doch allezeit wieder angelegt haben. Daraus hat
bann der Bienenmann gemerkt, daß eine Perſon, welche die
Bienen nicht leiden können, im Garten vorhanden ſein müſſe,
und als er ſich barnach umſieht, ſo wird er des Ger. Fr.
(der Name iſt nicht näher bezeichnet) gewahr, ſolchem befiehlt
er, wegzugehen. Sobald der entfernt iſt, faßt er die Bienen,
barauf ſie willig geblieben ſind und ſich drei Jahr wohl
genährt und gemehrt haben.

345) Der Teufel holt einen Leisniger Gerber.
Kamprad S. 433.

Am 22. Januar des Jahres 1579 Abends 10 Uhr geht Adam Steinhöfer, ein Weißgerber, mit seinem Weibe aus der Schenke zu Fischendorf nach Hause, wird aber durch einen Sturmwind von der Brücke hinweggeführt, und behält die Frau nur seinen Mantel in den Händen. Er soll sich vorher beim Biere mit einem Schuster aufgelegt und ge= schworen haben, er wolle sich an ihm noch den Abend rächen oder der Teufel solle ihn holen.

346) Der Melinenborn zu Leisnig.
Kamprad S. 440.

Den 9. November des Jahres 1615 wurde zu Leisnig eine Mutter mit zwei Töchtern wegen getriebener Zauberei lebendig verbrannt. Ehe solche zur Haft gebracht ward, fürchtete sich Jedermann vor ihr, und weil es geheißen, sie behexten die Leute, die ihnen nicht eine Gutthat erzeigten, so ward ihnen von allen Hochzeiten, Kindtaufen und sonst Speise geschickt. Sie haben auf der Neusorge gewohnt, und war die Brennsäule noch im ersten Viertel des 18. Jahr= hunderts zu sehen. Bei der Execution sollen schwarze Raben um und aus dem Feuer geflogen sein. Ihr Name ist Meline gewesen und wird noch ein Born am Minkwitzer Meßwege auf einer Wiese von ihr bis diese Stunde Melinenborn genannt, weil sie bei demselben mit dem bösen Geiste zu thun gehabt haben soll.

347) Der gespenstige Leichenzug zu Leisnig.
Kamprad S. 475 sq.

Am 26. Juni des Jahres 1685 Abends zwischen 9—10 Uhr hat man zu Leisnig hinter der Baberei vom ersten Rundel an der Stadtmauer eine Mannsperson mit einer

weißen Leinwand bekleidet gesehen, dem auf einem Raum
von drei Häusern 6 Männer mit einer Todtenbahre samt
schwarzem Sarg folgten und beim Rundel etwas niedersetzten.
Sobann geht der weißgekleidete Mann bis an das dritte
Rundel hinter dem Kornhause und steht wieder still, dann
tragen die 6 Männer den Sarg auch bis dahin und setzen
sich wieder nieder, da dann zwei dieser Männer ein bei dem
weißgekleibeten Manne liegendes weißes Tuch aufheben,
solches schwingen und auf den Sarg breiten. Anfangs hat
dies nur eine Person gesehen, dann aber noch vier, Andere
haben vor großem Schreck nicht mehr hinsehen wollen, ihrer
zwei gehen aber auf die Höhe gegenüber, auf die sogenannte
kleine Viehweide, um Solches besser zu beschauen und sehen
sobann, daß hinter den 6 Männern noch viele Personen mit
langen Haaren am Haupte, sonst aber in Gestalt der Todtengerippe, wie solche die Maler entwerfen und nach Art einer
Leichenprocession gingen; darnach haben sich die zur linken
Hand niedergesetzt und nach der Stadtmauer zu gesehen, die
zur rechten aber ihre Gesichter nach der Vorstadt Neusorge
zu gewendet. Dies Alles ist so schauerlich anzusehen gewesen,
daß einer und der andere, wenn sie daran gedacht, sich vor
Furcht geschüttelt und fast krank worden sind. Endlich haben sich
zwei Brüder auf die Höhe an dem Stadtgraben wagen wollen,
wo das Gesicht stand und es näher sehen wollen. Von diesen
ist einer gefährlich gefallen, hat aber doch auf seinem Vorsatz
bestanden und ist fortgeeilt. Da haben die andern aus den
Häusern sehenden Leute gemerkt, wie der weißgekleidete Mann
nach dem Oberthore zu mit den andern Trägern, Leichen-
begleitern und dem Sarge gegangen und, nachdem sie noch
etwa $\frac{3}{4}$ Stunden zu sehen gewesen, verschwunden ist, und
haben die auf die Höhe Gestiegenen nichts mehr gesehen. Es
haben aber die gedachten Personen den 29. Juni Alles vor
dem Rathe und Superintenbenten J. Nicol. Jacobi ausgesagt
und mit einem Eide bestärkt und Letzterer hat am Tage
Mariä Heimsuchung über die Worte Ezech. IX. v. 1—7 eine
besondere Predigt gehalten, die er auch unter dem Titel: „die

Heimsuchung der Stadt Gottes 2c. dem mit einem Warnungs=
gesichte heimgesuchten Leisnig" drucken ließ.

---

348) Das Wappen der Bienewitze.

Kamprad a. a. O. S. 358 sq. 421 sq. C. Schneider, Leisniger Ehren=
säule S. 34. Fiedler, Müglische Ehrensäule S. 114. Poetisch beh. von
Ziehnert. Bd. I. S. 221 sq. Gegen die Wahrheit dieser Geschichte f. a.
Heine, Rochlitzer Chronica S. 341. Anm. g.

Der große Mathematiker Petrus Apianus (eigentlich
Bennewitz oder Bienewitz) ward zu Leisnig im Jahre 1495
geboren und war von Karl V., der ihn sehr schätzte, 1541
in den Adelstand erhoben worden: als Wappen gab dieser
ihm einen zweiköpfigen gekrönten schwarzen Adler im goldenen
Felde, mit einem blauen Kranze, wie Wolken gestaltet, um=
geben. Als nun der Kaiser vor der Schlacht bei Mühlberg
mit seinem Bruder Ferdinand am 21. April 1547 mit seinem
Heere in der Stadt Leisnig rastete, war wegen der Thätlich=
keiten, die sich einige Bürger gegen plündernde spanische Sol=
baten erlaubt hatten, von ihm der Befehl gegeben worden,
nach seinem Aufbruche die Stadt zu plündern und in Brand
zu stecken. Da hat zufällig einer seiner Kriegsobersten, der
bei einem Bürger im Quartiere lag und von jenem Befehl
wußte, das Bild Apians mit dem Wappen an der Wand
hängen sehen, und als er seinen Wirth gefragt, wie er zu
demselben gekommen sei, von diesem erfahren, der große
Astronom sei sein Bruder. Er hat alsbald solches dem Kaiser
hinterbracht und dieser hat sofort, weil ihm, wie er sagte,
nicht lieb sei, seinen lieben Freund Apianus also zu betrüben
und seine Vaterstadt unglücklich zu machen, befohlen, es solle
kein Soldat bei Leibesstrafe sich unterfangen, einen Menschen
in der Stadt zu beleidigen oder das Geringste zu nehmen
Also ist durch ein lebloses Bild die Stadt verschont worden

---

349) Der Ritter St. Georg zu Nauenhayn.

Kamprad a. a. O. S. 347 sq. S. Franke, Hist. b. Graffch. Manns= felb S. 122.

Der Ritter St. Georg soll ein Ahnherr und Vorfahr der Grafen von Mannsfeld gewesen sein, daher sein Bild vor Zeiten fast an alle Gebäude, Säulen, Brunnen, Wappen, Fenster, Scheiben und insonderheit auf die Mannsfeld'sche Münze gesetzt, auch in der Stadt Mannsfeld ihm eine Kirche zu Ehren erbaut worden ist.

Nachdem sich nun derselbe von Hause aus auf Reisen begeben und sich lange Zeit in Cappadocien aufhielt, hat sich's zugetragen, daß in Lybien vor der Stadt Siloa in einem großen See ein gewaltiger giftiger Drache lag, der mit seinem Anhauchen viele Leute, die da vorüber ziehen müssen, getödtet und verschlungen hat. Ob nun wohl die Bürgerschaft wider ihn auszog, hat er sie doch wieder zurück in die Flucht gejagt. Weil sie aber Friede vor ihm haben wollten, gaben sie ihm alle Tage zwei Schafe hinaus, als es aber an Schafen mangeln wollen, beschlossen sie, daß täglich ein Schaf und durch's Loos ein Mensch, welchen es treffen würde, hohen oder niedrigen Standes hinausgebracht werde. Da dieses nun auf des Königs einzige Tochter fällt und diese hinaus geführt wird, kömmt gedachter Ritter St. Georg und heißt sie, nachdem er die Sache erfahren, guten Muths sein, sprengt hierauf mit einem guten Pferde und Harnisch auf den Drachen zu und durchsticht ihn mit seiner Lanze. Darauf wird er lange Zeit beim König in großen Ehren gehalten.

Nach diesem reist er gen Meißen und hält sich in Stau= pitz auf, welches zwischen Leißnig und Döbeln gelegen war: von diesem ist dermalen aber nichts als der Name und einige Rudera übrig. Diese Gegend wird jetzt Auf den Staupen genannt, daselbst sind schöne Felder und die Bauern zu Wen= dishayn haben dieselben für einen Zins in Gebrauch. Auch das schöne große Gut zu Steinau bei Hartha soll einst dem

Ritter St. Georg gehört haben. Es begab sich aber, daß dieser Ritter St. Georg einst von seinen Feinden beinahe gefangen genommen ward. Jedoch kömmt er noch auf sein Pferd und wird mit diesem auf einen hohen Felsen, der Spitzstein genannt, getrieben. Da er nun nicht weiter kommen kann, so beschließt er in seinem Herzen, wenn ihm Gott Hilfe sende und er mit seinem Leben davon komme, so wolle er ihm ein Gedächtniß stiften lassen. Er springt hierauf von diesem Felsen gerade dem Dorfe Wesewitz gegenüber in den Muldenfluß hinab und kömmt davon. Zuvor soll er einen beschriebenen Bogen Papier in die Luft haben fliegen lassen, wo solcher nun würde gefunden werden, da wolle er Gott zu Dank eine Kirche hinbauen lassen. Dies ist hernach auch geschehen und hat er die Kirche hierher zu Nauenhayn bauen lassen.

Nachmals ist es geschehen, daß, als er sich von einer Reise heim begeben wollte, er im J. Chr. 303 in die Verfolgung des Dicoletianus gerieth und enthauptet ward. Zuvor ward er in ein Faß mit spitzigen Stacheln und Schneiden gesteckt und von einem Felsen herabgestürzt, ist aber allezeit unverletzt geblieben, was den Tyrannen dermaßen verdroß, daß er Befehl gab, ihn zu enthaupten. Nach langer Zeit erst ist er vom päpstlichen Stuhl canonifirt und in das Register der Heiligen gesetzt worden. Zum Wahrzeichen hat man aber sein Bild stets in der Kirche von Nauenhayn vorgezeigt.

* * *

350) Die Strafe der Gartendiebe in Leisnig.
Ziehnert Bd. III. S. 248.

* * *

Vor dem Oberthore Leisnigs stand am Teiche ein 12 Ellen hoher gezimmerter Baum, oben mit einem langen Arm, an dem ein Korb ohne Boden hing. Durch diesen ließ man Gartendiebe zur Strafe in's Wasser fallen.

* * *

351) Der Bergbau bei Leisnig.

Ziehnert Bd. III. S. 298.

An dem sogenannten Harlingsberge bei Leisnig soll ehemals ein Versuch mit Bergbau gemacht worden und der Kux noch als Wahrzeichen zu sehen, auch daselbst und in dem dabei fließenden Görnitzbache Goldkörner gefunden worden sein. 1530 soll ein Eseltreiber (es wurden damals wie noch heute in Leisnig Müllereseln gehalten) eine starke Zähe unscheinbares, doch ächtes Gold in einem Hohlwege gefunden und es um seinen Hut, wie die Zinnarbeiter mit den Zinnschnuren thun, geschlungen haben: ein Goldschmied habe es ihm betrüglich abpartiret, darauf in demselben Ge= triebe geschürft, aber weder Gang noch Flöz gefunden.

352) Der Geist im Forsthause zu Colbitz.

Kamprad S. 541 sq.

Bei der sogenannten Magnuskirche zu Colbitz stand früher ein Kloster, das aber, weil es wüste lag, 1580 zu einem Forsthause umgebaut und 1618 in ein Wohnhaus für den Förster verwandelt ward. Hier ist vor Zeiten ein Schüler des h. Bonifacius, ein gewisser Hugo, Graf von Kefernburg, welchen die Wenden bei Seliz erschlagen hatten und den die gottesfürchtigen Grafen zu Colbitz im Felde aufheben, bei Seite schaffen und hier hatten begraben lassen, beigesetzt worden. Seinen Predigtstuhl hatte er aber zu Seliz bei Rochlitz, wo er den Wenden das Christenthum predigte und man hernach eine Kirche, die Leonhardskirche, nach dem Namen des Bauern, der den Acker besaß, hinbauete, von der noch jetzt einige Spuren auf dem Felde zu sehen sind.

In dieses Haus hat sich im Jahre 1644 Herr Hans Christoph von Altmannshofen auf Commichau und Colmen in großer Kriegsgefahr samt seiner schwangern Ehefrau ge= rettet; es ist aber diese hier eines Töchterleins genesen, und am 20. Juni ist der Wöchnerin am hellen Tage eine Person mit einer Mönchskutte angethan erschienen. Diese hat die Garbinen weggeschoben und ihr in's Bett gesehen, ist dann aber, wie es derselben vorgekommen ist, wieder in's Grab gestiegen.

353) Die Halssteine am Rathhause zu Colbitz.

Ziehnert Bd. III. S. 228.

Am Rathhause zu Colbitz hingen sonst ein Paar halb= runde Steine, die eine eiserne Kette zusammenhielt. Davon geht die Sage, daß solche den bösen Weibern, welche ihre Männer geschlagen hätten, um den Hals gehängt worden wären, und daß dann die Weiber mit diesem Schand= geschmeide eine Zeit lang auf dem Markte vor dem Rath= hause hätten herumgehen müssen.

354) Der Gesundbrunnen bei Döhlen.

Kamprad S. 464. Heine, Rochlitzer Chronik. S. 393 sq.

Im Dorfe Döhlen bei Rochlitz gab es 1640 einen lahmen Kuhhirten, der hört, daß zu Hornhausen im Stifte Halber= stadt ein Gesundbrunnen sei, der auch Lahme curire und viele tausend Gebrechliche und Kranke gesund gemacht habe Er wünschte sich also auch dahin, da es ihm aber unmöglich war, so denkt er, Gott, der jenem Wasser die Kraft zu heilen gegeben, könne dasselbe auch anderem mittheilen. In solchem Glauben kommt er in einen Fahrweg, da denn das aus dem Felsen fließende Wasser in den Wagengeleisen hin= unterläuft. Hier betet er andächtig, Gott wolle sich doch seiner erbarmen und diesem Wasser eben die Kraft wie jenem zu Hornhausen geben und ihn gesund machen. Solches Gebet hat Gott erhöret und sein lahmer Fuß wird gerade und gesund. Darauf wird nun ein großes Gelaufe nach diesem Wasser, es hat aber Keinem mehr geholfen. Da hieß es aber: des Gerechten Gebet vermag viel, wenn es ernstlich ist.

355) Der Mönch auf dem Kreuze in Waldheim.

Ziehnert Bd. III. S. 229 sq.

In grauer Zeit vor Waldheims Entstehung stand auf der Stelle, wo später ein Augustinerkloster und seit 1716 die Strafanstalt steht, das uralte Kloster Balbersbalda, welches so zeitig wieder einging, daß schon im eilften Jahrhundert kaum noch Spuren davon zu finden waren. In der letzten Zeit des Klosters lebte darin ein Mönch, der ein verruchter Bösewicht war. Seine eigene Schwester hat er zu sündiger Blutschande gezwungen. Sie genas eines Kindes und brachte ihm dasselbe mit lautem Jammer und harten Vorwürfen. Da stellte er sich, als rühre ihn ihr Schicksal, und tröstete sie und versprach sie an einen stillen Ort zu führen, wo sie mit dem Kinde leben könnte, vor den Augen der schmähsüchtigen Welt gesichert. Er führte aber die arglos Folgende in den Wald ohnweit des Klosters, dorthin, wo sonst das Kreuz in der Oberstadt war (bis zum Brande 1831 der Kreuzweg). Hier zückte er hastig seinen Dolch und stach ihn in das schuldlose Herzchen des Kindes, und als die unglückliche Mutter voll Entsetzen und Verzweiflung das sterbende Kind ihm zu entwinden suchte, da stieß er auch ihr den Dolch in die Brust. Zu Tode getroffen sank sie nieder, ihre letzten Worte verfluchten den Mörder, daß er nicht eher Ruhe im Grabe finden sollte, als bis ein Todter, der im Leben noch größere Gräuel als er verübt hätte, über den Mordplatz getragen würde.

Jahrhunderte waren vergangen und der Fluch lastete noch immer auf dem heillosen Mönche. Um Mitternacht sah man oft seinen Schatten weinend und seufzend, einen blutigen Dolch in der Knochenhand, auf dem Kreuze stehen, und Jedermann wich bei nächtlicher Weile dem verrufenen Platze aus. Da starb einmal in Waldheim ein Bösewicht, ein Abschaum der Menschheit, der Hölle pflichtig durch jedes Verbrechen. Sein Name war verflucht; die Sage hat sich gescheut ihn zu nennen. Am Abende seines Begräbnißtages

wanderten aber zwei Schatten schweigend vom Kreuze nach
dem Friedhofe. Seitdem hat Niemand den Mönch wieder
gesehen.

356) Die Nixkluft bei Walbheim.

Poetisch beh. v. Ziehnert Bd. III. S. 111 sq. und Segnitz Bd. II. S. 105 sq.
Novell. beh. von Winter in d. Constit. Zeit. 1854 Nr. 17.

Es ist bereits bemerkt worden, daß es in der Mulde
Nixen geben soll, und hat schon Luther in seinen Tischreden
(c. IX. vom Satan und seinen Werken f. 153. 160 sq. b.
Leipz. A., s. a. Fincelius, Wundergeschichten Th. II. Lit. Y. 3.)
ausdrücklich darauf hingedeutet, und die Sage läßt solche beim
Kloster Zelle, in der Roßweiner Gegend unter dem Schlosser
Berge, dem Troschauer Winkel, Nonnenholze ꝛc. in männlicher
und weiblicher Gestalt erscheinen. Allein namentlich erblickt
man auch am Ufer der Zschopau bei Walbheim noch heute
einen Felsen, in den vom Wasser aus eine Höhle hineingeht,
welche die Nixkluft heißt und in die man jetzt nur auf
Kähnen gelangen kann. Hier soll der Nixenfürst der Zschopau
seine Wohnung haben. Dieser hatte drei schöne Töchter,
welche sich gern unter die Menschen mischten. Sie gingen
oft im Neumond nach dem eine halbe Stunde von Walbheim
gelegenen Dorfe Dietenhayn zu Tanze. Ihre Kleidung war
weiß, und trugen sie als Gürtel ein Band von grünem
Schilfrohr, um den Hals ein Perlenhalsband und am Busen
eine Wasserrose. Hier tanzten sie die ganze Nacht mit den
jungen Burschen des Dorfes, wenn aber das Wasserröslein
zu verwelken begann, dann gingen sie heim; denn dies be=
deutete für sie, daß die Morgenröthe im Anbruch begriffen
sei. Sie ließen sich auch von ihren Tänzern bis in den am
Ufer befindlichen Wald bringen, dort aber bestanden sie stets
darauf, daß jene zurückblieben. Dies thaten sie lange Jahre,
denn ihre Schönheit blühte unvergänglich. Da faßten ein=
mal drei junge Gesellen den Plan, sie über die gewöhnliche
Zeit zurückzuhalten. Es gelang ihnen auch, durch süßes Kosen

die Mädchen so zu beschäftigen, daß sie das Welken ihrer Rosen erst bemerkten, als schon die ersten Wölkchen Aurora's am Horizont erschienen. Sie eilten zwar schnell aus den Armen ihrer Liebhaber an's Ufer zurück, allein dort traf sie der erste Sonnenstrahl und ihre Körper zerflossen in drei Silberbächlein, die durch die Wiesen nach dem Flusse rannen, mitten durch diese aber zog sich ein rother Faden und dies war ihr Lebensblut. Seit dieser Zeit erschienen sie nicht wieder, ihr Vater aber verlangt jedes Jahr ein Opfer von einem Menschenleben in der Nähe dieser Stelle.

---

357) Die Stiftung des Klosters Altenzelle.

Gewisse und approbirte Historie von S. Bennonis Leben. München, 1604 4. S. 8. Knauth, Geogr. hist. Vorstellung des Stiftsklosters Altenzelle 2c. Dresden und Leipz., 1720. Th. I. S. 4.

Einst ist der h. Benno über Land gereist, und da er an einem öden Orte viele Tauben sitzen sah, prophezeite er, es werde in Kurzem ein neuer Orden dorthin kommen, durch dessen Gebet Viele könnten selig werden. Darnach hat Otto, ein Markgraf zu Meißen, dem Cisterzienserorden hier ein Kloster, Zelle genannt, bauen lassen, herrlich begabt und ihnen eingegeben.

---

358) Die Wunderburg bei Roßwein.

Knauth a. a. O. Th. III. S. 383.

In der Nähe der Stadt Roßwein liegt ein Hügel, auf dem schon im J. 723 eine Burg gestanden haben soll, worin ein Raubritter mit seiner Geliebten wohnte. Von dieser sogenannten Wunderburg sieht man aber jetzt nichts mehr als einen aufgeworfenen Erdwall. Außer diesem findet sich aber hier ein seltsamer Rasenkreis, ganz nach Art eines Labyrinths angelegt, wo sich früher die Jugend mit Tanzen zu belustigen pflegte. Dieser Kreis soll einst von einem zauberischen Mönche ausgetanzt worden sein, wie der Tanzkreis der Böhmen=

königin Libuſſa auf dem Wiſcherab bei Prag, den man noch
jetzt zeigt.

359) Der Poltergeiſt zu Roßwein.

S. Knauth a. a. O. Th. VIII. S. 579. sq.

Im Jahre 1649 iſt Meiſter Georg Jahn, Schwertfeger
zu Roßwein, Tag und Nacht in ſeinem Hauſe von einem
Poltergeiſt gequält worden, hat ſich deshalb an den Freiberger
Superintendenten P. Sperling gewandt und dieſer ihn in
einem weitläufigen, noch jetzt vorhandenen Schreiben über die
Art, wie ſolcher zu vertreiben, unterrichtet.

360) Der Teufel holt ein Mädchen zu Roßwein.

S. Knauth. Th. VII. S. 130 sq.

Im Jahre 1586 hat ſich zu Roßwein eine ſogenannte
Schleiermagd, die ſchwangern Leibes geweſen, bei ehrlichen
Leuten eingemiethet, die anfangs ihren Zuſtand nicht kannten.
Als ſie nun in die Wochen kam und das Gewiſſen aufwachte,
da hat ihr der Teufel ſolche Sünde weiblich aufgemutzt und
hätte ſie gern um Leib und Leben gebracht. Deswegen iſt
ſie in große Traurigkeit verfallen, alſo daß allem Geſinde
bange dabei worden und die Wirthin an ihr genug zu tröſten
gehabt. Ueber etliche Tage ſtirbt das Kind und nun hält
der Teufel deſto heftiger bei ihr an. Einſtmals ſteht ſie des
Nachts auf und geht zur Thür hinaus: da nimmt ſie der
Teufel alsbald, wie ihr es gebäucht hat, bei ſeiner weichen
Hand und führt ſie ſtracks zum Brunnen im Hofe. Die
Wirthin, die ſolches gehört, ſteht auf und geht in die Stube,
ſieht in das Bett, findet aber die Wöchnerin nicht. Sie redet
alſo das Geſinde hart darum an. Dieſe nehmen alsbald ein
Licht zur Hand und gehen hinaus, um ſie zu ſuchen, rufen
und ſchreien, finden aber Niemand. Sie gehen alſo in den
Hof, finden das Lieth (d. h. Laden) über dem Brunnen weit
aufgethan, leuchten mit dem Lichte hinein, ſehen aber nichts,

machen also den Brunnen zu und suchen noch ferner im
Hause herum. Wie sie aber das Mädchen nirgends finden
und es gegen Morgen geht, setzen sie sich über ihre Arbeit,
beten und seufzen zu Gott. Ueber eine Stunde hören sie
eine Stimme gleichsam mit undeutlichem Schreien zwei= oder
dreimal: „Mutter, Mutter!" rufen, sie laufen also mit dem
Lichte zum Brunnen, worauf sie dieselbe zu ihrer größten
Verwunderung über dem Wasser stehen sehen, als lehne sie
sich an die Mauer, schreiend: „o helft mir um Gottes Willen!"
Man läßt ihr den Eimer hinunter, in den tritt sie, aber wie
man sie um die Hälfte emporbringt, fällt sie rücklings aus
dem Eimer und schießt in's Wasser hinein, daß es über ihr
zusammenschlägt und man nichts mehr von ihr sehen kann.
Darauf gehen sie also von bannen; allein nicht lange hernach
hören sie abermals schreien wie zuvor und finden sie wiederum
an der Mauer lehnen und um Gottes Willen bitten, man
solle ihr helfen. Da lassen sie den Eimer zum andern Male
hinunter, nebst einer starken Leine, und befehlen ihr, sie solle
sich damit an die Kette knüpfen, fest anhalten und Gott ver=
trauen, ziehen sie also heraus, ganz bleich und eiskalt, daß
man sich ihres Lebens nicht eine Stunde versehen. Darauf
hat man sie in die Stube geführt, mit warmen Tüchern um=
geben, ihr aus Gottes Wort vorgesagt, und sie vor Sünden
gewarnt. Sie hat dann fleißig zugehört und Gott ihr Gnade
gegeben, daß sie in Kurzem wieder zu ihrer Gesundheit ge=
kommen, viele Jahre lang gelebt, auch einen Mann ge=
nommen und mit ihm Kinder gezeugt hat.

---

361) Der warnende Engel bei Roßwein.

Knauth. Th. VII. S. 237.

Am 10. Februar des Jahres 1671 wollte eine Frau
von Roßwein nach dem Städtchen Hainichen gehen. Dieser
begegnet um 10 Uhr Vormittags ein Knäblein mit lichtgelbem
Haar und weißer Kleidung und kündigt derselben an, wenn

man zu Roßwein nicht Buße thun und von unzüchtigem Leben und Hoffart ablaſſen werde, ſolle die Stadt nach 4 Wochen durch Feuer zu Grunde gehen. Darauf iſt das Frauenzimmer vor Schrecken in Ohnmacht gefallen, und als ſie ſich wieder erholt, hat ſie nichts weiter geſehen. Bei der Ankündigung hat ſie jedoch gewiß verſprechen müſſen, dies in der Stadt unfehlbar anzuſagen. Es kam auch zu der Zeit zweimal nach einander in Roßwein wirklich Feuer aus, ward aber mit Gottes Hülfe wieder gedämpft.

---

362) Der Räuber Hartenkopf bei Zelle iſt kugelfeſt.
Knauth. Th. VII. S. 240 sq.

Im Zellwalde beim Kloſter Zelle und zwar beſonders in dem alten Gemäuer, welches gemeine Leute für den Stadel eines alten Nonnenkloſters ausgeben, hatte ſich ein Fleiſcher, Namens Hartenkopf aus Siebenlehn, feſtgeſetzt, und beſchloſſen, hinfüro von Raub und Mord zu leben, weswegen die Leute den Fußweg, der von Siebenlehn nach Roßwein führt, nicht mehr ſicher wandeln konnten noch wollten. Weil ſich nun dieſer Schnapphahn nicht nur am Leibe feſtgemacht, ſondern auch mit Geſchütz und Gewehr verſehen, alſo daß allen denen, ſo ihm zu nahe kommen würden, der Tod drohte, konnten die aufgebotenen Landgerichte und Amtsunterthanen, weil Jeder für ſeine Haut fürchtete, wenig ſchaffen, bis endlich eine von Roßwein aus commandirte churfürſtlich ſächſiſche Corporal= ſchaft vom Leibregiment zu Roß dieſes Raubneſt erſprengte, und weil die bleiernen Kugeln an dem Räuber nirgends haften wollten, haben ſie endlich noch mit einem geladenen ſilbernen Knopfe den Zauber gelöſt und den Leib zugleich mit gefällt.

---

363) Der Teufel verführt eine Magd zu Zelle.
Knauth. Th. VII. S. 186.

Im Kloſter Zelle befand ſich im Jahre 1630 eine Magd,

welche dem abergläubischen Brauche nach in der h. Christ=
nacht hinterrücks durch die Stubenthür hinausgriff. Sie ist
aber durch göttliches Verhängniß von einem höllischen Ge=
spenst gar hinausgezogen und sehr übel tractirt worden, also
daß sie ihr Lebtage hat hinsiechen müssen.

364) Der Mohr im Schlosse zu Nossen.
Knauth. Th. V. S. 28.

In einem der Zimmer des fürstlichen Schlosses zu Nossen
befand sich sonst ein Gemälde, auf dem ein Mohr vorgestellt
war, der in einer Wanne saß. Den scheuern zwei Bade=
mägde mit Katzenzagel und Sandhadern recht nachdrücklich,
also daß ihnen der Angstschweiß über die Wangen läuft,
können aber doch kein weißes Fleckchen an seiner Haut ent=
decken, wie die darunter stehenden Reime bezeugen:

> Wir waschen ihn mit ganzem Fleiß,
> Noch will der Mohr nicht werden weiß.

Dies galt sonst als das Wahrzeichen des Ortes.

365) Die Riesenribbe zu Nossen.
Mündlich. Frei behandelt von Winter in d. Constf. Zeit. 1853. Nr. 103.
S. a. Grimm, deutsche Sagen. Bd. I. Nr. 17. S. 34. Stöber, Sagen
des Elsaß. St. Gallen 1852. S. 207 sq.

In dem großen und gar zierlich gewölbten Portale der
Kirche zu Nossen hängt seit unbenklichen Zeiten auswärts ein
sonderbares Gewächs, welches von Einigen für die Ribbe
eines Meerwunders oder Elephanten (elephas primigenius
— Mammuth), von Anderen für die eines Riesen=Fräuleins
von Nideck im Elsaß, deren Eltern hierher gezogen seien,
ausgegeben wird. Diesen Gegenstand hat man auch der
Rarität wegen in das Siegel der Stadt Nossen selbst mit
aufgenommen.

366) Der Gottesleugner zu Nossen.

Knauth. Th. VII. S. 149.

Zu Nossen lebte im Jahre 1592 ein alter Zimmermann und Steinbrecher, Namens Walter Koch, der zeitlebens ein großer Verrächter des Gottesdienstes gewesen, auch binnen 32 Jahren niemals zur Beichte und Abendmahl des Herrn gekommen war. Dieser ward am 21. Juni des genannten Jahres gleich in der Mittagsstunde von einer alten Kirch=mauer im Kloster Zelle, an der er hatte einbrechen helfen, erschlagen. Als man nun seinen Körper in einen Backtrog legte, ist selbiger alsbald zersprungen, darauf ist ein grau=samer Wirbelwind entstanden, und als man ihm zu Grabe lauten wollte, ist der Klöppel in der großen Glocke ebenfalls zersprungen, weil er eines christlichen Begräbnisses nicht würdig gewesen.

367) Meineid bestraft.

Knauth. Th. VI. S. 159.

Im Jahre 1627 zankte sich Matthes Becker, Bauer zu Pappendorf, mit seinem Grenznachbarn, Christoph Dehnen, um ein geringes Wiesenflecklein, und als sie nicht verglichen werden konnten, nahm er es auf sein Gewissen. Darauf hat es ihm der, dem Unrecht geschah, in Gegenwart des Amtsschöffers von Nossen, Matthäus Horn, und hiesiger Ge=richten, mit diesem Glückwunsch cedirt und überreicht: „so nimm's hin und laß Dir's auf der Seele verbrennen." Von selbiger Zeit an ist gedachter Becker von Tage zu Tage schwer=müthiger geworden, endlich am 28. August nächstfolgenden Jahres um Mitternacht aus dem Bette weggelaufen und hat sich ersäuft, maßen man ihn früh Morgens unter dem blauen Steine im Striegnitzthale todt angetroffen, nur ein Schlaf=mützlein und Hemd an sich habend.

368) Die Zaubereiche bei Großbucha.

Iccander, Sächf. Kernchronik XIII. Paquet. CXLV. Conv. S. 13.

Bei Großbucha in der Nähe des Städtchens Lausigk
ftand früher eine uralte Eiche, die einen Umfang von 27 Ellen
hatte. Urfprünglich beftand diefelbe aus zwei Zweigen, von
diefen war einer längft nicht mehr vorhanden, der andere
aber ift zu Anfange des 18. Jahrhunderts durch den Vorwitz
eines Hirten, der darunter Feuer anmachte, umgeftürzt und
aus ihm find 42 Klaftern Holz gemacht, fo wie ein Kahn
für 8 Perfonen gefchnitzt worden. Diefe Eiche hat man die
Zaubereiche genannt, weil man bei ihr zur Zeit des Heiden-
thums Gottesdienft gehalten hat.

369) Die behexten Brode zu Falkenhayn.

Knauth Th. VII. S. 261.

Im Dorfe Falkenhayn bei Mittweida hat fich im Mai
des Jahres 1697 folgendes Wunder zugetragen. Man hat
auf dem Rittergute Brod gebacken und da ift zu drei ver-
fchiedenen Malen von beglaubten Leuten ganz ficher beobachtet
worden, daß die eingefchobenen Brode von felbft fortrückten
oder nach den Winkeln zu wichen oder gar zum Ofen
herausfuhren.

370) Die treue Frau zu Kriebftein.

Fabric. Orig. Misn. f. 689. Moller, Freiberg. Annalen Th. II. S. 72.
Poet. beh. v. Ziehnert. Bd. I. S. 37 sq.

Es hatte das in einer reizenden Gegend des Zfchopau-
thals gelegene Schloß Kriebftein ein reicher Edelmann Dietrich
Bärwald oder von Bernwalde (von 1382—1407) erbaut und
fich darin befeftigt, allein nachmals hat ihn ein anderer
Edelmann aus dem Gefchlechte der Staupitze (von Reichen-
ftein) am Faftnachtstage des Jahres 1415 überfallen und
den Platz widerrechtlich behalten. Darnach hat Markgraf

21*

Friedrich der Streitbare die Freibergischen Bürger aufgeboten und das Schloß umlagert und mit Gewalt zur Uebergabe gezwungen. Da hat des genannten Staupitzens Ehefrau, weil ihr der Fürst vergönnt hatte abzuziehen und mitzunehmen, was ihr am Liebsten sei und sie tragen könne, alle ihr Geschmeide und Schmuck im Stiche gelassen und nichts als ihren Eheherrn aus dem Schlosse getragen, dadurch sie auch den Markgrafen bewegte, daß er demselben ungeachtet des Urtheils, so schon über ihn ergangen, Gnade erwies und das Leben schenkte.

371) Sprichwort von Rochlitz.

Mathesius, Sarepta. Vorrede. Albinus, Meißn. Bergchronika. III. T. S. 23 sq.

Man hat ehedem gesagt, das Schloß zu Rochlitz stehe auf Marmelstein, der Rochlitzer Wald auf lauterem Golde und der Galgen daselbst auf Silber. Dies bezieht sich auf den ehemals zu Rochlitz getriebenen Bergbau (bis 1578 war die Grube zu St. Johannes noch im Gange), indem man nicht blos Silberstollen daselbst getrieben, sondern auch in der Mulde Goldkörner und viele Molche, welche nach der Meinung jener Zeit stets Anzeichen von Goldbergwerken sein sollen — der Galgenberg hieß früher der Goldberg — fand. Daß man noch heute den rothen Rochlitzer Stein dort bricht, ist bekannt.

372) Das Alter der Stadt Rochlitz.

S. G. Heine, Hist. Beschr. d. Stadt u. Grafschaft Rochlitz. Leipzig 1719. 4. S. 6 sq.

In einer alten handschriftlichen Chronik der Stadt Rochlitz, so aus den Zeiten des Papstthums stammt, steht, Rochlitz sei die älteste Stadt an der Mulde, welche schon etliche Jahre vor Christi Geburt gestanden habe. Daselbst stehen auch die alten Reime:

Eine alte Stadt in Osterland
Gelegen, ist Rochlitz genannt.

Die ward gebauet und vollendt,
Da Julius Cäsar ins Regiment
Getreten ist. O getreuer Gott,
Behüt sie stets für Angst und Noth,
Für Feuer, Wasser und für Krieg,
Für theurer Zeit und allem Unglück.

373) Die Mönchstaufe zu Wechselburg.

Heine, Beschreibung von Rochlitz S. 110. Sinnon, Eilenburger Chronik S. 305. Spangenberg, Adelsspiegel S. 104. Poet. beh. v. Ziehnert. Bd. III. S. 73 sq.

Dedo der Feiste Graf zu Rochlitz, kam, als er mit Kaiser Heinrich VI. nach Apulien reisen wollte, auf den Gedanken, sich das überflüssige Fett aus dem Leibe schneiden zu lassen, damit es ihm auf der Reise nicht im Wege wäre. Dies that er, aber mit so unglücklichem Erfolge, daß er etliche Tage darauf (16. August 1199) starb. Er liegt mit seiner Gemahlin, die das Jahr vorher gestorben, im Kloster Zschilla, das aber, seitdem es (1543) Herzog Moritz den Herren von Schönburg abgetreten hatte und also durch einen Wechsel seine Herrschaft änderte, Wechselburg heißt und jener 1174 (1184?) erbaut hat, begraben. Dasselbe soll ursprünglich nur von lauter Edelleuten bewohnt gewesen, hier aber nichts Gutes, sondern eitel Böses geschehen sein. Als einst ihr Probst sich wider ihren Unfug, Geilheit und Muthwillen gesetzt hatte, hauen sie ihm einige Gliedmaßen seines Leibes ab und werfen ihn in die Mulde, da denn solcher Ort noch jetzt die Mönchstauf oder der Mönchstümpel genannt wird, dem Prior aber schlugen sie mit einem eisernen Hammer den Hirnschädel ein. Darauf wurden diese adeligen Canonici ausgestoßen und das Kloster den Deutschen Ordensherren eingeräumt, die es auch bis zur Veränderung der Religion besessen haben.

374) Das wunderbare Bild zu Rochlitz.

Heine a. a. O. S. 60 sq.

In der sogenannten Wochenstube auf dem Saale unter

dem breiten Thurme des Rochlitzer Schlosses nach dem Wasser zu stand sonst ein Bild auf Holz geleimt, auf welchem zwei Verliebte, allem Anschein nach vornehme Personen, die mit einander Ringe wechseln, zu sehen waren. Es soll dieses eine Gräfin von Rochlitz sein, die mit einem Abte aus dem Kloster Zschillen einen Liebeshandel unterhielt, hernach aber denselben in die Mulde stürzen ließ, damit ihre Liebe nicht bekannt werden sollte. Von diesem Bilde wird erzählt, es dürfe nicht von der Stelle verrückt werden, wenn es nicht im Schlosse umgehen oder spuken solle.

375) Jemand wird an einen Ort gebannt.

Heine S. 62 sq.

In den Thürmen des Rochlitzer Schlosses, die man vor Zeiten die Rochlitzer Jupen nannte und von ihnen sagte, daß, wer sie anhabe, der erfriere nicht und werde auch nicht von den Wölfen gefressen, lag im J. 1530 ein Böhmischer Edelmann gefangen. Der kam jedoch mit sonderbarer Behendigkeit an einem Strohseile heraus und ward frei. Da hat ein katholischer Pfaffe seine Zauberei gebraucht, daß er nicht fortkommen konnte, ob er schon eine halbe Meile weg gewesen. Der Pfaffe kehrte nämlich die Bilder in der Kirche um, daß sie den Rücken gegen das Volk zu wendeten. Nun sagte der wiedergefangene Edelmann aus, daß er oft einen weiten Weg gegangen und gemeint, er wäre weiter als eine Meile von der Stadt, allein je weiter er gegangen, desto näher wäre er wieder zum Schlosse gekommen. Doch ward ihm hernach das Leben geschenkt.

376) Die wüste Kirche bei Rochlitz.

Heine a. a. O. S. 145 sq.

Bei dem Dorfe Zschauitz in der Nähe von Rochlitz befinden sich die Ruinen einer alten Kirche, von der man sagt, daß der h. Ludger, ein Schüler des h. Bonifacius, sie erbaut habe. Nach Andern wäre aber die oben (Nr. 352) erwähnte Lehnerts= oder Leonhardskirche zu Seeliz darunter zu verstehen.

---

377) Todtenhand verweßt nicht.

Heine a. a. O. S. 369, nach M. Pabst, Arzney=, Kunst= u. Wunderbuch. S. 405.

In der ersten Hälfte des 16. Jahrhunderts ward zu Rochliz einem böhmischen Edelmann Wenzel von Schwan eine Hand abgehauen, welche man auf dem Gottesacker beim Beinhause begrub. Als man nun nach etlichen Jahren die Kirche zum h. Geist beim Hospital daselbst bauete und des= wegen das alte Gemäuer beim Beinhause einbrach, fand man obgedachte Hand ganz unversehrt in der Erde liegen, daran die Nägel wohl einen Finger lang gewachsen waren.

---

378) Erheuchelte Krankheit wird von Gott bestraft.

Heine a. a. O. S. 369, nach Pabst S. 28.

In der Stadt Rochliz lebte zu Anfange des 16. Jahr= hunderts ein Leinweber, der einst auf einem Dorfe Hopfen gekauft hatte. Damit nun desto mehr von demselben in den Scheffel gehen und er den Bauer betrügen möchte, fiel er plötzlich in den Hopfen, warf sich in demselben eine gute Weile hin und her und stellte sich, als ob er die schwere Krankheit (Epilepsie) habe. Den hat Gott hernach gestraft, daß er vor seinem Ende die Krankheit wirklich bekam und daran sterben mußte.

---

379) Fett aus Todtenbeinen heilt einen Gelähmten.

Heine a. a. O. S. 370. sq., nach Pabst a. a. O. I. S. 339.

Im Jahre 1540 ist zu Rochliz ein Mordbrenner, Namens Peucker, gehängt und sein Leichnam, nachdem er vom Galgen abgenommen war, von den anwesenden fremden Aerzten secirt worden. Nun war dazumal die Frau eines gewissen Bürgers J. Naumann schon etliche Jahre dermaßen an ihren Füßen contract und gelähmt, daß sie nur kümmerlich an Krücken im Hause herumschleichen konnte. Dieselbe hat die Aerzte, welche neben ihrem Hause in der Herberge lagen, gebeten, sie möchten ihr doch etwas verordnen und von ihren Leiden helfen. Diese geben ihr die Schienbeine von dem anatomirten Körper und lassen ihr sagen, sie solle dieselben an den Ofen lehnen und ein sauber Geschirr untersetzen, was daraus herabtriefen werde, das solle sie gebrauchen und sich damit bei der Wärme schmieren. Die Frau thut es, weil ihr aber die Aerzte also sagen lassen, daß sie es gebrauchen und sich damit schmieren solle, so versteht das gute Weib, sie solle das halbe Theil einnehmen und die andere Hälfte auf die erstarrten und contracten Nerven und Spannadern streichen, während doch jene nur vom äußerlichen Gebrauche gesprochen hatten. Sie nimmt also die Hälfte in warmem Biere ein und mit der andern schmiert sie sich bei der Wärme. Wie solches geschehen, hilft ihr Gott, daß sie des folgenden Tages ohne Krücken zu den Herren Aerzten selbst gegangen kömmt und ihnen für die gepflogene Kur herzlich dankt, und ist sie seit dieser Zeit stets gesund geblieben und wie ein anderer Mensch ohne Krücken überall hingegangen.

---

380) Der Zauberer Narr Hanß zu Rochlitz.
Heine a. a. O. S. 379—382.

Im Monat Mai ist ein Landstreicher Namens Johannes Bucher gen Rochlitz gekommen, hat sich für einen erfahrenen Arzt ausgegeben und gesagt, daß er aus dem vornehmen Geschlechte der Bucher zu Leipzig stamme. Er war eines häßlichen und erschrecklichen Angesichts, lispelte und stammelte und hatte kohlschwarz Haar auf dem Haupte, welches auf der linken Seite abgeschoren war, auf der rechten aber bis auf die Schultern herabhing. Nun wohnte neben einem Fleischhauer, den er, weil er vom Schlage gelähmt war, be-

handelte, eine ehrfame fromme Wittwe, so von schöner Ge=
stalt war. Dieselbe hat ihm gar sehr in die Augen gestochen
und hat er auf Mittel und Wege gesonnen, wie er sich ihrer
bemächtigen könne. Er ist also einmal zu ihr gegangen, hat
sich für einen Wahrsager ausgegeben, ihr in die Hände ge=
sehen und ihr traurige, erschreckliche und erbärmliche Zufälle
verkündigt. Dadurch ist die einfältige Frau in große Furcht
und Angst gerathen und hat ihn flehentlich gebeten, er wolle
sie aus dieser Noth erretten und ihr wieder zum Glücke ver=
helfen. Dieß hat er ihr auch zugesagt, wofern sie ihm in Allem
unweigerlich und gehorsam Folge leisten wolle. Als sie nun
solches auf's Heiligste versprochen, hat der höllische Bube der
bezauberten und verblendeten Frau befohlen, daß sie an einem
heimlichen Orte ihre Kleider ablegen und sich von ihm stäuben
lasse. Da sie nun diesem teuflischen Rathe gefolgt, hat er
sie recht henkerisch und unbarmherzig gegeißelt und ihr nach=
her noch Unehrbares zugemuthet, worin das Weib auch ein=
gewilligt. An solcher verübten Bosheit hat er sich noch nicht
begnügen lassen, sondern sie dahin gezwungen, daß sie dem
Herrn Christo absagte, also und dergestalt, daß sie hinfort
nicht mehr an ihn glauben und ihm vertrauen wolle. Dies
ist geschehen an eben dem Tage, an welchem das elende
Weib sich zum h. Abendmahl verfügt und nach Christi Ein=
setzung dasselbe genossen hatte. Da hat der greuliche Böse=
wicht ihr ein Pulver oder etwas dergleichen zu trinken ge=
geben, damit sie die heilsame Seelenspeise wieder von sich
gebe und erbreche. Von dem Tage und der Zeit an aber
hat die arme elende hochbetrübte Wittwe greuliche unsägliche
Marter und Plage sowohl am Leibe als im Herzen und Ge=
müthe gefühlt und schwere Anfechtung und vielfältigen Kampf
ausgestanden, in welchem sie am dritten Tage mit Tode ab=
gegangen und verblichen. Sie hat herzliche Reue und Leid
über solche begangene Sünde gehabt und ritterlich wider des
Satans feurige Pfeile und Anfechtungen mit dem lieben in=
brünstigen Gebet und dem lebendig machenden Trost der
h. Schrift gekämpft und ist beständig bis an's Ende geblieben.

Dieses hat ihr Bruder, sobald sie aus diesem Jammerthale abgeschieden, dem Rochlitzer Superintenbenten, ingleichen dem Rathe entdeckt und offenbart. Der Missethäter ist auf des Richters Befehl gefänglich angenommen, in's Richthaus geführt und fleißig besucht worden. Da hat man bei ihm gefunden einen Stein und etliche zauberische Charactere, welche vom Teufel gemalet und geschrieben waren, und die er am Hals hängen hatte. Dieses alles nebst schriftlichem Berichte ist gen Wittenberg an die Herren Schöppen gelangt, von welchen das Urtheil und Sentenz gefället worden, daß man den Missethäter von Rechtswegen möge auf die Marterbank bringen und ihn peinlich verhören. Da nun der Scharfrichter ihn kaum versucht hatte, so bekennt der Bube Alles und Jedes, insonderheit daß er die Verstorbene gegeisselt und einen Ehebruch mit ihr begangen habe, daß sie Gott abgesagt, ein Bündniß mit dem Satan gemacht und dasselbe mit ihrem eigenen Blute bekräftigt, welcher doch daran sich nicht begnügen lassen, sondern zu mehrerer Versicherung eines beständigen Bundes ein Stück von ihrer Zunge abgeschnitten. Er habe auch mit dem Teufel, der sich in ein Weib vermummt, gebuhlt, welcher geheißen habe Ursa Tatman Lucifer. Aus demselben Buhlen habe er Bescheid und Antwort vom Teufel sich erholt und mit ihm Rede gepflogen, welchen er in einem Krystall in der Gestalt eines schwarzen Mohrenkönigs, so eine gülbene Krone auf dem Haupte getragen, gesehen. Solches und Anderes viel mehr, welches zu berichten all zu weitläufig sein würde, hat er in der Tortur bekannt. Dieses ist nun nochmals an den Schöppenstuhl gelangt, da er dann zum Feuer nach Urtheil und Recht verdammt worden. Als ihm nun das Urtheil vorgehalten und der Gerichtstag angestellt worden, da hat er nichts von dem, was er zuvor bekannt, verleugnet. Da nun aber am folgenden Tage, den 14. Juli des Jahres 1608, die Rochlitzer Geistlichen zu ihm gingen, hat er sich unterstanden, Alles wieder zurückzunehmen und gesagt, er habe die Obrigkeit durch ein falsches und aus Schmerz erzwungenes Bekenntniß betrogen. An solcher Bitte unb Begehren, dies der Obrigkeit kund zu thun und als Zeugen seiner Unschuld aufzutreten, haben diese sich aber wenig gekehrt, sondern ihm eine scharfe Gesetzprebigt gehalten, darauf aber dem Herrn Richter und seinen Beisitzern, was sich begeben, treulich berichten lassen, welche dann durch Androhen, daß sie ihn wieder auf die Folterbank bringen wollten, ihn dahin bewogen haben, daß er zum vierten Male die begangenen und schon vorher gerichtlich ausgesagten Missethaten beständig bekannte. Er ist auch am andern Tage, als ihn die Geistlichen abermals besuchten, dabei geblieben, war wegen seiner Uebelthaten sehr betrübt und bekümmert, entsagte dem Teufel und seinem Buhlen Tatman Lucifer öffentlich und zeigte ein sehnlich Verlangen nach Christo, nahm auch am 18. Juli das h. Abendmahl. Endlich ging er, nachdem er die übrige Zeit seines Lebens mit Gebet und christlichen Gesängen zugebracht, am 20. desselben Monats getrost und freudig zur Gerichtsstatt und ward hier in Gegenwart vieler Zuschauer lebendig verbrannt im 36. Jahre seines Alters und 2ten seiner unseligen Dienstbarkeit.

---

381) Der Currendknabe zu Geithayn.
Poetisch beh. b. Ziehnert, Bd. II. S. 123 sq.

An der Mittagsseite der Kirche zu Geithayn ist ein Knabe in Stein gehauen, den die auf dem Rücken hängende Schalaune (Mantel) als Currendschüler bezeichnet. Zwar ist die Inschrift unter dem Bilde selbst nicht mehr zu lesen, die Sage aber berichtet also über die Bedeutung desselben. Es sind einmal des Abends vier Currendschüler der Stadt Geithayn auf dem Kirchthurm gewesen und haben gesehen, daß da, wo die Viertelglocke hängt, ein Dohlennest zwischen den Balken angelegt war. Die Stelle war gänzlich unzugänglich, doch haben sie am Ende auf ein Mittel gesonnen, sich des Nestes zu bemächtigen. Drei von ihnen haben also ein Bret zum Kirchthurmfenster hinausgehalten und der vierte ist

darauf gestiegen und auf diese Weise an die Balken gekom=
men, um so das Nest, welches aber nur von Außen zugäng=
lich war, auszunehmen. Er ruft ihnen zu, es seien drei
schwarze und ein weißes Junge darin. Diese verlangen nun
für sich das weiße, doch Jener will ihnen nur die drei schwar=
zen geben und das erstere für sich behalten. Sie brohen ihn
herabzuwerfen, wenn er ihnen das weiße nicht hereinreiche,
und als er es nicht thut, lassen sie ihn samt dem Neste,
welches er in der Hand hält, herabfallen. Zum Andenken
an diese schauerliche Begebenheit ist eben jenes steinerne Bild
errichtet worden.

382) Spruch von der Stadt Geithayn.

Die Stadt Geithayn bildet zwei lange Seiten, ist im
Innern ganz frei und hat keine Vorstädte. Daher geht von
ihr der Vers: Geithen hat 2 Seiten, in der Mitte einen
großen Plan, hinten und vorn nichts daran.

383) Der große Topf zu Penig.
Poetisch beh. bei Ziehnert. Bd. II. S. 135 sq.

Die Stadt Penig war früher durch seine Töpferarbeiten
weit und breit berühmt. Einst haben nun die geschicktesten
Meister daselbst in Gemeinschaft einen großen Topf gebrannt,
der 15 Eimer Wein gefaßt haben soll. Dieses neue Welt=
wunder zog nun viele Reisende an, und so kam denn auch
einmal der nachherige Churfürst Friedrich der Weise†) als
junger Prinz dahin, um sich den Topf anzuschauen. Da fiel
es dem Prinzen ein, hineinzusteigen; er ließ eine Leiter bringen
und stieg auf den Boden hinab. Kaum war er unten an=
gelangt, so ließ aber der ihm von seinem Vater beigegebene

---

†) Nach Andern wäre dies Heinrich der Fromme gewesen, der sich
bei den Töpfern aber nicht durch Abgabenfreiheit, sondern durch einen
Schmauß abfand.

Hofjunker, ein Herr von Schönberg, die Leiter herausziehen,
und hoffte nun, der Prinz werde sich auf's Bitten legen, um
herauszukommen. Dieser aber besann sich kurz, schlug mit
der Faust an die Wand des Riesentopfes und spazierte so
wie zu einer Thüre heraus. Um aber die Peniger Töpfer
für den Verlust ihres Kunstwerkes zu entschädigen, erbat er
sich von seinem Vater Abgabefreiheit für sie. Uebrigens form=
ten Letztere nachher bald wieder einen anderen ähnlichen
Riesentopf auf dem davon so genannten Topfanger und er=
richteten ein Häuschen darüber, wo er lange noch zu sehen war.

384) Die Sage von dem Liebchenstein bei Penig.

S. Krieg's Geschichte der Stadt Penig. Penig 1838. 8. S. 3 sq.

Vor alten Zeiten hausten Raubritter auf dem bei Penig
gelegenen Zinnberg†) und Drachfels††) (Drachenfels) und
machten die dasige Gegend sehr unsicher.

Zinnberg soll anfangs U m i z i geheißen haben, schon im
6. Jahrhundert entstanden und der Sitz eines Wendenfürsten
gewesen sein. Im 13. Jahrhundert gehörte dieses Zinnberg
(Zinneburgk) einer Linie der Burggrafen zu Altenburg zu.
Beide Schlösser, Zinnberg und Drachenfels, sollen schon im
14. Jahrhundert von den Burggrafen von Leisnig und dem
Ritter Heimburg von Waldenburg zerstört worden sein. Nach
anderen Angaben, z. B. nach Schumann's sächs. Zeitungs=Lexi=

---

†) Zinnberg liegt am rechten Mulden=Ufer eine halbe Stunde ober=
halb Penig, Thierbach gegenüber. Die Burg war, nach den noch vor=
handenen Ruinen zu urtheilen, nicht sehr bedeutend.

Sie war in den ältesten Zeiten im Besitz der Burggrafen von Alten=
burg, dann im 15. Jahrhundert der Herren von Kauffungen, zuletzt der
Burggrafen von Leisnig, gegenwärtig gehört sie zur Herrschaft Penig.

††) Die Burg Drachfels liegt am rechten Mulden=Ufer, eine halbe
Stunde unterhalb Penig. Von derselben sind nur noch die Wälle und
wenige Ruinen vorhanden. Gegenwärtig ist das ganze Terrain der ehe=
maligen Burg, die ebenfalls nicht bedeutend gewesen sein kann, mit dich=
tem Holze bewachsen.

con, sind jedoch beide Burgen erst im Jahre 1488 verbrannt
worden. Auf Zinnbergs Ruinen sah man noch gegen Anfang des 17. Jahrhunderts einen alten Thurm stehen, von
welchem zur Zeit einiges Gemäuer übrig geblieben ist. Bei
Zerstörung der unter Penig gelegenen Burg Drachenfels
sollen übrigens die Hühner aus derselben über die Mulde
auf den gegenüberliegenden Berg geflogen sein, woher der
Hühnerberg seinen Namen erhalten habe.

Ueber die Raubritter auf Zinnberg und Drachenfels und
über die Veranlassung zur Zerstörung dieser beiden Burgen
geht nun folgende Sage. Zinnberg und Drachenfels waren
im Besitz von zwei Brüdern, welche man gewöhnlich die
Schachtritter nannte, weil, zur Leistung gegenseitigen Bei-
standes, ein unterirdischer Gang beide Burgen verband. Der
eine dieser Brüder, der Ritter auf dem Drachenfels, war mit
Fräulein Elsbeth, der Tochter des Ritters Haimburg †) zu
Walbenburg, verlobt.

Elsbeth erhielt einst heimlich Nachricht, ihr Verlobter
betreibe Räuberei. Um sich selbst zu überzeugen, ob diese
Kunde wahr oder falsch sei, machte sie sich mit Bewilligung
ihres Vaters auf und fuhr, von des Vaters Knappen begleitet, bis an den Felsen, welcher unmittelbar am rechten
Mulbenufer hart hinter Penig am Fuße des Galgenberges
liegt. Hier stieg sie, ihr Gespann stehen lassend, aus dem
Wagen und begab sich auf die Burg. Auf dieser herrschte
eine tiefe grauenvolle Stille. Düstere Ahnungen durchbebten
des Fräuleins Seele: sie schaute sich um, fand Blutspuren
auf dem Vorsaale und an der Caminthüre des Ritters
Siegelring. ††)

Noch mehr Blutspuren nebst einem bluttriefenden Dolche

---

†) Wenn auch dieser Sage vielleicht irgend eine historische Wahrheit zu Grunde liegen sollte, so ist dieser Name sicher eine Erfindung.
Man kennt aus Urkunden die Besitzer von Walbenburg seit dem 11. Jahrhundert. Unter ihnen kommt kein Haimburg vor.

††) Nach einer andern Relation fand Elsbeth einen Finger, an
welchem der Ring ihres Bräutigams steckte.

fand das Fräulein auf dem Zimmer des Ritters, der eben
vorher einen Mord begangen und bei dem Ringen mit seinem
Schlachtopfer seinen Ring verloren hatte. Elsbeth nahm
schaudernd den Siegelring mit dem blutigen Dolche, und
kehrte, ohne bemerkt zu werden, aus der Burg nach ihrem
Gespann und mit diesem wieder nach Waldenburg zurück
Der vorstehend beschriebene Fels, wo ihr Gespann gestanden,
heißt davon aber heute noch der Liebchenstein.†)

Das Fräulein hinterbrachte ihrem Vater die schreckliche
Kunde, worauf Ritter Haimburg mehrere Ritter (worunter
der Ritter Gerold von Rabenstein) nebst dem Schachtritter
zu sich entbieten ließ. Das Mahl war bereitet und die
Pokale kreisten nach Ritterart. Aber über dem festlichen
Mahle wurden dem Schachtritter plötzlich der Siegelring nebst
dem Dolche vorgezeigt; leicht ward er des Mordes über-
wiesen, von den herbeigerufenen Knappen gefesselt und in
Haimburg's Burgverließ geworfen. Letzterer verband sich
dann mit noch mehreren Rittern und brach die beiden Raub-
ritterburgen Zinnberg und Drachenfels. Das Fräulein aber
soll bald darauf ihrem Leben selbst aus Verzweiflung ein
Ende gemacht haben.

---

385) Der brennende Mönch bei Rochsburg.
S. Monatl. Unterr. a. d. Reiche d. Geister. Bd. I. S. 539.

Der Verfasser der Monatlichen Unterredungen aus dem
Reiche der Geister ritt einst nach Rochsburg und zwar so,
daß der an einer Anhöhe gelegene Flecken Bottelsdorf ihm
links liegen blieb. Da erblickte er oben auf der Spitze des

---

†) Der Liebchenstein liegt unmittelbar an der Mulde. Früher war
er ein sehr interessanter Punkt wegen der merkwürdigen Felsbildung. Seit
einigen Jahren ist jedoch an demselben ein Steinbruch angelegt worden
und bereits ein bedeutender Theil des Liebchensteins ist verschwunden. Auch
fanden sich früher bei dem Liebchenstein mehrere von Menschenhänden aus-
gehauene Felshöhlen. Diese sind ebenfalls in neuerer Zeit verschwunden,
da sie bei dem Steinbrechen verschüttet wurden.

besagten Berges ein großes Feuer und es schien ihm, als wäre dasselbe ein brennender Mensch. Obgleich ihm etwas sonderbar zu Muthe ward, ritt er doch getrost seine Straße fort, und als er nach Rochsburg kam, war seine erste Frage, was das auf dem Berge für ein Feuer sein möge, welches er beim Vorbeireiten erblickt habe. Vorerst erhielt er zur Antwort, es sei dieses allen Nachbarn und Einwohnern unter dem Namen des brennenden Mönches bekannt. Weil er nun aber von keinem Kloster in der ganzen Gegend wußte, so bat er um nähere Erklärung und erfuhr, es habe zu der Zeit des Papstthums in dieser Gegend ein Barfüßerkloster gestanden, aus welchem die Mönche öfters ins Feld zu spaziren pflegten. Nun hatte sich aber einst einer der Mönche in eine muntere Bauermagd, die er öfters in der Kirche gesehen hatte, auf eine mehr als geistliche Art verliebt. Da nun dieselbe eines Tages an diesem Orte mit Ausstreuung des Mistes auf dem Acker beschäftigt war, so glaubte der Mönch eine gute Gelegenheit gefunden zu haben, seine Flamme abkühlen zu können. Allein diese Bauernymphe wußte sich bei seinem Liebesantrag so übel zu schicken, daß sie jenem geistlichen Ritter mit ihrer Misthacke nicht nur möglichsten Widerstand leistete, sondern ihn auch ohne Barmherzigkeit zu Boden legte, so daß er statt der verliebten Seufzer Blut, Galle und Leben ausschütten mußte. Sie ging darauf selbst zu dem Vorsteher des Klosters und entdeckte freimüthig, wie es ihr mit dem Mönch ergangen sei, die geistliche Brüderschaft aber war froh, daß sie nur in der Stille ihren geistlichen Mitbruder vom Felde wegbringen konnten, damit ihr Kloster nicht in übeln Ruf käme, man gab der Bauermagd ein Stück Geld, um ihr dadurch Stillschweigen aufzulegen, und der gute Bettelmönch ward insgeheim zur Erde bestattet. Von der Zeit an soll derselbe in besagter feuriger Gestalt sich sehen lassen.

386) Das Zauberpferd bei Bottelsdorf.
S. ebd. Bd. III. S. 417 sq.

Am 6. Febr. 1731 saß der Amtsactuar zu Rochsburg

mit einem Freunde Abends zwischen 7 und 8 Uhr in einer Stube, da erhob sich auf einmal ein furchtbarer Sturmwind und gleichzeitig hörten sie eine Mannsstimme laut und erbärmlich ohne Unterlaß rufen: „um Gottes Willen, helft mir helft mir." Sie eilten schnell herunter in der Meinung, daß Jemandem ein Unglück während des heftigen Schneesturmes zugestoßen sei, suchten in diesem Schnee nach Menschenspuren und wurden dabei von drei herrschaftlichen Jägern, die denselben Ruf gehört hatten, unterstützt. Diese suchten nun weiter die nächste Umgebung ab, wobei ihnen ihr Hund aber keine Gesellschaft leistete, sondern ängstlich zurücklief, der Actuar hörte aber das Rufen noch lange, bis es endlich aufhörte. Halb erfroren kehrten alle in die Stadt zurück und begaben sich in den Gasthof, wo sie noch eilf andere Personen fanden, die dasselbe Rufen gehört hatten und in gleicher Absicht aus ihren Häusern herbeigeeilt waren. Gesprächsweise aber erfuhr der Actuar, daß Einzelne dasselbe Geräusch früher schon oft dort gehört hatten.

Am nächsten Tage ward jedoch auf dem Gerichtsamt angezeigt, daß an demselben Abend ein alter Mann aus Bottelsdorf sich in Rochsburg von einem Bäcker einen Sack voll Bretzeln geholt hatte, um dieselben auf den nahe gelegenen Dörfern herumzutragen und zu verkaufen. Als derselbe an die Stelle kam, wo sonst der brennende Mönch zu erscheinen pflegt, erhob sich plötzlich ein furchtbarer Sturmwind und jener erblickte vor sich eine Anzahl Pferde, auf deren eins er nebst seinem Sack durch eine unsichtbare Gewalt geschwungen ward. Darauf flog besagtes Pferd mit ihm in die Luft und drehte sich in einem Wirbel herum, sodaß er vor Angst nicht wußte, was er mit seinem Bretzelsack anfangen sollte. Er sah schon das gräfliche Schloß und die umliegenden Dorfschaften unter sich liegen, nachdem er aber ganz verzweifelt zu Gott gebetet, er möchte ihm doch in seiner Noth zu Hilfe kommen, ward er, als gerade die Glocke eilf schlug durch eben diese geheimnißvolle Kraft wieder an diejenige Stelle, wo ihn das Pferd aufgenommen hatte, zurück-

verſetzt, und nun gelang es ihm ſeine Behauſung zu erreichen,
er verfiel aber ſofort in eine ſchwere Krankheit.

---

389) Das Räthſel von der Stadt Wurzen.

Chr. Schöttgen, Hiſtorie d. churf. Stadt Wurzen. Leipzig 1717. S. 10 sq.

Man hat von der Stadt Wurzen folgende Verſe, welche
zugleich die Wahrzeichen derſelben angeben:

Rath, wenn Du rathen kannſt, wo iſt doch ſolche Stadt?
Die weder Schmidt, noch Schul, noch Kirch, noch Pfarrer hat,
Da auch ein ſolches Dach iſt auf ein Thor gebracht,
Das weder Gott noch Menſch noch Teuffel hat gemacht?

Dieß bezieht ſich darauf, daß früher in der Stadt Wurzen
ſelbſt zwar 110 Feuerſtellen, aber keine Kirche, keine Schule,
keine Pfarrwohnung, keine Baberſtube, keine Garküche und
kein Schmied exiſtirten, denn ſie waren alle vor den Thoren
derſelben. Daher ſagte man von den Wurznern ſprichwört-
lich: wenn die Leute in die Kirche gehen ſollen, ſo laufen ſie
zum Thore hinaus. Das eigentliche Wahrzeichen der Stadt
war aber das Storchneſt, welches ſich auf dem neben dem
Wenzelsthore befindlichen Thurm befand, war alſo ein Dach,
welches weder Gott noch ein Menſch noch der Teufel gemacht
hatte.

---

390) Das wunderbare Lutherbild zu Wurzen.

Schöttgen, S. 261.

In der Domkirche zu Wurzen befindet ſich ein Bild Dr.
M. Luthers, von dem folgende Geſchichte erzählt wird. Es
kam im 30jährigen Kriege einmal ein kaiſerlicher Soldat in
dieſe Kirche und ward dieſes Bildes anſichtig. Er ſtieg alſo
ſogleich auf die Weiberſtühle, zog ſeinen Degen heraus und
wollte damit Luthern die Augen auskratzen. Weil nun aber
ohnedem auf dieſe Stühle nicht gut zu treten war, ſo fügte
es Gott wunderlich, daß er hinunterfiel und den Hals brach.

Das Wahrzeichen ist jedoch noch heutigen Tages zu sehen, indem die Augen mit der Degenspitze ziemlich zerkratzt sind.

---

391) Der Tod bei Wurzen.
Schöttgen, S. 679.

Im Monat Februar des Jahres 1707 hat ein schwedischer Soldat, Andreas Stahl, seines Fähnrichs Pferde ein wenig bei dem Gerichte herumgeritten, damit sie nicht stätig werden sollten. Als er nun wieder nach der Stadt zu reitet, kommt ein langer Mann zu ihm, welcher gar kauderwelsch aussah und eine große Sense in der Hand hatte. Der Soldat fragte ihn, wo er hin wolle? Er antwortet: nach Wurzen. Der Soldat fragt weiter, was er da thun wolle? Hierauf giebt dieser zur Antwort, er wäre der Tod und hätte gleich jetzund vor 100 Jahren in Wurzen ziemlich reine Arbeit gemacht, dieses Jahr werde er es ebenso machen, der Soldat solle es nur den Leuten hinterbringen, damit sie sich zum Tode bereiten möchten. Mit diesen Reden kommen sie an die äußern Scheunen, wo dann der Soldat in die Stadt reitet, der Tod aber von ihm Abschied nimmt. Als dieses der Soldat seinem Wirthe, Meister Jacob Plützen, einem Hutmacher, erzählt, hat es dieser den 3. März auf dem Rathhause gemeldet. Der Soldat hat, was er gesehen, bei seinem Major gleichfalls ausgesagt und ist erbötig gewesen, es mit einem Eide zu bekräftigen. Indeß ist das Jahr 1707 vergangen und der Tod mit seiner Sense nicht nach Wurzen gekommen.

---

392) Der Heuschreckenkönig zu Wurzen.
Vulpius, Merseb. Chronik c. 19. S. 199. 200. Vogel, Leipziger Ann. S. 151.

Im Jahre 1542 im Herbste sind viele Heuschrecken aus Litthauen, Reußen und Polen nach Meißen gekommen, welche wie große Mühlräder in der Luft flogen und den Sonnen-

schein verhinderten. Am Tage Aegidii sind sie auch nach
Wurzen gekommen, wo sie kniehoch gelegen. Hier ist aber
ihr König in Größe eines Sperlings an Gestalt, Füßen und
Klauen ganz schrecklich anzusehen, gefangen, abgemalt und in
Leipzig aufgehoben worden.

---

393) Der gespenstige Leichenzug zu Wurzen.
Schöttgen, S. 678 sq.

Die Nacht vor dem Johannistage des Jahres 1706 hat
Meister Christian Lose in seinem Hause auf dem Kroftigal
(so hieß nach dem Namen einer adeligen Familie seit 1340
die lange Gasse, welche hinter der Wenzelskirche anfängt und
bis zur Mulde geht) zum Fenster hinaus gesehen, und es ist
ihm vorgekommen, als wenn eine Leichenprocession den Kroftigal herauf käme und um die Ecke nach der Stadt zu ginge.
Solches hat er gleich darauf dem Thürknecht Balthasar Münch
auf dem Kirchwege gesagt, der ihn sogleich erinnert, ob er
nicht etwa den Tag zuvor zu Biere gewesen und also durch
die Hülsen gesehen, allein er ist beständig bei seiner Rede
geblieben, daß er gewiß etwas gesehen. Man hat auch auf
der Fähre nachgefragt, ob nicht etwa eine vornehme Leiche
durchpassirt sei, Niemand hat aber etwas daselbst davon
wissen wollen. Allein im Monat August kam eine schwere
Ruhr nach Wurzen, welche innerhalb 6 Wochen 70—80 Personen von jedem Alter wegraffte.

---

394) Die Zaubermartha zu Wurzen.
Schöttgen, S. 689. B. Weber, Aus vier Jahrhunderten. Bd. I. S. 379.

Im Jahre 1615 ist zu Wurzen eine Zauberin gewesen,
die lange Martha genannt, welche bekannt hat, daß sie etliche
Kinder umgebracht, die Leute angehaucht und verderbt, auch
mit dem Teufel 7 Jahre lang zu thun gehabt. Sie hat auch
Christum verlacht, und ihrer Uebelthaten wegen verbrannt

werden sollen. Allein eines Tages hat man sie in dem Ge=
fängniß vor dem Eilenburgischen Thore todt gefunden und
hat man vorgegeben, sie sei vom Teufel umgebracht worden.
Ihre Gehilfin, Anna Zschauin ward am 18. Juli 1615 tor=
quirt und dann aus dem Lande gejagt.

395) Die drei goldnen Brödchen zu Pomsen.†)

Mündlich. Frei beh. im Freimüthigen 1814. S. 209.

Zwei Stunden von Grimma an der von hier nach Leip=
zig führenden Straße liegt das alte Schloß Pomsen. Dasselbe
gehörte wie mehrere in der Nähe liegende Dörfer vor Alters
der adeligen Familie von Ponickau. Einst war das Haupt
dieses Geschlechtes mit seinem Herrn, dem Markgrafen von
Meißen in den Türkenkrieg gezogen und hatte seine treue
Hausfrau Sarah schwangern Leibes zurückgelassen. Nach
einiger Zeit kam sie mit einem Söhnlein nieder, und als sie
nun eines Morgens kurz nach Sonnenaufgang mit demselben
in ihrem Schlafgemach in dem großen Ehebette lag und Nie=
manden bei sich hatte — denn Dienerschaft besaß sie nur
wenig, weil ihr Gemahl abwesend und sie selbst nicht eben
reich war — da sieht sie auf einmal, wie sich die schwere
Thür von selbst geräuschlos öffnet und zu derselben in langen

---

†) Ziehnert Bd. III. S. 247. setzt jedoch diese Sage fälschlich in das
ebenfalls bei Grimma gelegene Dorf Otterwisch.
    Moser bei Pönicke, Album d. Ritterg. Sachsens. H. XI. S. 30 er=
zählt nach der im Kirchenbuche zu Pomsen durch M. Steinhäußer nieder=
gelegten Erzählung dieser Begebenheit, jene Erscheinung der Zwerghochzeit
habe im J. 1685 Statt gefunden, während Johann Christoph II. von
Ponickau Besitzer des Schlosses gewesen sei; die Geschenke hätten aus zwei
Brödchen und einem Goldreif bestanden, und seien zusammen in den
Schloßthurm eingemauert worden, dort aber im J. 1726 mit diesem durch
einen Blitzstrahl in Flammen aufgegangen und seitdem sei der Wohlstand
der Familie so zurückgegangen, daß diese 1782 das Rittergut, nachdem es
fast 250 Jahre lang in ihrem Besitz geblieben, hätte veräußern müssen.
Lyser, Abendl. 1001 Nacht Bd. I. S. 56 sq. versetzt die Sage fälsch=
lich nach Schwaben und erzählt sie von einem Ritter von Bomsen.

Reihen ein Zwergvolk hereinkommt. Die kleinen Leute sind prächtig gekleidet und haben offenbar einen Hochzeitszug vor. An der Spitze der Paare zieht ein Musikchor, dessen Mitglieder wie die ganze Gesellschaft kaum zwei Spannen hoch sind, dann folgen Bräutigam und Braut und deren Eltern und so fort die Hochzeitsgäste immer in bunter Reihe. Sie schreiten bis zu dem ungeheuren Ofen, der den dritten Theil des Zimmers einnimmt, und begeben sich in den Raum, der zwischen den sechs Füßen desselben gewissermaßen eine Art Halle bildet. Hier stellen sie sich paarweise auf und tanzen nach den lieblichen, obgleich leise tönenden Weisen der kleinen Musiker Tänze, deren Reigen und Touren irdischen Augen bisher unbekannt geblieben waren. Nachdem sie nun endlich genug der Freude gehuldigt, schicken sie sich zum Abzug an und verlassen diese sonderbare Tanzhalle wieder ganz auf dieselbe Weise. Wie sie nun an dem hohen Himmelbette der ganz in tiefes Erstaunen versenkten Schloßherrin vorüberziehen, da bleibt auf einmal der kleine Bräutigam stehen, verbeugt sich tief und sagt ihr, er danke ihr im Namen seiner Brüder für die Heimath und den ruhigen Aufenthalt, den sein Volk bisher auf ihrem Schlosse genossen habe, sie hätten, weil es ihnen unter der Erde zu finster gewesen, einmal bei lichtem Sonnenschein ihr Vermählungsfest feiern wollen und zum Danke für die genossene Gastfreundschaft wolle er ihr hiermit drei goldene Brodchen überreicht haben. Diese solle sie wohl aufheben, denn so lange wie diese Brodchen noch im Besitze ihrer Familie†) sein würden, werde dieselbe grünen und blühen und immer an Reichthum und Glück zunehmen. Damit zog die Zwerghochzeit ab. Die Schloßherrin verfiel vor Schreck in einen tiefen Schlaf, als sie aber erwachte, da lagen die Brodchen auf der Bettdecke und sie sah, daß sie

---

†) Nach einer andern Version der Sage hätte der Zwergkönig je eines dieser Brode für ihre drei Söhne bestimmt und gesagt, dieselben würden drei Schlösser erwerben. So wäre also blos ein Brod nach Pomsen gekommen. Eins dieser Schlösser soll vom Feuer, das andere vom Wasser zerstört worden sein, das dritte aber noch bei der Familie sein.

nicht geträumt hatte. Nicht lange hernach kam ihr Eheherr mit Beute reich belaben aus dem Kriege zurück, und Beide ließen nun, damit die Brode nie verloren gehen sollten, dieselben in den einen Thurm des Schlosses Pomsen einmauern. Hier blieben sie auch bis zum 30jährigen Kriege, da kamen einmal die Feinde in's Dorf und plünderten und brannten das Schloß an, der Thurm stürzte zusammen und die Brodchen waren verschwunden, und seit dieser Zeit schien das Glück die Familie Ponickau verlassen zu haben, denn sie verlor ein Gut nach dem andern, und zuletzt auch Schloß Pomsen.

396) Der Nixenstein bei Waldenburg.
Mündlich von Herrn Dr. Krause.

Wenn man von Waldenburg (Altstadt) aus über den sogenannten Anger nach der Mulde zu geht, so erblickt man am Ufer dieses Flusses einen großen Steinkegel, der heißt der Nixenstein. Das kommt daher, weil, wie man sagt, unter diesem Steine eine Nixenfamilie wohnt. Dieselbe läßt sich auch den Umwohnern hin und wieder sehen, aber immer nur ein Glied derselben auf einmal. Die Einwohner von Waldenburg wollen sie daran erkennen, daß die zu derselben gehörigen Frauenspersonen, welche, wie gesagt, stets einzeln den Wochenmarkt in der Stadt besuchen, einen nassen Saum an ihrem Kleide haben. Geht man einer solchen Frauensperson bei ihrer Rückkehr aus der Stadt nach, so sieht man sie stets an dem gedachten Stein in der Erde verschwinden oder sich ins Wasser stürzen.

397) Die Sagen vom Schlosse Mutzschen bei Grimma.
J. Praetorius, der abentheuerliche Glücks=Topf. o. O. 1669. 8. S. 63 sq.

Im Jahre 1659 hat auf dem zwischen Grimma und Hubertusburg gelegenen Schlosse Mutzschen eine Köchin, Namens Magdalena gedient. Zu der ist das Schloßgespenst gekommen und hat sie geplagt, sie solle mit ihm in den Keller gehen und drei Ellen tief graben, da werde sie einen großen

Schatz heben, der ihr beschert sei und niemand Anderem, davon
solle sie die eine Hälfte den Armen geben, die andere aber
behalten. Ob ihr nun gleich Viele zugeredet haben, dem
Gebote Folge zu leisten, haben ihr doch die Geistlichen ab=
gerathen, zumal weil der Betrüger niemals hat antworten
wollen, wenn sie zu ihm gesagt haben: „alle guten Geister
loben Gott den Herrn," sondern allezeit stillgeschwiegen hat.
Auch hat er keine gewürgten Tauben annehmen wollen, denn
man hat hier den Aberglauben, daß man einer Taube den
Kopf abreißen und an den Ort der Erscheinung hinwerfen
solle. Es hatte nämlich das Gespenst immer dazu gesagt, es
wäre der Schatz mit unschuldig vergossenem Blute dahin ge=
legt worden, müsse also auch auf diese Weise wieder gehoben
werden. Darum haben die Priester gemeint, der böse Feind
wolle der dorthin gelockten Magd ohne Zweifel den Hals
umdrehen. Sie hat es also abgeschlagen, gleichwohl aber vor
dem Gespenste keine Ruhe gehabt.

Einst kam das Gespenst wieder zu ihr in die Küche, hatte
einen weißen Trauerschleier um und fing mit ihr an zu
sprechen; während es nun ein Bein über das andere ge=
schlagen hatte, da sah die Magd, daß ihm ein Pferdefuß
unter dem Kittel herausscheine, worauf es verschwand. Man
glaubte aber, hier habe vor Zeiten ein Edelmann seine
Schwester mit einem Bund Schlüssel todt geworfen. Dieses
war das Gespenst; es kam bei Tag und Nacht, Niemand war
vor ihm sicher, warf mit Steinen, schien zu zielen, traf aber
Niemand. Zuweilen lief es aus einer Stube in die andere,
rasselte mit Ketten, nahm auch zuweilen in dem obern Ge=
stock den Verwaltern das Essen vom Tische und ging damit
zur Thüre hinaus, wenn aber die hungrigen Leute es baten,
ihnen ihre Speisen wiederzugeben, brachte es das Essen wieder
unversehrt herein. Gesehen ward es zwar von Niemandem
als der Magd, allein gleichwohl wollte zuletzt Niemand mehr
im Schlosse bleiben. Endlich kam ein Beschwörer, der es auf
acht Jahre wegbannte, auf länger aber gelang es ihm nicht.
Einstmals ging ein Pfarrer mit Andern hinauf um es zu

fehen, da fahe er, wie sich das Gespenst über ein ganzes Dach ausbreitete. Darüber fiel er in Ohnmacht, und wäre ihm nicht Jemand zu Hilfe gekommen, so hätte er wohl seinen Geist aufgeben müssen.

Einst kam ein witziger Pfarrer in das Städtchen Mutzschen und fragte, ob es denn wahr sei, daß es auf dem Schlosse so umgehe, wie man sage. „Freilich,“ ward ihm geantwortet, „gehet selbst hinauf, wenn Ihr es nicht glauben wollt.“ Er geht also allein hinauf und lockt das Gespenst mit Aeußerungen, als: „bist Du denn da? komm her, laß Dich sehen!“ 2c. Allein das Gespenst erschien nicht, sein Muthwille blieb unvergolten und er ging also wieder hinab und sagte, er sehe wohl, daß Alles Lüge sei, was man ihm so oft schon zu Ohren gebracht, er könne gar nichts erblicken. Da antwortet man ihm: „die Sache ist leider nur allzu gewiß, habt Ihr ein muthig Herz, so verziehet nur ein wenig, es ist bald halb Eilf; demnach gehet noch einmal hin, Ihr werdet schon zur Genüge von dem Geiste bekommen!“ Der Pfarrherr wagt's auch, ruft abermals wie zuvor, und wie er nochmals meint, er sei umsonst gegangen, da sieht er von ungefähr vor sich hinauf und wird gewahr, daß über den Balken ein ungeheurer Geist†) mit einem häßlichen Elephantenrüssel liegt und auf ihn los zielt. Darüber ist er so erschrocken, daß er die Treppe herabstürzte und für tobt aufgehoben ward.

Der adelige Besitzer des Schlosses besaß nun aber neben

---

†) Nach der Volkssage wäre dieser der Geist jenes frühern Besitzers, eines Generals, den August der Starke wegen Unterschleifen hinrichten ließ und der, ehe er nach Dresden ging um sich seinem Richter zu stellen, erst seine großen Schätze mit einem Maurer, den er aber nach vollbrachter Arbeit selbst ermordete, irgendwo vermauert haben soll. Dieses Gespenst hat sich übrigens noch bis in dieses Jahrhundert sehen lassen. Die Familie Lüttichau, der das Schloß gehörte, zog deshalb sonst auch nur wenige Wochen im Jahre hin und die Gattin eines der letzten Besitzer, bie kurz vor ihrem Ende daselbst einige Wochen wohnte, hat es durch Rufen und Thürwerfen so geängstigt, daß sie bald darauf starb. Auch die in der Dienerstube sitzende Kammerfrau ward mehrmals bei ihrem Namen zu ihrem Herrn gerufen, wie sie mir selbst erzählte, ohne daß Letzterer es gethan hatte.

dem Schlosse noch eine andere Wohnung. Da träumt ihm eines Nachts, als habe er einen Schatz in derselben Stube. Er läßt also einen Ruthengänger mit einer Wünschelruthe kommen. Diese schlägt nun an einem gewissen Orte ein, und hier läßt man durch die Mauer in einen Pfeiler, der hohl war, einbrechen. In diesen begab sich der Schatzgräber und nahm seine Arbeit vor. Er sprach aber kein Wort, sondern schrieb darin bei Licht immer einen Zettel nach dem andern und langte ihn heraus, wenn er ein Werkzeug, als Hacke zc. von Nöthen hatte. Man glaubte nun, er möge jetzt wohl tief genug gekommen sein, aber gefunden hat sich nichts. Unter der ausgeschöpften Erde befanden sich aber viele Menschen= gebeine, welche, wenn man sie anrührte, zerfielen. Man sah auch Kleidungsstücke darunter, an denen noch Gold war, so man sie aber antastete, zerfielen sie wie Mehlstaub.

Uebrigens erzählt man, daß das ganze Schloß auf lauter Diamanten stehe, eben so wie der andere Sitz des damaligen abligen Besitzers (Mitte des 17. Jahrhunderts). Man hat auch nicht eher aufgehört, darnach zu graben, bis einmal die ganze Mauer sammt mehreren Pferden in den Graben herab= stürzte. Diese Diamanten sind theils weiß, theils bräunlich und besser als die böhmischen, haben 6 Ecken und stecken in Feldsteinen, die inwendig hohl sind. Sonst soll aus dem Berge jährlich gegen die Osterzeit ganz weißer Thon heraus= fließen, aus dem die Kinder sich Scheibkeilchen machten, und hat man im Volke angenommen, daß dieser die Materie zu den Demanten ist.

398) Das Marienbild zu Eicha bei Naunhof.

Pfeiffer, Orig. Lips. p. 387. Poet. beh. b. Ziehnert. Bd. II. S. 38 sq.

Am linken Ufer der Parthe, drei Stunden nordwestlich von der Stadt Grimma und zwei Meilen von Leipzig liegt in der Nähe von Naunhof das Vorwerk Eicha. Dieses soll seinen Namen von einem hohlen Eichbaum haben, der zur Zeit der Sorbenwenden hier stand und unter welchem diese ihre Abgötterei trieben. Nachher ward der Ort angebaut und hier Messe gelesen. Denn im Jahre 1454 hat ein Fuhrmann, der bei bösem und grundlosem Wege mit seinem beladenen Wagen†) unweit dieses Orts halten blieb, in seiner größten Angst und bei scheinbar unmöglicher Hilfe an dieser Eiche eine Tafel mit einem Marienbilde erblickt, ist vor dasselbe niedergeknieet und hat gesehen, daß die Pferde den Wagen indessen fortzogen. Er hat darauf die Sage in Leipzig erzählt, man hat dann oft dahin gewallfahrt und von den gebrachten Opfern eine schöne Kirche der Jungfrau Maria zu Ehren gebaut.

399) Die Sage von der Schlacht bei Lucka.

Rivander, Thüring. Chronik f. 30. (f. 380.)

Als Markgraf Friedrich der Freudige vor der Schlacht bei Lucka im heutigen Altenburgischen sich von seinem Leib=diener den Harnisch anschnallen ließ, da soll er zu demselben gesagt haben: Binde heut auf drey Land oder keines. Ein alter Volksdichter hat dieß in folgende Reime gebracht:

Heute binde ich auf Meissen
Düringen und Pleissen
Und alles was meiner Eltern je gewart
Gott helfe mir auf dieser Farth
Alß wir für Gott recht haben
Also reit ich wieder die Schwaben
Und will sie übern Hauffen schlagn
Und aus dem Lande Meissen jagn.

Von dieser Niederlage der Schwaben kommt das bekannte Sprichwort: es gehet Dir wie den Schwaben vor Lucka.

---

†) Nach einer andern Sage hätte der Fuhrmann unterwegs einen Fremden mit einem schweren Packt aufgenommen, als er dort hin kam, konnte er auf einmal nicht weiter. Er betete also zu dem dort an einer Eiche befestigten Bilde der J. Maria um Hilfe, da aber gleichwohl die Pferde nicht anzogen, so argwöhnte er, auf seinem Wagen befinde sich ein geraubtes Kirchengut. Er öffnete also sogleich das Packt des Fremden und fand darin eine aus einer Kirche von diesem gestohlene silberne Mon=stranz. Zur Erinnerung an dieses Wunder soll man dann zu diesem Bilde hier gewallfahrt haben.

400) Der Ursprung von Leipzig und seinen Linden.

Peccenstein, Theatr. Sax. Th. III. S. 78 sq.

Die Stadt Leipzig soll nach Einigen ihren Namen daher haben, daß ein gewisser Lybonothes, ein Kriegsfürst jenes Arminius, der den Varus schlug, hier sein stetiges Hoflager gehalten und im Schlosse Albenburg, nahe dem Ranstädtischen Thore gelegen, da wo die Pleiße und Parthe zusammen= kommen, residirt habe: nach diesem habe es erst den Namen Libonitz, aus dem dann durch Zusammenziehung Lyptz ward, geführt. Weil aber dieses Wörtchen in wendischer †) Sprache einen Lindenbusch bedeutet, so haben Andere, wie der Pir= naische Mönch und Erasmus Stella berichtet, daß an dem Orte, wo jetzt die Stadt liege, ursprünglich ein Dorf gewesen und hier unter einem schönen Lindenbaum mit weit ausge= breiteten Aesten ein Abgott der Sorben=Wenden Namens Flyns gestanden habe, so von schrecklicher Gestalt war, näm= lich ein todter Körper mit einem langen Mantel behangen, in seiner Hand einen Stab mit einem brennenden Blas= feuer, auf der linken Schulter einen aufgerichteten Löwen haltend und auf einem hohen Steine stehend, der sei hoch= geehrt worden, da sie meinten, der Löwe solle sie von den Todten aufertwecken. Solchen Abgott hat der h. Bonifacius im J. 728, als er unter den Sorben das Christenthum ge= predigt, abgeschafft und mit Hilfe frommer Herzen ein Klöster= lein und einen Convent von wenigen frommen Männern, die er von Mainz kommen lassen und in seiner Abwesenheit das Volk im christlichen Glauben erhalten sollten, errichtet. Dieses Kloster, so neben Rochlitz in diesem Lande das erste gewesen, war dem h. Jacobus geweiht, und erzählt Stella, daß es an dem Zusammenfluß der Pleiße und Parthe gestanden habe und zu seiner Zeit noch einige Mauern davon zu sehen ge=

---

†) Lipa = Linde. Obermüller, Celt. Wtbch. Bd. II. S. 232. leitet es von liub, Winkel, und tigh, Dach, ab; also = Ort im Flußwinkel.

wesen. Ob nun wohl die Heiden, nachdem der h. Bonifacius und seine Jünger Ludgerus, Rupertus und Gallus den Rücken gewendet, Alles wieder zerstört haben, ist der Ort gleichwohl von Tage zu Tage gewachsen und von Markgraf Conrad mit Mauern umgeben worden. Seitdem ist der Brauch aufgekommen, daß, wo Kirchen aufgerichtet wurden, man auch gemeiniglich eine oder zwei Linden daneben pflanzte und aufzog, wie auf allen alten Kirchhöfen zn sehen und man selbigen Baum fast für heilig und es für eine Sünde hielt, wenn man solchen im Geringsten beschädigte. Von solchen, Pflanzungen ist auch das Dorf Lindenau bei Leipzig entstanden. Ueberhaupt war die Linde das Zeichen der Freien und Edlen, die Eiche aber das der Knechte.

---

401) Die Wahrzeichen von Leipzig.

J. Praetorius, gazophVLaCJ gaVDJVM. Leipzig 1667. in 8°. S. 153 sq.

Die alten Wahrzeichen der Stadt Leipzig waren ehemals die zwei vor und über dem Gewölbe der Communitätsküche im Paulinum gemalten Bratwürste (oder Hechte), das große eingemauerte Hufeisen an der Nicolaikirche unten an der Erde in einem kleinen viereckig ausgemauerten vergittertem Löchlein, der Esel mit dem Sack an der Wasserkunst beim Ranstädter Thore, dann der Umstand, daß man von dem Paulinum oder dem Thorwege des Gewandgäßchens die Thürme der Nicolai- und Thomaskirche zugleich erblickte, während man anderswo in der Stadt, man mochte sein wo man wollte, immer nur einen derselben sehen konnte, so wie das den leichtsinnigen Bankerottirern oder den dort nach dem Hochgericht hinausgeführten armen Sündern (hier hielt nämlich der Zug gewöhnlich an, um den aus dem Paulino tretenden Dominikaner, der den Delinquenten zu begleiten hatte, zu erwarten) zum Spott errichtete steinerne Bild am Grimmaischen Thore in der Pauliner Wand unter dem Leiterhäuslein (wo jetzt das dritte Haus von Felsche's Caffeehaus her steht), das sogenannte Poenitere oder Pöntermännel. Es war dieses ein steinernes Männchen, in einen Trauersack gehüllt und sich in den Kopf kratzend, als bereue es etwas oder als sei ihm etwas mißglückt. †) Am 8. Juni 1637 ward jedoch das Leiterhäuschen abgebrochen und das Bild weggetragen, man weiß jetzt nicht mehr wohin (abgeb. b. Vogel, Chronik v. Leipzig S. 122).

402) Der Blechschmidt'sche Leichenstein.

Als eins der Leipziger Wahrzeichen ††) betrachtet man seit dem vorigen Jahrhundert den leider von der Witterung sehr beschädigten, jetzt an der Südseite der Johanniskirche aufgestellten Leichenstein des Kaufmanns Felix Abam Blechschmidt, den ihm sein Bruder und Socius Christoph Blechschmidt setzen ließ. Derselbe trägt die wunderliche, jetzt freilich kaum noch zu entziffernde Inschrift:

„Capital. Conto. Für des Christus unschätzbares Löse-
„geld und Ranzion Conto 100,000. Gewinn und Verlust.
„An glückseeligen Sterbe-Gewinn wohlgestorben ist der beste
„Gewinn. 100,000. Anno 1667 den 7. April in Scheiben-
„berg. Auf J. A. Blechmidt's bestimmten Sterbetag Anno
„1700 den 21. October gelobe ich, dass Jesus Christus
„Selbst bürge zu bezahlen diesen meinen Solawechsel-
„Brief an denselben, den Werth hab' ich selbsten verdient,

---

†) Nach Schäfer's Wahrz. Bd. I. Seite 14 fl. ist es aber das Bild einer zum Tode des Säckens verurtheilten Person, der die Hände über's Kreuz zusammengebunden sind, während der untere Theil des Körpers von einem Sacke fest umschlossen ist.

††) Jedenfalls ist dieser Leichenstein harmloser als eine Steinplatte welche unmittelbar an der Schwelle der Eintrittsthüre in die Johanniskirche querüber in den Fußboden eingefügt ist. Von dieser erzählte sich sonst das Volk, sie decke die Asche eines frühern (Anfang dieses Jhrts.) Leipziger Kaufmanns, Namens W., der zur ewigen Strafe dafür, daß er mit einer Kuh unnatürliche Unzucht getrieben, sich nach seinem Tode dort habe müssen begraben lassen, auf daß Jedermann, der in die Kirche gehe, ihn mit Füßen trete.

„bin mit seinem Glauben und Leben vergnüget, schenke ihm
„dagegen die ewige Seligkeit aus Gnaden. Jesus Christus.“

---

403) Die Wettermacher zu Leipzig.

Misander, Deliciae Historicae. S. 75 sq.

Einst haben zwei vornehme Männer sich in Gegenwart
M. J. Rübingers über das, was sie in ihrer Jugend be-
gangen, mit einander unterhalten und Folgendes erzählt.
Als sie zu Leipzig studiret, haben sie ihrem Famulus sein
Schwarzkünstlerbuch genommen und beim Spazierengehen
mitgenommen und darin eine mit gewissen Worten und
Characteren und sonderbaren Werken und Verrichtungen be-
schriebene Kunst, Wetter und Donner zu machen gefunden.
Nun haben sie auf freiem Felde gesehen, daß kein einziges
Wölkchen am Himmel gewesen, und so hat einer von der
Gesellschaft angefangen, ob sie nicht ein Kunststück aus ihres
Famuli Buche versuchen wollten. Einige haben ja, Andere
nein gesagt, da aber die meisten Stimmen gegolten, und diese
dafür gewesen, die Kunst zu probiren, hat Jeder etwas dabei
thun müssen. Der Eine hat den Kreis machen, ein Anderer
ein Grüblein graben, der Dritte Wasser holen und hinein
gießen, der Vierte die hineingemengte Materie umrühren,
der fünfte die Charactere malen, der Letzte aber die im Buche
vorgeschriebenen Worte im Kreise vorlesen müssen. Darauf
hat es sich aber zugetragen, daß, so hell der Himmel zuvor
gewesen war, so dunkel er jetzt ward, und jemehr sie fort-
fuhren das vorgeschriebene Werk zu verrichten, desto schwerer
hat sich das Gewitter gezeiget. Darauf sind sie auf die Kniee
gefallen und haben mit aufgehobenen Händen zu Gott gebetet,
daß er ihnen solches, was sie aus Fürwitz gethan, um des
Teufels Macht zu probiren, um Christi Willen vergeben möge,
sie wollten auch Zeit ihres Lebens es nimmermehr wieder-
thun und Alle davon abmahnen. Darauf ist allgemach das
Gewitter wieder vergangen und der Himmel schön und hell
geworden, sie haben aber das Buch in die nahe fließende

Pleiße geworfen, so zwar, daß sie es vorher aufgeblättert und aufgesperrt und Steine an die Ecken gebunden, daß es besto eher im Wasser verderbt würde.

---

404) Die Eule in Leipzig.

S. Schäfer Wahrz. Bd. I. S. 28. Ziehnert Bd. III. S. 239 fgg.

Im Hofe eines Hauses auf der Peterstraße zu Leipzig ist in einer kleinen Nische eine steinerne Eule zu sehen, welche das Andenken an eine traurige, dort vorgefallene Begebenheit erhalten soll.

Einst war in jenem Hause ein Pförtner oder Hausmann, der so verschlafen war, daß er fast niemals aufmachte, es mochte noch so stark an die Thür gepocht werden, was zur Folge hatte, daß die Inwohner des Hauses, wenn sie zu spät nach Hause kamen, nicht hereinkonnten und also bei allem Unwetter außen stehen bleiben mußten. Darüber beschwerten sie sich so lange bei dem Hausbesitzer, bis dieser den Pförtner aus dem Dienste zu entlassen drohte. Darüber war nun dieser sehr betrübt und sann hin und her, wie er sich sein Brod erhalten wollte. Da trat auf einmal der Teufel in menschlicher Gestalt und nicht furchtbar, wie gewöhnlich, zu ihm und bot ihm an, wenn er mit ihm einen Vertrag über seine Seele machen wolle, daß er ihn nach 10 Jahren holen könne, wolle er in der Nacht unter der Gestalt einer Eule für ihn wachen und ihn wecken, so Jemand hereinwolle. Zwar wollte jener anfangs nicht darauf eingehen, allein die Liebe zu einem ruhigen und sorgenfreien Leben veranlaßte ihn endlich doch den Vertrag mit seinem Blute zu unterzeichnen. So trat denn der Teufel als Eule seinen Dienst an, und seit dieser Zeit hatte sich Niemand mehr über das Verschlafensein des Hausmanns zu beschweren. Als aber die 10 Jahre um waren, fand man ihn früh todt in seinem Bette; der Teufel hatte ihm den Hals umgedreht.

405) Das Kind auf dem Apfel in Leipzig.

Ziehnert Bd. III. S. 244.

Am rechten Eckhause des Hallischen Pförtchens und Brühls über dem zweiten Eingang im Gäßchen sieht man ein nacktes Kind auf einem Apfel stehend in Stein gehauen, zum Andenken, daß einst ein Kind, welches für sein Alter mit weit vorgerückten Geistesgaben ausgezeichnet war, auf dieser Gasse auf einen Apfel trat und sich zum allgemeinen Bedauern zu Tode fiel. Schäfer, Wahrzeichen, Bd. I. S. 28 hält dieses Bild aber einfach für das Aushängeschild eines vormaligen Bier- oder Kaffeehauses. Ein zweites Wahrzeichen desselben Hauses ist ein Mohr auf einem der Giebel (s. Schäfer Bd. I. S. 230.)

406) Der Bettelborn zu Leipzig.

Ziehnert Bd. III. S. 249.

Der Brunnen vor dem Grimmaischen Thore zu Leipzig nahe bei der Johannisgasse stand von jeher in dem Rufe, daß sein Wasser ganz vorzüglich sei, daher es so viele Menschen holten, daß er fast erschöpft wurde. Um dies zu verhüten, hatte der Stadtrath einst eine Wache dahin gestellt, oder wie Andere sagen, ihn verschlossen. Da man nun aber das Wasser nicht gern entbehren wollte, baten oder bettelten Viele, davon schöpfen zu dürfen. Daher sein Name.

407) Die weiße Frau in der Pfarrwohnung zu St. Thomas.

Mündlich.

Bei den Verfolgungen der Calvinistisch gesinnten Anhänger des bekannten Kanzlers Krell ward auch der Pastor Gundermann zu Leipzig am 15. Novbr. 1591 eingezogen und auf die Pleißenburg gebracht. Seine hochschwangere Frau sah, wie sich der Pöbel auf der Straße um ihn drängte und ihn mißhandelte. Dadurch ward sie tiefsinnig und erhing sich am

23

24. Januar 1592 in der Pfarrwohnung zu St. Thomas an
einem Braten wender. Seit dieser Zeit soll nun jedesmal, wenn
der dasige Pfarrer sterben soll, zuvor eine weiße Frau sich in
dem Hause sehen lassen; namentlich hat man dies in den
Jahren 1736—50 bemerken wollen, wo mehrere Geistliche
hinter einander starben.

<hr />

408) Die Sage vom Johannishospital zu Leipzig.

Nachtr. z. Gesch. Leipzigs. Lpzg. 1836. S. 12 sq. K. Große, Geschichte
der Stadt Leipzig. Lpzg. 1839. Bd. I. S. 152 sq.

Seit dem Jahre 1428 bestand zu Leipzig in der Nähe
der jetzigen Johanniskirche ein sogenanntes Leprosen-Hospital
(für Aussätzige), welches gegen Ende des 15. Jahrhunderts
in ein allgemeines Hospital für schwache und betagte Leute
verwandelt ward, welche Bestimmung es noch jetzt hat. Die
Sage hat jedoch hierüber anders zu berichten und zwar
Folgendes:

Im Jahre 1441 klopfte kurz nach dem Neubau des
Hospitals zu St. Georg eines Nachts eine junge Pilgerin
an die Pforte desselben und bat um Aufnahme. Sie war
wunderbar schön, verklärt in Unschuld und Liebe, kam aus
dem gelobten Lande und führte den Namen der hochgelobten
und benedeieten Jungfrau Maria. Als nun am andern
Morgen das Glöcklein auf St. Johannes die unglücklichen
Leprosen zur Andacht versammelte, erhob sich Maria rasch,
um am St. Laurentius-Altare daselbst zu beten. Sie wiederholte dann täglich ihr Gebet und entflammte durch ihre stumme
Andacht die Herzen der Gläubigen mehr als durch laute
Worte. Da kam endlich der Tag Johannis des Täufers und
das Glöcklein rief wieder so brünstig und silberhell zum Ge-
bete. Maria wendete sich zu allen Kranken und Siechen in
St. Georgen und sprach in heiliger Begeisterung: ‚im Namen
Gottes sage ich Euch, wer heute mir folgt, der wird gesunden.‛
Und die Kräfte der Kranken stählten sich im Vertrauen zu
der wunderbaren Pilgerin und sie gingen mit ihr zum Altare

des h. Laurentius, und ihre Herzen flogen voll Andacht im
Gebete der schönen Jungfrau auf zum Himmel. Da sie gebetet hatte, erhob sie ihr Antlitz von den Stufen des Altars,
wandte sich zu den Aussätzigen und sprach zu ihnen: „im
Namen Gottes sage ich Euch, wer heute mir folgt, der wird
gesunden." Da zog ihr viel Volk nach, Gesunde und Kranke,
und sie ging die Straße gen Morgen bis auf die Höhe, von
da man die Stadt überschaut, und kniete nieder und betete
lange. Und da sie aufstand vom Gebete, siehe da sprudelte
ein reiner Quell aus dem Boden, den ihr gebeugtes Knie
berührt hatte, und alles Volk erstaunte, denn es war noch
nie ein Quell daselbst zu finden gewesen. Und Maria segnete
den Quell und sprach: „So lange der Quell hier fleußt, die
Gnade sich ergeußt." Und alles Volk fiel nieder und betete.

Da zog Maria aus ihrem Pilgerkleide einen Kelch, den
ihr ein sächsischer Priester in der Kapelle des h. Johannes
zu Jerusalem gegeben hatte, um ihn dem Leprosenhause seiner
Vaterstadt Leipzig zu übergeben. Und sie füllte den Kelch
mit dem Wasser des Quells, hob ihre Hand zum Himmel
und sprach: „Im Namen Gottes mag gesunden, wer heute
den Weg hierher gefunden." Damit reichte sie den Kelch denen,
die von einer Krankheit überwältigt waren. Und alles Volk
trank daraus und fühlte der Gesundheit neue Lebenskraft
mächtig durch die Adern rinnen. Und da Alle getrunken
hatten, nahm Maria den Kelch und gab ihn den Aussätzigen
von St. Johannes, auf daß sie ihn bewahren möchten für
ewige Zeiten nach dem Willen des Gebers. Maria aber
kehrte nicht zurück nach der Stadt. Im Garten des Probstes
zu St. Thomas war aber ein weißes Reh, das war zahm
wie ein Lamm, lief oft ungestört durch die Straßen der
Stadt und alle Leute hatten das zarte Thierlein lieb. Da
Maria jetzt geendet hatte, drängte sich das Reh von St.
Thomas durch die Menge hindurch, stellte sich vor ihr hin
und fiel nieder auf seine Kniee. Und die Jungfrau schwang
sich wie ein verklärter Engel auf des Thierleins Rücken und
lustig sprang dasselbe nach dem Walde gen Connewitz. Die

Jungfrau ward niemals wieder gesehen, und einige Wanderer wollten sie mit dem schneeweißen Reh auf dem Wege nach dem Kloster Paulinzell erblickt haben. Nach drei Tagen kam aber das Reh wieder freudig und wohlgemuth in das Thor von St. Thomas und sein Rücken war mit einem Kranze von Epheu umwunden. Jener Becher ist aber lange noch vorhanden gewesen; er war in der Hütte des Eremiten im Thale St. Johannis bei Leipzig an dessen kleinem Betaltare aufgestellt.

---

409) Die Karthaunenkugel auf dem Gottesacker zu Leipzig.

Ziehnert, Bd. III. S. 350 sq. Schäfer, Wahrzeichen Bd. I. S. 29.

Am 3. August des Jahres 1540 war ein furchtbares Gewitter über Leipzig gezogen, und der Leipziger Böttchermeister Anton Veid freute sich eben noch über den erquickenden Regen, der jetzt die Gewitterschwüle verscheuchte. Während dem hatte seine einzige Tochter Dorchen aus Furcht vor den schweren Schlägen den Spruch gebetet: liebet Eure Feinde, segnet, die Euch fluchen. Dadurch ward ihr Vater daran erinnert, daß im Nachbarhause ein Mann, dessen Streit- und Zanksucht ihm das Leben oft schwer gemacht, in tiefer Armuth krank darniederliege. Er ging also hinüber und fand den Unglücklichen, wie er eben seinen einzigen Sohn, der trotz des drückendsten Mangels und der Härte des Vaters treu bei ihm ausgehalten, segnete, und bald darauf verschied. Der wohlhabende Veid ließ ihn anständig begraben und nahm den Sohn in sein Haus. Hier ward er mit der Meisterstochter wie Geschwister erzogen, erlernte das Böttcherhandwerk und verliebte sich nach und nach immer mehr in das zu großer Schönheit emporblühende Mädchen. Der Vater bemerkte es wohl, war auch ganz einverstanden mit der Liebe der beiden jungen Leute, und um seinem künftigen Schwiegersohn die Arbeit zu erleichtern, nahm er noch einen Gesellen an, der lange bei den Kaiserlichen im Felde gestanden und dort ganz verwildert war. Da rückte der Churfürst Johann

Friedrich vor Leipzig und Herzog Moritz bot alle junge
Mannschaft zur Vertheidigung der Stadt auf. Auch die beiden
Böttchergesellen traten in die Reihen und ein unglückliches
Schicksal machte sie zu Kampfesnachbarn. Kaum hatte der
böse Geselle den Liebhaber Dorchens hohnlächelnd neben sich
wahrgenommen, als auch schon sein Entschluß feststand, sich
seinen Nebenbuhler, der durch des sterbenden Vaters Hand
mit dem Mädchen verlobt war, vom Halse zu schaffen, was
ihm auch in der Dämmerung durch unbemerkten Meuchelmord
gelang (14. Januar 1547). Der Feind vor den Thoren zog
ab und der Mörder stürmte nach der Wohnung seines Meisters,
um Dorchen mit der Nachricht, daß ihr Geliebter gefallen sei,
fügsamer gegen seine Werbung zu machen. Aber hier trat
ihm ein Ereigniß entgegen, das ihn und seine Rohheit mit
Schrecken erfüllte, denn in dem Augenblicke, wo Dorchens
Bräutigam durch seinen Mordstahl fiel, hatte eine 48pfündige
Karthaunenkugel in Dorchens Stube geschlagen und ihr einen
Arm genommen. Als der böse Geselle das Mädchen in ihrem
Blute und Jammer erblickte, verließ er das Haus und kehrte
nimmer wieder. Dorchen wurde geheilt und verlebte in stiller
Trauer und geräuschloser Frömmigkeit noch einige 50 Jahre.
Am 1. Februar oder 31. Januar 1599 starb sie, ward mit
großer Feierlichkeit beerdigt und die Kugel, die sie so un-
glücklich machte, in der Wand des Gottesackers über ihrem
Grabe eingemauert, wo sie noch jetzt zu sehen ist.†)

---

410) Das Hufeisen an der Nicolaikirche zu Leipzig.

E. v. Felsthal (Steinau), des deutschen Volkes Sagenschatz. Schwäb.
Hall o. J. 8. S. 275 sq. Im allg. Schäfer, Wahrzeichen, Bd. 1. S. 18. fgg.

Diezmann, Markgraf zu Thüringen und Sachsen, und
Friedrich der Gebissene, sein älterer Bruder, wurden von

---

†) Vogel, Leipziger Annalen, S. 168 berichtet den Vorfall auch,
jedoch ohne romantischen Beisatz und sagt, das Mädchen sei damals 15
Jahre alt gewesen und habe noch 52 Jahre, nachdem sie jenen Schuß
erhalten, gelebt.

Philipp von Naſſau, Feldherrn des kaiſerlichen Heeres in Thüringen, ins Geheim verfolgt, da dieſer durch der Brüder ruhmreiche Waffenthaten ſeine Hoffnung ſchwinden ſah, einſt in den Beſitz ihrer vom Kaiſer Albrecht ihm verſprochenen Länder zu gelangen. Dem edlen Diezmann, der ihn mehrfach ſchimpflich aus dem Felde geſchlagen, ſtrebte er zunächſt nach; indeß ſtand dieſem ein entſchloſſener krieggeübter Schildknappe, Namens Stephan, der dem geliebten Herrn ſchon in mehreren Schlachten das Leben gerettet, ſtets wachend zur Seite. Markgraf Diezmann hatte die Lande Lauſitz an den Mark-grafen von Brandenburg abgetreten und ſich im December des Jahres 1307 nach Leipzig auf die Pleißenburg begeben, um hier in frommer Betrachtung die Weihnachtszeit zu voll-bringen. Die Feiertage naheten, da wurde ihm zur Büßung eines Fehltritts von ſeinem Beichtvater der Beſuch dreier Meſſen auferlegt. Vergeblich war das Bedenken ſeiner Um-gebung gegen dieſe Buße, wie die Warnung der markgräf-lichen Freunde in den mahnenden Worten des alten Spruches: „eine zweite Meſſe gut zur Noth, doch eine dritte bringt den Tod.‟ Der edle Fürſt furchtlos und keine Gefahr ahnend ver-fügte ſich ohne alle Begleitung nach dem Gotteshauſe, der auferlegten Pflicht Genüge zu thun. Er hatte die Hainthor-kapelle, ſo wie die Pauliner Kirche bereits verlaſſen und den Weg nach der Thomaskirche eingeſchlagen, als er im Morgengrauen einen vermummten Ritter hinter ſich gewahrte. Ihm zu entgehen ſpornt er ſein Roß mächtiger, ſo daß ein Hufeiſen deſſelben weit bis zur Nicolaikirche fliegt, und gelangt ſo in die menſchenerfüllte Kirche, wo er auf den Stufen des Altars niederſinkt. Der ihm zu Fuße nacheilende getreue Schildknappe konnte leider nicht mehr in ſeine Nähe kommen. Kaum hat nun der Lobgeſang: Benedictus, qui venit in no-mine Domini! begonnen und die Kerzen ſind ausgethan, als ein raſchgeführter Dolchſtich ſeines nächtlichen Verfolgers ihn zu Boden ſtreckt. Diezmann ſtarb einige Tage darauf, ſtand-haft und fromm in ſeinem 37. Jahre und wurde in der Paulinerkirche fürſtlich beigeſetzt.

Von dem auf die Folter gelegten Mörder war indeß weder zu erfahren, wer er sei, noch wer ihn gedungen. Man hielt ihn für den der kaiserlichen Parthei ergebenen Abt von Pegau, dessen Kloster die Diezmannschen Truppen eingeäschert hatten. Er wurde mit glühenden Zangen zerrissen und gerädert.

Philipp den Nassauer, einen Sohn Adolphs von Nassau, traf die wüthende Hand Markgraf Friedrichs, der ihn erschlug im Gefecht zu Borna, bei der schmählichen Niederlage der Baiern und Schwaben. Des heldenmüthigen Knappen, der nach dem Falle seines Herrn den Tod suchte, denkt die Sage nur in wenigen Zügen, doch meldet sie, daß, nachdem er siegend im Treffen bei Großenhayn gefallen, Friedrich der Gebissene ihm selbst einen Stein gelegt und zwei Eichen auf sein Grab gepflanzt habe. Diezmann's Grabmal, öfters zerstört, zuletzt durch die Franzosen im Jahre 1813, wurde in jüngster Zeit wieder würdig hergestellt, das Hufeisen aber, welches des Markgrafen Pferd in der Ritterstraße nach der Nicolaikirche schleuderte, hängt noch jetzt dort an der Mauer befestigt.

Man giebt auch vor, zur Strafe für die fahrlässige Bewachung ihres wohlthätigen Fürsten wären den Leipzigern die Wächterhörner abgenommen und ihnen dafür häßlich schrillende Schnurren, deren sich die Nachtwächter bis zum ersten Drittel dieses Jhdts. bedienten, eingehändigt worden.†)

---

†) Nach einer andern, von Ziehnert Bd. II. S. 1 sq. poetisch behandelten Sage wäre aber der Ursprung jenes Hufeisens ein ganz anderer. Zur Zeit nämlich, wo das jetzige Leipzig nur durch einen dunkeln Hain schattiger Linden repräsentirt wurde, wohnte in der Nähe desselben auf hohem Schlosse ein König, der aber schon hochbejahrt war, mit seiner Tochter; am Fuße des Berges lag ein wohlhabendes Dörfchen und alles Land ringsherum, so weit man schauen konnte, gehörte ihm eigen. Allein so glücklich er auch hätte sein können, er hatte keine zufriedene Stunde. In der Nähe des Dörfchens hauste nämlich ein greulicher Lindwurm, dem man jeden Tag, um ihn bei Gutem zu erhalten, zwei Schafe vorwarf. Siehe da waren nach und nach alle Ställe geleert und man beschloß nun statt jener ihm täglich ein Menschenopfer zu gewähren. Jedermann mußte loosen, Reich und Arm, Alt und Jung, beide Geschlechter ohne Ausnahme.

411) Das Kind auf dem Neumarkt zu Leipzig.

Poetisch beh. v. Ziehnert. Bd. I. S. 131 sq. S. Schäfer, Wahrzeichen,
Bd. I. S. 24.

Noch heute erblickt man an dem der Kramerinnung
gehörigen Eckhause am Kupfergäßchen auf dem neuen Neu=
markt zu Leipzig neben dem Fenster der ersten Etage zunächst
der Ecke am Kupfergäßchen einen Kinderkopf von Sandstein
eingemauert. Der soll anzeigen, daß zur Zeit des dreißig=
jährigen Krieges (31. März oder 1. April 1624) das 3jährige
Knäblein eines armen Zimmermanns, das der Vater —

Siehe da traf eines Tags das Loos die schöne Königstochter, und schon
wollte man sie hinaus dem Drachen entgegenführen, da nahte auf einmal
ein schöner Jüngling hoch zu Roß in silbernem Harnisch und kostbarem
Waffenschmuck, dieser war der Ritter St. Georg. Der erbot sich, den
Drachen zu fällen und ritt ihm kühn entgegen. Der Drache kam ihm
aber schon wuthschnaubend in den Weg, um seine Beute zu holen, doch
jener stieß ihm die Lanze in die Seite. Dies geschah in der Gegend des
heutigen Thomaskirchhofes, wo noch jetzt der Ritter im Kampfe mit dem
Drachen über der Thür eines Hauses gemalt zu sehen ist. Allein so scharf
die Lanze war, das Leben hatte sie dem Ungethüm nicht geraubt, im Gegen=
theil vor Schmerzen brüllend wälzte er sich, mit seinem furchtbaren
Schweife um sich schlagend, dem Dörfchen zu. Der Ritter sprengte immer
hinter ihm her, um, wenn die Gelegenheit günstig sei, ihm den Todesstreich
beizubringen. Da versagte plötzlich (an der Stelle, wo sich jetzt die Ritter=
straße befindet, die von dem Ritter St. Georg ihren Namen hat) sein
Roß seine weitern Dienste, denn es hatte ein Hufeisen verloren und
blutete am Hufe. Der Ritter aber spornte es verzweifelt weiter, und so
gelang es ihm (in der Gegend des jetzt abgetragenen Georgenhauses, das
ebenfalls von ihm seinen Namen erhalten haben soll) dem Drachen wieder
nahe zu kommen und ihm mit seinem Schwerte, nachdem er vom Rosse herab=
gesprungen war, den Leib aufzuschlitzen. Als nun Alles vor Freude jauchzte
und der König hocherfreut ihm die Gewährung jeder Bitte zusagte, ja ihm
selbst seine Krone abtreten wollte, da bat er um nichts, als daß man
einen Schmied kommen lassen und seinem Pferde ein anderes Hufeisen
aufnageln lassen möge, und als dies geschehen war, zog er von dannen,
der König aber ließ zum immerwährenden Andenken das Hufeisen, welches
des Ritters Roß verloren hatte, an einer Linde aufhängen, und als diese
bei Erbauung der Stadt gefällt ward, kam es an die Nicolaikirche, wo es
noch ist.

die Mutter war im Kriege gestorben — ohne Aufsicht zurückgelassen, vom Fenster herab auf die Straße gestürzt war,
aber durch die Gnade Gottes, der es fügte, daß es mit seinem
Kleidchen an dem vor dem Hause befindlichen spitzen Pfahl,
der eine der Pechpfannen trug, mit welchen damals die Stadt
des Nachts vor dem Gebrauche der Laternen erleuchtet zu
werden pflegte, hängen blieb und also unversehrt zur Erde
herab gleiten konnte und so dem bekümmerten Vater wieder
gegeben ward.

412) Das unglückliche Pflugziehen zu Leipzig.
Große Bd. I. S. 233.

Im 15. Jahrhundert herrschte in Leipzig die sonderbare
Sitte, daß zur Fastenzeit eine Anzahl vermummter junger
Bursche einen Pflug durch die Straßen schleifte. Ein Theil
derselben ging in die Häuser und bettelte, ein anderer aber
lief neben dem Pfluge her, und wo sie ein lediges Frauenzimmer erwischten, das wurde ohne Gnade vor den Pflug
gespannt, und so zogen oft ganze Reihen alter Jungfern denselben und wurden so dem öffentlichen Gespötte preißgegeben.
Endlich haschten sie bei der letzten Wiederholung dieses
Mummenschanzes einmal eine Magd und wollten sie vor-
spannen, diese aber entlief und rettete sich in die Küche des
Hauses, wo sie diente. Dies hinderte aber die wilden Gesellen nicht ihr nachzulaufen, allein als man sie packen und
mit Gewalt an den Pranger der Ehestandslosigkeit spannen
wollte, zog sie ein Küchenmesser hervor und stach einen der
Männer nieder. Vor Gericht geführt, gab sie vor, sie habe
nicht einen Menschen, sondern ein Gespenst vor sich zu sehen
geglaubt.

413) Feurige Drachen zu Leipzig.
Große Bo. II. S. 198. 731.

An feurigen Drachen war ehedem in Leipzig kein Mangel,
vorzüglich im Jahre 1533 sah man deren viele: die meisten

waren einen Finger lang, hatten Kronen auf dem Haupte, zwei Flügel und Saurüssel und sollen berer oft 2—400 Stück auf einmal bei einander gewesen sein. Am 23. Novbr. 1606 zündete ein solcher Drache dem Kohlenträger Gregorius das Haus über dem Kopfe an, weil derselbe angeblich den höllischen Gast auf dem Boden, wo er seinen Sitz hatte, mit einem schlechten Tractement abgespeist hatte.

414) Der Teufel verlockt zum Selbstmord.
Große Bd. II. S. 197 sq.

Der Teufel hat sich in Leipzig mehr als einmal in seiner natürlichen Gestalt sehen lassen, z. B. im Jahre 1635, wo er einen Soldaten seines gräßlichen Fluchens halber holen wollte. Am 17. Juni des Jahres 1604 kam er auch zu dem Zieler des Thomasschießgrabens, Hieronymus Straßburger, begrüßte ihn als alten Bekannten und schlug ihm vor, sich zu hängen oder zu erstechen. Deshalb befestigte er selbst einen Strick an einem Balken und setzte zur größeren Bequemlichkeit für die gefährliche Expedition einen Lehnsessel darunter. Als nun Straßburger wenig Lust dazu bezeigte, so schlug er ihm vor, mit ihm über die Mauer zu springen und auf die Schloßwiese zu gehen, wo er ihn mit den schönen Früchten des daselbst stehenden Birnbaums tractiren wollte. Allein da Jener auch hier nicht daran wollte, so verschwand er. David Büttner, Diaconus zu St. Thomas, der Beichtvater des Zielers, mußte aber alle seine Ueberredung aufbieten, um den vom Teufel Geplagten zu trösten.

415) Das Johannismännchen †) zu Leipzig.
J. Chr. Dolz, Versuch e. Gesch. Leipzigs. Leip. 1818. S. 457 sq. S. Hasche, Mag. d. sächs. Gesch. Bd. III. S. 471.

Bis zum Jahre 1786 war es in Leipzig Sitte, am Johannishospitale ein kleines, hölzernes, schön geputztes

---

†) Ist wohl dieselbe Sage wie unten Nr. 446.

Männchen auszustellen, neben dem eine Vase mit Blumen
stand. Der Aberglaube betrachtete dieses Männchen als das
Palladium der Stadt, welches im Stande sei, von derselben
Seuchen, Feuerschaden, Blitz 2c. abzuhalten. Nachdem der
Stadtrath in dem genannten Jahre die Ausstellung dieser
Puppe verbot, wallfahrtete das Volk zwar nicht mehr hierher,
aber man zog dafür nach dem Gesundsbrunnen am Thonberge.

---

416) Der Teufel entführt eine Frau.

T. Heydenreich, Leipzigsche Cronike. Lpzg. 1635. 4. S. 419.

Am 18. October des Jahres 1630 kam zu einer
Kutschersfrau vor dem Petersthore, die von Schulden ge-
drückt und deshalb schwermüthig geworden war, ein fremder
Mann, der ihr versprach, ihr zu helfen und ihr einen Schatz
zu zeigen; auf dem Wege dahin packte er sie aber und warf
sie ins Wasser. Es gelang ihr zwar, wieder herauszukommen,
als sie aber am Morgen darauf zur Kirche ging, lief auf
einmal ein schwarzer Bock neben ihr her, und als sie denselben von sich scheuchen wollte, nahm er sie auf die Hörner
und führte sie 5 Meilen weit davon weg ins Holz, wo sie
8 Tage ohne Speise und Trank ausharren mußte, bis sie
ein Bauer fand und ihr den Weg nach Hause zeigte.

---

417) Der schwarze Bruno zu Leipzig.

Edm. v. Felsthal, des deutschen Volkes Sagenschatz. S. 280 sq.

In einem Kloster zu Meißen lebte ein Mönch, mit
Namen Bruno, den man gewöhnlich den schwarzen Bruno
hieß. Mit Hilfe der schwarzen Kunst, die er in Italien
gelernt hatte, hinterging und betrog er die frommen, geistlichen Klosterherren und trieb nächtelang in den Frauen-
klöstern unter den jungen Nonnen sein Wesen. Endlich ver-
wieß ihn der Erzbischof aus dem Kloster und aus der ganzen
Gegend. Er ging hierauf nach Bautzen und wurde dann zu

Leipzig in einem Kloster aufgenommen. Hier führte er in= deß ein noch ruchloseres und wollüstigeres Leben als zuvor und wurde endlich von einem großen Zauberer in eine Kry= stallflasche gebannt und diese 19 Fuß tief unter die Erde ver= graben.

Nach vielen Jahren, als man in der Stadt an der Stelle, wo er eingegraben worden war, ein stattliches Haus zu bauen begann, fand ein Erdgräber die Flasche, in welcher der schwarze Klosterbruder alsbald erkannt ward. Alle Ver= suche, sich dieser Flasche wieder zu entäußern, blieben frucht= los. So oft er sie an einen Andern verschenkte oder an irgend einen entlegenen Ort verbarg, hat sie sich stets wieder in seiner Tasche eingefunden und ihn Tag und Nacht ge= ängstigt, bis er sie endlich unter die Erde in den Keller seines Hauses vergrub und dieses verkaufte.

Einst schickte der neue Eigenthümer desselben seine Tochter in den Keller, um Wein zu holen. Wie sie dahin kommt, funkelt ihr etwas Helles entgegen, sie hebt eine fest ver= schlossene Flasche von der Erde auf, in welcher ein leuchtendes Golddingchen lustig auf= und abhüpft, nimmt es mit und bittet ihren Vater, ihr das schöne Thierchen zu schenken, das sie in der Nacht zum Leuchten neben ihr Bett setzen wolle.

Voll Entsetzen erkennen die Eltern den bösen Klostergeist darin, entreißen dem Mädchen das Gefäß, knüpfen ein schweres Eisen daran und senken es in den tiefsten Grund der Pleiße. †)

In Leipzig hat man nachher lange nichts von dem ge= bannten Bruno vernommen. Es heißt aber, er sei aus seiner Verbannung erlöst und wandle als schwarzer Hund an den

---

†) Vogel, Leipz. Chronik, S. 123, erzählt, als man im Jahre 1546 die Kapelle zu St. Katharinen völlig abgebrochen, habe man im Grunde derselben ein schmales Glas gefunden und vermuthet, ein Mönch habe da hinein den Teufel gebannt. Deshalb vermauerte man es wieder im Grunde der Halle'schen Bastei, die man von jenen Steinen überhaupt bauete.

Ufern der Elster und Pleiße, wo man oft sein nächtliches Heulen höre.

_____

418) Die Funkenburg zu Leipzig.
Edm. v. Felsthal, a. a. O. S. 282 sq.

Die Funkenburg, bis auf die neueste Zeit der Lieblings= ort der Gose=†)Trinker, war vor Zeiten eine stattliche Ritter= burg. Lange verlaſſen, verfallen und öde, nahm endlich ein Geiſtervolk von ihren Mauern Beſitz, trug ſeine Schätze nach derſelben und wachte darüber. Niemand kehrte mehr hier ein, nur in einem Winkel der Burg wohnte ein alter Ritter, ſtill und eingezogen, von dem man nicht wußte, ob ſie ihm gehöre oder ob er ſich hier angeſiedelt habe.

Einſt ward ein Fürſt aus Thüringen vom Unwetter genöthigt, auf dieſer Burg eine Zuflucht zu ſuchen. Der alte Ritter empfing ihn, machte ihn aber mit den Geheimniſſen ſeines Aufenthaltes bekannt und rieth ihm, ſich anderwärts ein bequemeres Nachtlager zu ſuchen; doch der Fremde ſchützte Müdigkeit vor, behauptete, ſich nicht vor Burggeiſtern zu fürchten, ſo daß Jener nachgab und auf ausdrückliches Ver= langen ihm ſein Lager im großen Burgſaale, welchen der Sage nach die Geiſter des Schloſſes bewohnten, bereitete.

Der Prinz begab ſich zur Ruhe. Doch beim Schlage der Mitternachtsglocke erwachte er. Er richtete ſich empor. Die Lichter waren abgebrannt und flackerten nur noch wenig, der Mond fiel durch die Fenſterſcheiben in den Saal, er konnte jeden Gegenſtand erkennen.

Die Glockenſchläge verhallten. Da erhob ſich ein Wehen und Sauſen, das in Gepolter überging; beim Kamine regte es ſich; jetzt ſtürzten allmälig ein Bein, ein Arm, ein Kopf und Leib herab, rollten weit im Gemach umher und bildeten ſich zu einer vollkommenen Menſchengeſtalt aus, die dann im Saale umherging. Von Neuem kniſterte und knackerte es,

_____

† Ueber den Urſprung dieſes Bieres ſ. Meliſſantes, Bergſchlöſſer. S. 642 und meine Bierſtudien (Dresden 1872) S. 31. 71.

unzählige menschliche Gliedmaßen polterten aus dem Kamine
herab, und fügten sich zu Gestalten zusammen, bis auf einmal
der Saal gefüllt war. Nicht ohne Angst stand der Gast von
seinem Ruhelager auf um zu sehen, was noch kommen werde,
und blickte stumm auf die wunderbaren Erscheinungen hin.
Alsbald bildete sich eine große Tafel inmitten des Gemachs,
goldene Weingefäße, prachtvolle Pokale und Leuchter, nebst
kostbaren Gerichten erschienen in einem Augenblicke darauf,
und nachdem Alles geordnet war, nahete einer aus der Gesellschaft und lud den Fremden ein, Theil zu nehmen an dem
festlichen Mahle. Mit Grauen folgte er der Einladung,
ergriff den dargebotenen Becher um zu trinken, und stellte ihn
zitternd wieder auf die Tafel hin. Das Entsetzen überlief
ihn, er schlug ein Kreuz und rief den Namen Jesu, und
plötzlich verlöschten die Lichter, es wurde dunkel und still im
Saale, die ganze nächtliche Tafelgesellschaft war verschwunden.
Bei Tagesanbruch stand aber die Festtafel noch im Saale
mit allen ihren kostbaren Pokalen, Bechern und Tellern. Der
Thüringer erkaufte die Burg, gelangte in den Besitz aller
übrigen Schätze der Geister und hauste lange glücklich auf
der Funkenburg.

419) Verschiedene Gespenster zu Leipzig.
Mündlich.

In der Klostergasse neben der frühern Post soll sich dann
und wann eine Nonne zeigen, welche bis an das sogenannte
Barfußpförtchen geht und dort verschwindet. Ferner erzählt
man von einem Mönche, der an gewissen Tagen des Jahres
um Mitternacht in die Neukirche geht. Ebenso hat von der
Nonnen- bis zur Barfußmühle sich zu Zeiten eine weiße Gestalt gezeigt, welche in der Volkssprache „Federfuse" genannt
ward. Zur Zeit des Leipziger Aufstandes von 1830 erschien
eine weiße Frau auf dem Neuen Kirchhofe an dem sogenannten Geisterpförtchen, und im Schrötergäßchen, welches
ohngefähr nur 4 Ellen breit ist und vom Postplatz zum Wind-

mühlengäßchen führt, soll sich vor mehreren Jahren ebenfalls eine weiße Gestalt gezeigt haben, und dem Nachtwächter oftmals auf die Schultern gesprungen sein, welcher endlich daran gewöhnt mit seiner anscheinend leichten Last auf dem Rücken seinen Dienst bis Mitternacht, wo sie verschwand, versah.

420) Die drei Goldstücke der Familie von Hahn.

Prätorius, Neue Weltbeschr. Bd. I. S. 109 sq.

In der Nähe der Stadt Leipzig ward eines Tags eine vornehme Frau von Abel aus dem Geschlechte derer von Hahn durch eines Meerweibes Zofe genöthigt mit ihr zur Wehmutter unter den Fluß zu gehen. Da es denn geschehen ist, daß sich das Wasser von einander theilte, und sie beide durch einen luftigen Weg tief in das Erdreich geriethen. Da hat denn die adelige Frau ein kreißendes kleines Weiblein gefunden und ist flugs zu ihr hingebracht worden, ihr in den gegenwärtigen Kindesnöthen beizustehen und hilfreiche Hand zu leisten. Darauf hat sie wieder ihren Abschied begehrt und sich angeschickt nach Hause zu eilen. Indem sie wegfertig ist, ist ein kleiner Wassermann zu ihr gekommen und hat ihr ein Geschirr voll Asche zugelangt und sie erinnert, sie möge sich so viel herausnehmen als sie begehre für geleistete Bemühung. Darauf hat sie sich jedoch geweigert und nichts nehmen wollen. Wie dies geschehen, hat der Mann gesagt: das heißt Dir Gott sprechen, sonst hätte ich Dich umbringen wollen. Hiermit ist sie fortgegangen und von der Zofe nach Hause gebracht worden. Wie sie nun dorthin gelangt, soll die Magd drei Stücke Goldes hervorgezogen und der adeligen Frau verehrt haben, dabei gedenkend, sie solle solchen Schatz gar wohl verwahren und nicht abwendig von ihrem Geschlechte werden lassen, sonst werde ihre ganze Familie durch Armuth verderben, da sie sonst die Hülle und Fülle oder Ueberfluß in allen Sachen haben könne, sofern sie dieses Andenken richtig verwahre. Darauf ist die Magd wieder weggegangen, die Frau aber soll das Geschenk nach ihrem Tode ihren drei Söhnen mit obenerwähnter Vermahnung übergeben haben. Davon haben noch bis in die Mitte des 17. Jahrhunderts zwei Herren dieses Stammes ihr Goldstück besessen, das dritte aber ist von einer Frau verwahrloft worden. Diese ist endlich gar armselig zu Prag gestorben und hat also mit ihrer Linie eine Endschaft genommen.

421) Die Magd bei dem Nix in der Nähe von Leipzig.
Prätorius a. a. O. Bd. II. S. 92.

Um das Jahr 1664 lebte auf einem Dorfe bei Leipzig eine Magd, welche drei Jahre bei einem Nix unter dem Wasser gedient und ihrer Aussage nach ein gutes Leben und allen Willen daselbst gehabt hatte, nur daß ihr Essen stets ungesalzen war. Deswegen hat sie Ursache genommen, wieder wegzuziehen. Weiter soll sie auch gesagt haben, daß sie nach dieser Zeit nicht über sieben Jahre leben würde, davon sie nur noch drei Jahre in Rest habe.

422) Wöchnerinnen werden von Gespenstern angefochten.
Prätorius Bd. II. S. 131.

Dem Magister Prätorius erzählte eine Leipziger Wehemutter mit Namen Ursel, daß es ihrer eigenen Mutter widerfahren, wie sie, als ihr erstes Kind von ihr geboren gewesen, einmal zwischen 11 und 12 zur Stube hinausgegangen sei und sich eine Butterbemme habe schmieren wollen, da habe ein großer schwarzer Mann zum Kellerloche herausgesehen, darüber sie dermaßen erschrocken, daß sie hernach 16 Wochen krank im Bette liegen mußte. Weiter sagte sie, sei es im Jahre 1661 zu Leipzig geschehen, daß eine Nagelschmiedsfrau in ihren sechs Wochen herausgegangen und um verbotene Zeit den Gänsen bei der Paulinerkirche, wo sie gewohnt, zu fressen gegeben, da soll es sie angehaucht haben, daß ihr

Gesicht und Maul so aufgeschwollen, daß ein garstiger Eiter herausgekommen.

---

423) Ein Geist zeigt einen Schatz an.

Prätorius a. a. O. Bd. II. S. 132.

Es hat einmal die Großmutter einer Leipziger Wehemutter Geld unter dem Feuerherde vergraben. Ihre Mutter hat nun aber immer Anfechtungen bekommen, indem es ihr war, als wenn es einheize, und dann kam es ihr vor, als werde der Ofen und die Stube so heiß, daß sie vor Angstschweiß nicht bleiben konnte. Darauf hat das Gespenst die Ofengabel niedergeworfen und ist gleichsam davongelaufen. So hat dasselbe denn immer sein Fest gehabt, bis einmal die Magd Feuer auf dem Herde machte und von ohngefähr einen Pflock aus demselben zog, darauf es geschimmert und geklungen hat. Als sie nun näher hinsah und das Loch weiter öffnete, zog sie ein kleines längliches Schächtelchen hervor, darinnen viele Ducaten lagen. Diese hat sie mit Frohlocken in die Stube getragen und ihrem Vater gegeben, der ihr zur Belohnung einen Pelz dafür machen ließ.

---

424) Leipziger Schatzgeschichten.

Prätorius, Gazoph. Gaud. Leipzig 1667. 8. S. 179. 183. sq.

In der Mitte des 17. Jahrhunderts ließ Jemand in seinem Keller in Leipzig nach einem Schatze graben, und als ihn die Gräber schon so weit gebracht hatten, daß er gehoben werden konnte, da ließ die besorgte Mutter ihren herzugerufenen einzigen Sohn nicht hinuntergehen. So bekamen sie nur 50 Thaler, das Uebrige aber versank wieder bis zu der Zeit, wo er wieder reif wird.

Ein anderes Mal hat ein Geist die Magd etliche Male des Tags und Nachts gerufen, sie solle mit in den Keller hinabkommen, um einen Schatz zu heben. Das hat sie nie-

mals thun wollen, der Geist aber hat nicht nachgelaſſen, ſon-
bern kommt nochmals bei Tage, und ruft ſie in den unterſten
Keller. Sie will nicht gehorchen, da bittet er ſie, ſie ſolle
doch kommen, und wie ſie abermals nicht will, trägt der Geiſt
den Schatz aus dem Keller heraus und ziemlich auf die Treppe
hinauf und tritt zu der Magd, die oben auf der Treppe ſteht
und hinunter gehen will, und bietet ihr den Schatz an. Dieſe
ſchreit greulich, daß alle Leute im Hauſe rege werden. Darüber iſt der Geiſt ſo unmuthig geworden, daß er eine gräß-
liche Geſtalt annahm und die Magd heftig drückte, daß ſie
es lange Zeit nachher fühlte. Im Uebrigen iſt das Geld
auf der Treppe ſtehen geblieben und der Herr im Hauſe hat
es zu ſich genommen, das Geſpenſt aber hat die Magd hart
geſcholten, daß ſie ſich in ihr Glück nicht zu ſchicken gewußt,
ihr und keinem Andern ſei das Geld beſchieden geweſen.†)

425) Das Nixweibchen bei Leipzig.
Ziehnert. Bd. III. S. 293.

Sonſt hat ſich bei Leipzig auf der Straße oftmals ein
Nixweibchen ſehen laſſen. Es ging unter andern Bauers-
weibern mit dem Tragkorbe auf den Wochenmarkt, um den
Hausbedarf einzukaufen. In der Kleidung unterſchied es ſich
von andern dadurch, daß ſeine Unterkleider jederzeit zwei Hände
breit naß waren. Uebrigens redete es mit Niemandem, grüßte
und dankte auch Niemandem auf der Straße, wußte aber
beim Einkauf ſo gut wie andere Weiber zu bingen und zu
handeln. Einſt gingen ihr auf ihrem Rückwege zwei Perſonen
nach. Dieſe haben geſehen, wie ſie an einem kleinen Waſſer
ihren Tragkorb niederſetzte und wie derſelbe, während ſie in's
Waſſer tauchte, augenblicklich verſchwand.††)

---

†) Eine ganze Sammlung von Schatzgeſchichten aus Leipzig und der
Umgegend ſind geſammelt in den Leipziger Nachrichten von 1865 und
auch in einem Separatabzuge beſonders herausgekommen.
††) Prätorius, Abent. Glückstopf, S. 514, erzählt, im Juni 1669

426) Verschiedene Gespenstergeschichten aus Leipzig.

Vogel, Leipziger Annalen, S. 61. sq. 741. 774. 821. 215.

Am 2. November des Jahres 1656 ist Paul Schreyer, ein Bürger und Nagelschmied im Böttchergäßchen, frisch und gesund aufgestanden, bald darauf wieder in die Kammer kommen und plötzlich gestorben. Bei Abwaschung der Leiche hat man befunden, daß die Brust mit Blut unterlaufen und die Warze an der rechten Brust wie mit einem Messer glatt abgeschnitten gewesen, daher die Rede gegangen, als hätte ihn ein Gespenst so übel zugerichtet.

Den 7. September des Jahres 1670 hat sich zur Nacht im Hallischen Thore und Zwinger ein Gespenst hören lassen, welches sehr getobt, an das inwendige Thor heftig geschlagen, die Wache erschreckt und den Thorwärter im Bette übel geplagt, davon er auch etliche Tage krank gelegen.

Im November des Jahres 1679 haben einige unruhige Köpfe sich unterstanden, Abends um die Tischzeit auf den Straßen und Gassen, sonderlich auf dem Niclaskirchhofe das ausgeschickte Gesinde in häßlicher Gestalt anzufallen, zu erschrecken und sich von ihnen tragen zu lassen, auch nach Gelegenheit die Bierkrüge und die Mützen ihnen zu nehmen. Also hat der Magistrat um selbige Zeit die Scharwache patrouilliren lassen, worauf die entstandene Furcht und gemeine Rede von dem dreibeinigen Esel sich wieder verloren.

Im Januar des Jahres 1682 brachte ein Weib vor dem Petersthore im Klitzschergäßchen zwei todte Kinder, einen Hahn mit Federn und eine Kröte mit überaus großen Schmerzen zur Welt.

Um Weihnachten des Jahres 1564 ist von einer Hexe ein Gespenst oder Poltergeist in's Lazareth gebannt worden,

---

habe sich zwischen dem Ranstädter und Barfußthore etliche Male ein Nix schwimmend auf dem Wasser sehen lassen, und da sei am 9. Juli desselben Jahres hier der Sohn eines Eseltreibers, Brose genannt, ertrunken. Ueberhaupt soll der Nix in den Flüssen Pleiße, Elster und Parthe gewöhnlich am Johannistage ein Opfer fordern.

so in Gestalt einer Katze, zuweilen auch unter anderer Ge=
stalt die Kranken und andere Leute sehr vexirte.

---

427) Festmachen hilft nichts.
Vogel, Annalen. S. 831.

Am 10. Mai des Jahres 1684 ist früh Morgens in der
Pleiße bei der Nonnenmühle ein ertrunkener Mensch gefunden
worden, der aus dem Passe, den er in seiner Tasche trug,
als ein Nadlergeselle, Namens Peter Wahrmund, erkannt
ward und aus Merseburg gebürtig war. Man fand bei ihm
einen Zettel, auf dem viele Charactere und ein zauberischer
Segen geschrieben war, und darunter standen die Worte:
„Wer diesen Zettel bei sich trägt, der soll von keinem Feuer
verbrannt, von keinem Feuer verletzt und verwundet werden,
auch in keinem Wasser ersaufen können." Was nun dieser
Aberglaube geholfen, das hat der Ertrunkene mit Verlust
seines Lebens erfahren.

---

428) Ein Mönch sieht seinen Tod voraus.
Fabric. Ann. Misn. L. II. p. 154. Vogel a. a. O. S. 58.

Im August des Jahres 1459 (oder 1463) ist zu Leipzig
eine schwere Pest gewesen, an der allein im Paulinerkloster
29 Mönche verstorben. Darunter ist ein alter Mönch ge=
wesen, Namens Martin Drentzizk, der den Tag und die Stunde
seines Ablebens wußte. Als dieser vom Abte gefragt ward,
ob er vermeine, einen gnädigen Gott zu haben, antwortete
er: „lieber Vater, ich weiß die Schrift nicht und bin sehr
ungelehrt, doch habe ich eine Gewohnheit gehabt, daß, wenn
die andern Brüder gesungen, ich unterdeß einen Theil vom
Leiden und Sterben Jesu Christi für mich genommen, dasselbe
herzlich betrachtet und meinem Erlöser und Seligmacher in=
brünstig Dank gesagt. An desselben Gerechtigkeit und Genug=
thuung für der ganzen Welt Sünde allein will ich gedenken.

Ich halte meine Gerechtigkeit und gute Werke für Koth auf den Gassen gegen den ewigen Schatz, den mir mein Herr Christus durch seinen Tod erworben hat. Und darauf ist gedachter Mönch, als die von ihm zuvor angekündigte Stunde gekommen, in Gott sanft und selig verschieden.

---

429) Der Ursprung des Namens Uebeleſſen in Leipzig.

Vogel, Annalen, S. 175.

Bei der hartnäckigen Belagerung, welche der Churfürst Johann Friedrich im Januar des Jahres 1546 über das seinem Vetter Herzog Moritz gehörige Leipzig verhängte, hält Ersterer eines Tags auf dem später sogenannten Thonberge seine Mittagstafel. Da flog eine aus der Stadt abgeschossene Kanonenkugel gerade in die Schüssel hinein, er stand also auf und soll gesagt haben: hier ist übel essen. Von selbiger Zeit ist das Vorwerk Uebeleſſen†) genannt worden. Bei dieser Gelegenheit ist auch das Sprichwort: Leipzig liegt vor Leipzig††) entstanden, weil man sagte: der Churfürst habe die Stadt wohl erobern können, wenn seine Kriegsobersten ihre Schuldigkeit gethan hätten, von diesen hätten aber die meisten ihre Frauen und besseren Sachen in der Stadt gehabt, damit nun diese, wenn die Stadt mit stürmender Hand eingenommen würde, nicht zu Grunde gehen möchten, hätten sie die Stadt absichtlich verschont.

---

†) Auch in der Stadt Noſſen giebt es eine Gaſſe, das Uebeleſſen genannt. von der eine ähnliche Begebenheit aus der Zeit des 30jährigen Krieges erzählt wird.

††) Der Spruch hieß:
Leipzig liegt außen und Leipzig liegt drinnen,
D'rum kann Leipzig Leipzig nicht gewinnen.
Daß Leipzig auch für Leipzig lag,
Das macht, daß Leipzig bleibet noch;
Wär Leipzig nicht vor Leipzig kommen,
So wär Leipzig wohl bald gewonnen.
Andere Sprüchwörter von Leipzig führt Schäfer, Wahrzeichen, Bd. I. S. 59 fgg. an.

---

430) Die heilige Brücke bei Leipzig.

Mündlich. Novellist. beh. v. F. Backhaus, die Sagen der Stadt Leipzig. Lpzg. 1844. 8. S. 1 sq.

Auf der von Leipzig nach dem Dorfe Lindenau führenden Straße muß man über eine Brücke gehen welche über die Elster führt und die Wiesen jenseits und dießeits des soge= nannten Kuh= oder Kukthurmes verbindet. Der Name soll daher rühren, daß an dieser Stelle des Flusses einst eine Schwester für die andere in heldenmüthiger Aufopferung ihr Leben ließ. Die Eine war nämlich aus dem Leipziger Nonnenkloster, welches sich früher in der Nähe der heutigen Nonnenmühle befand, mit Hilfe eines Liebhabers entflohen und an ihrer Stelle ihre ihr täuschend ähnliche Schwester ergriffen worden. Diese klärte jedoch absichtlich die vorge= fallene Täuschung nicht auf, sondern blieb bis zu dem Augen= blick, wo sie zur Strafe für ihre Flucht aus den geweihten Mauern ertränkt wurde, der angenommenen Maske treu. Erst mehrere Wochen nach ihrer unschuldigen Hinrichtung fand man eines Tages den Leichnam der wirklichen Nonne und erkannte nun erst, daß man eine Unschuldige getödtet hatte. Man vereinigte beide Körper in einem Grabe; obgleich aber von diesem nichts mehr zu sehen ist, hat man doch den Namen, welchen das Volk jener edlen That wegen der Brücke beilegte, beibehalten.

431) Das Ritterloch bei Leipzig.

Mündlich. Novell. beh. v. Backhaus a. a. O. S. 37 sq.

Da wo sich die von Schleußig kommende Elster in zwei Arme theilt, von denen der eine nach Lindenau, der andere nach Leipzig zu strömt, befindet sich eine Stelle, welche von den Fischern das Ritterloch genannt wird. Es sollen näm= lich zu Ende des 15. Jahrh. einmal zwei junge Edelleute, welche zu Leipzig studirten und ursprünglich durch die eifrigste

Freundschaftsbande verbunden waren, sich einer schönen Leip-
zigerin wegen, welche Beide liebten, veruneinigt haben. Sie
beschlossen also um den Besitz derselben zu kämpfen und tra-
fen in dem daher angeblich so genannten Streitholze zwischen
dem Schleußiger und Lindenauer Damme zusammen: hier
von dazu kommenden Leuten gestört, begaben sie sich auf die
seit jener Zeit so genannten Ritterspuren, zwei kleine Wiesen
in der Gegend der heiligen Brücke, und drängten einander
in blinder Wuth bis an das Ufer der Elster, wo aber der
Boden unter ihnen wich und Beide an jener tiefen Stelle
ihren Tod fanden. Das Volk nannte dieselbe seitdem das
Ritterloch und behauptet, daß ihre Gestalten noch heute des
Nachts als ruhelose Schatten dort umherirren.

432) Das Brautwehr bei Leipzig.

Mündlich. Novell. beh. v. Backhaus, a. a. O. S. 74 sq.

Wenn man auf der Elster von Lindenau nach der Stadt
Leipzig zu fährt, befindet sich ein Stückchen über die heilige
Brücke hinaus ein steinernes Wehr und ganz in der Nähe
desselben die sogenannte Preußerwiese, zu der ein kleiner
Steg führt; jenes Wehr nennt man das Brautwehr. Hier
soll einst kurz nach dem 30jährigen Kriege ein junges Ehe-
paar, das in Lindenau seine Hochzeit gefeiert hatte und zu
Wasser auf diesem Wege nach Leipzig zurückkehrte, samt
dem Schiffer, der sie führte, verunglückt sein. Man kann
beide Unglückliche noch heute in Stein ausgehauen an der
Johanniskirche sehen, das Volk aber erzählt sich, daß seit
jenem Tage alljährlich an dem Unglücksabend auf dem Wasser
zwei wunderschöne Wasserrosen emporblühen und von Morgen
bis zum Abend ihren lieblichen Duft verbreiten, um für alle
Zeiten an jene Stelle zu erinnern, wo jenes unselige Ereigniß stattfand.

433) Lieschens Büsche bei Schönefeld.

Novell. beh. v. Backhaus, a. a. O. S. 130 sq.

Vom 18.—20. Mai des Jahres 1593 wüthete in Leipzig ein Pöbeltumult gegen die Calviniſten; es wurde in Folge deſſelben eine Anzahl Häuſer begüterter, dieſem Glauben zugethaner Kaufleute geplündert und zerſtört und dem Aufruhre nur mit Mühe ein Ende gemacht. Einer jener unſchuldig Verfolgten, Namens Eberhard Pölß, war vom Rathe ins Gefängniß geſetzt worden und ſeine Tochter Eliſabeth nach Schönefeld geflüchtet, nachdem ſie vorher alles, was ihr Eigenthum geweſen war, der Vernichtung hatte anheimfallen ſehen. Da kommt die Nachricht in's Dorf, am 1. Juni ſollte in der Stadt eine Hinrichtung ſtattfinden. Dies war auch der Fall, es wurden 4 jener Tumultuanten geköpft. Das verlaſſene Mädchen glaubt aber, dieſe Execution gehe ihren Vater an; ſie eilt alſo, obgleich ſie krank und ſchwach iſt, nach der Stadt, um denſelben noch einmal zu ſehen. Allein als ſie bis an die ſogenannte Parthenwieſe hinter dem Rittergute gelangt iſt, verſagen ihr die Füße den Dienſt und ſie gibt dort nach wenig Augenblicken ihren Geiſt auf, der Stock aber, auf den ſie ſich geſtützt hatte, war in dem lockern Boden ſtecken geblieben, und ſiehe, nach wenigen Tagen ſchlug er aus und grünte, bald breiteten ſich ſeine Zweige immer mehr aus und die davon herrührenden Gebüſche nennen die umliegenden Dorfbewohner Jungfer Lieschens Büſche.

434) Das Todtengerippe auf dem Johanniskirchhofe zu Leipzig.

Mündlich.

In der dritten Abtheilung des Leipziger Johanniskirchhofes erblickt man ein ſcheußliches Todtengerippe über dem Eingange der Gruft Nr. 14 in Stein gehauen. Das Volk erzählt ſich, dies ſei die getreue Abbildung, wie der Profeſſor der Medizin Dr. J. Fr. Bauer († 22. Decbr. 1742), der hier begraben liegt, in den letzten Jahren ſeines Lebens ausgeſehen habe: er habe nämlich ein Lebenselixir erfunden zu haben geglaubt und damit an ſich eine Probe gemacht, was denn ſeine völlige Abzehrung zum gräßlichen Skelett zur Folge gehabt. Uebrigens ſoll dieſer Mann ſich ein großes Ver-

mögen durch Anfertigung von sogenanntem Mithribat (The-
riak) erworben haben.†)

---

435) Der Eselsplatz zu Leipzig.
S. Schäfer, Wahrzeichen Bd. I. S. 29.

Früher gab es in Leipzig einen sogenannten Eselsplatz
vor dem Ranstädter Thore (nicht mit dem heute noch sogenannten auf der Ritterstraße zu verwechseln). Der hatte seinen Namen von einem dort befindlichen Brunnen, in dessen
einem steinernen Bogen eines beladenen Esels Bild einge-
hauen war, der davon der Eselsbrunnen genannt ward. Unter diesem steinernen Bilde standen die Worte:

> Von Alters her vielen bekandt,
> Wird diß der Eselsmarkt genandt.
> Und daß derselben nicht abgehen,
> So siehst Du hier ein Esel stehen.

---

436) Die Todtengräber zu Großzschocher.
H. E. Schwartze, Hist. Nachl. zu den Geschichten der Stadt Leipzig.
Lpzg. 1744. S. 86 sq. cf. Vogel, Annalen S. 246.

Gegen das Ende des 16. Jahrhunderts sind im Dorfe
Großzschocher bei Leipzig zwei Todtengräber gewesen, die
haben ein Bündniß mit dem Teufel gemacht, und so sind sie
mit dessen Hilfe in Kurzem Meister in der Zauberei geworden; ihre Weiber und Kinder, Schwiegersöhne und Töchter
waren erst ihre Lehrlinge, nachher aber in den satanischen
Handgriffen so stark als die Meister selbst. Sie hatten ein
besonderes Pulver zugerichtet von gedörreten und kleingesto-
ßenen Kröten, Schlangen und Molchen, welches sie Anfangs
einigen Patienten im Dorfe eingaben, um ihr Mitleid zu
bezeigen und den Schein zu haben, als wollten sie baldige

---

†) Ganz anders erzählt diese Sage (von den Geschwistern Teuscher)
Lyser, Abendl. 1001 Nacht Bd. IV. S. 176.

Besserung zu befördern suchen. Als es ihnen geglückt und
sie auf diese Art immer eines nach dem andern unter die
Erde gebracht, fingen die Weiber und Schwiegersöhne, damit
die erstere Bosheit nicht gemerkt werden solle, an, mancherlei
Wetter zu machen, die Luft zu vergiften, und wenn sich die
Leute klagten, gaben sie ihnen entweder das gedachte Pulver
ein oder sie beräucherten sie damit, worauf denn das arme
Volk hinfiel wie die Fliegen. Hierzu kam, daß diese satanischen Bundesgenossen nicht warteten, bis eine kranke Person
wirklich gestorben war, sondern wenn sie nur etwas krank zu
werden schien, thaten sie sie sogleich in einen Sarg und
brachten sie halbtodt zur Erde. Weil nämlich der Ort im
Ruf war, daß hier eine ansteckende Pest grassire, so wollte
sich Niemand zu den kranken Leuten getrauen, mithin ward
den Todtengräbern Alles überlassen, die mit ihnen handir-
ten, wie sie wollten. Da hat die göttliche Gerechtigkeit es
gefügt, daß die Sache an den Tag kam. Es kommt nämlich eines Tages ein Handwerksbursche aus der Fremde und
kehrt in einem Gasthof zu Großzschocher ein, und vor demselben tragen die Todtengräber eine Leiche vorbei. Der Handwerksbursche ist neugierig und fragt, wer die gestorbene Person gewesen? Man gibt ihm zur Antwort, er kenne sie doch
nicht, es grassire allhier ein Sterben, wo es die Leute nicht
lange machten, so sei gestern noch ein junges munteres
Frauenzimmer gewesen, das man jetzt hinaustrage, diese sei
frisch und gesund im Dorfe herumgegangen und heute todt,
und werde jetzt begraben. Der Bursche fragte weiter: „ei,
sagt mir doch, wie heißt sie?" Als man ihm nun melbet, die
und die sei es, da erschrickt er und spricht: „ei, das ist meine
Braut, mit der ich mich, ehe ich vor zwo Jahren in die
Fremde ging, ordentlich versprochen habe; ihrethalben komme
ich so zeitig wieder hierher; es kann nicht sein, und wenn
sie es ist, muß ich sie noch einmal im Sarge sehen, sie mag
auch die Pest noch so arg gehabt haben." So geht er auf
den Kirchhof, verlangt von den Todtengräbern die Oeffnung
des Sarges, welches sie ihm aber ein für alle Male, weil

es in der Pest nicht Mode sei, abschlagen. Er aber besteht
auf seinem Verlangen, überwältigt die Todtengräber, reißt
nebst einigen Leuten, die sich zu seiner Hilfe für angebotenes
Geld finden, den Sarg mit Gewalt auf, erkennt seine Verlobte ganz wohl, sieht aber mit Thränen und Erstaunen,
wie ihre Hände und Füße gebunden, ein starker Knebel in
den Mund gesteckt ist und sie noch lebt. Die Todtengräber
sehen, daß sie nunmehro verrathen sind, und ziehen sogleich
ab, das Mädchen wird aus dem Sarge genommen, nach
Hause geführt und wieder in's Leben gebracht und soll bald
darauf auch ihren Bräutigam, der ihr das Leben erhalten,
geheirathet haben. Am 28. Oktober des Jahres 1582 aber
sind die Todtengräber zu Großzschocher mit glühenden Zangen zerrissen, gerädert und auf's Rad geflochten, ihre zauberischen Weiber und Schwiegersöhne aber, so mancherlei und
erschreckliche Wetter gemacht und mit dem Teufel gebuhlt,
sind auf den Scheiterhaufen gesetzt und verbrannt worden.

Bald darauf ist auch der Todtengräber in Leipzig ju-
stificirt worden, weil er nebst seinem Knechte gleichergestalt
drei Giftpulver von Kröten, Schlangen und Molchen zugerichtet, deren eines schwarz, das andere gelb, das dritte roth
gewesen, damit er der Meister 22 Personen vergeben, der
Knecht aber 6 getöbtet hat.†)

---

437) Das Frankengrab bei Connewitz.
Poetisch beh. v. Ziehnert Bd. I. S. 67 sq.

Hinter dem Dorfe Connewitz eine Stunde von Leipzig
am Ufer der Elster rechts auf der Straße nach Zwenkau befindet sich das sogenannte Frankengrab. Es soll unter demselben ein französischer Offizier liegen, der in der Nacht zum
dritten Schlachttage der größten Völkerschlacht bei Leipzig im
Jahre 1813 hier gefallen ist. Angeblich hätte er seinen Tod

---

†) Aehnliche Geschichten von Todtengräbern s. b. Schöttgen, Historie
v. Wurzen S. 667. M. Zeiller, Itiner. German. S. 520.

vorausgewußt und denselben einer unglücklichen Liebe halber selbst gesucht. Sonderbarer Weise fand sich aber seitdem beim Morgengrauen des Johannistages alljährlich das Grab frisch bekränzt, und das Volk erzählte sich, es geschehe dieses allemal die Nacht vorher um die zwölfte Stunde von einer schwarzgekleideten Dame, die in einem mit Rappen bespannten Wagen des Weges komme. Als vor einigen zwanzig Jahren das Grab von dem ausgetretenen Wasser zerstört und das darauf befindliche Kreuz weggerissen ward, fand man Beides plötzlich wieder von unbekannter Hand hergestellt.

---

438) Wie einer Hexenbutter geprüft hat.
Prätorius, Der abentheuerliche Glückstopf S. 257.

In der Mitte des 17. Jahrhunderts ist ein Leipziger Stadtsoldat auf den Markt gegangen und hat bei einer Bauerfrau etliche Klümpchen (Stückchen) Butter gekauft und dann dieselben auf gewöhnliche Art auf ein Messer gesteckt, welches drei Kreutze gehabt. Wie die Zauberfrau Solches gesehen, hat sie es erst nicht zugeben wollen, sagend, man müsse die Butter nicht auf ein dergleichen dreikreutziges Messer spießen. Darauf hat ihr aber der Soldat zur Antwort gegeben: „was hat Sie darnach zu fragen? ich habe es wohl schon eher gethan". Darauf ist er ohne Argwohn fortgegangen, bis er an die Hauptwache beim Esel gekommen, wo er vermerkt, daß seine Butter ein Kuhfladen gewesen. Er ist also geschwind wieder zu der Betrügerin zurückgeeilt, allein diese ist schon über alle Berge gewesen.

---

439) Schatz rückt fort.
Prätorius a. a. O. S. 335.

Während des 30jährigen Krieges hat ein glaubwürdiger und vornehmer Leipziger Bürger viel Geld am Gewandgäßchen vergraben und den Ort sich sehr genau angemerkt und es danach nach Verlauf eines Vierteljahres nur mit großer Mühe wiederfinden können, weil es eine halbe Elle tiefer gelegen als er es verscharrt hatte. Hätte man nun mit dem Nachsuchen eine längere Zeit angestanden, so würde der Schatz im Verhältniß des Fortrückens zuletzt in eine ganz andere Gasse gerathen sein.

---

440) Gespenster stören Schatzgräber.
Prätorius a. a. O. S. 477 sq.

In der Mitte des 17. Jahrhunderts hat man zu Leipzig einen Schatz graben wollen und ist schon so weit gekommen, daß man unter den Kasten einen Hebebaum brachte und eine Erbkette darunter wegziehen wollte. Darüber haben sich nun verschiedene Gespenster gezeigt, bald ist das eine, bald das andere vorbeipassirt, bis sich endlich ein Kuckuck auf einem Baum präsentirte, der seinen gewöhnlichen Gesang anstimmte, also daß ein Anwesender zu sagen anfing: „siehe, bist Du auch da?" Indem ist Alles verschwunden und weggekommen.

Ein anderes Mal hat Einem geträumt, wie er bei dem Kohlgarten an der Kapelle einen Schatz finden werde, er solle sich nur gewiß dahin aufmachen. Was geschieht? Er begibt sich hinaus und versucht in der folgenden Nacht sein Heil und findet just an dem Orte, von dem ihm geträumt, einen ziemlichen Topf voll. Davon steckt er etwas Erkleckliches zu sich, wie er sich aber nach einem Geräusche umsieht, wird er einer alten weißen Frau gewahr, so in der Thür stand und sich herausbeugte und sprach: „was macht Ihr da?" Wie er ihr aus Bestürzung geantwortet, ist auch Alles außer dem, was er schon zu sich gesteckt, verschwunden gewesen.

---

441) Der Kobold am Barfußpförtchen zu Leipzig.
Prätorius a. a. O. S. 448 sq.

Um die Mitte des 17. Jahrhunderts hat ein angesehe-

ner Bürger zu Leipzig, Namens Scheibe, in einem großen
Hause auf dem Barfüßerkirchhofe (alle die Häuser daselbst
haben ursprünglich zu diesem Kloster gehört) eine getäfelte
Wand neu weißen lassen und dahinter viele Löcher in der
Wand gefunden. Als das erste Loch geöffnet ward, ist flugs
ein Haufen Messer herausgefallen von sehr alter Form, ein
Theil rostig, der andere ziemlich blank; einige sind sehr
schmal und sehr lang gewesen, vielleicht zum Aufspießen der
Lerchen, andere mit Achatsteinen besetzt, noch andere mit elfen=
beinernen Heften. Weiter hat er im Keller graben lassen
und darinnen viele runde Töpfe gefunden, alle mit kleinen
Kindesgebeinen angefüllt. Von der Zeit an aber, daß jene
Messer gefunden waren, hat sich im Hause ohne Unterlaß ein Ko=
bold geregt, der nach allen Leuten in der Stube geschmissen, aber
draußen auf dem Saale ihnen nichts gethan hat. Auch hat
er Niemanden verletzt, sondern nur geschabernakt. So hat
er auch nichts gesprochen, denn wie er von dem Besitzer ge=
fragt ward, was für ein Geist er sei, ob ein guter oder bö=
ser: „Alle guten Geister loben Gott den Herrn,‟ oder: „Was
thust Du? Gib ein Zeichen von Dir, Putz!‟ Da hat er zur
Antwort jenem etwas an den Kopf geworfen, das ist sein
Zeichen gewesen. Doch hat er auch einmal Einem weh ge=
than, denn ein Hausbewohner, der sehr auf ihn geläftert und
geflucht, hat einstmals mit dem Pantoffel eine derartige Maul=
schelle von dem Ungethüm bekommen, daß ihm der ganze
Backen aufgeschwollen und ihm Schmerzen gemacht hat. So
hat es im Allgemeinen gedäucht, als wenn das Gespenst aus
einem alten Schranke hervorkäme und würfe, und ist dieser
doch immer verschlossen gewesen. Weiter hat es manchmal
den Anschein gehabt, als wenn es in der Kammer Alles über
und über kehre, würfe, zerschlüge, und wie man dann dazu
gekommen, ist Alles an seinem rechten Orte gewesen. Des
Nachts haben sie immerfort Licht brennen müssen, denn da
haben sie noch am Meisten Ruhe gehabt, wenn es aber fin=
ster gewesen, da hat es immer länger gedauert. Es hat
auch den Wirth und Andere im Bette gezupft, das Bett vom

Leibe weggezerrt 2c., doch das Licht niemals ausgelöscht, sondern brennen lassen. So sind sie dieses Wesen gewohnt
geworden, daß sie es nur ins Gemein verlacht und verhöhnt:
„siehe, da kommst Du wieder 2c." Der Mann hatte ein Gefäß
voll Flederwische im Keller stehen gehabt, das ganz fest zu-
gemacht gewesen, die hat der Geist einmal alle herauspracticirt
und zwar so, daß das Gefäß obenauf zugedeckt geblieben,
und hat sie nach einander auf den Wirth los geworfen. Da
hat denn dieser erst gemeint, es wären nicht die seinigen,
indem er gespaßt: „siehe, was hast Du nun wieder vor? hast
Du Flederwische in der Nachbarschaft gestohlen? O gieb sie
immer her, ich habe sie von Nöthen." Da hat jener aber das
Ding alle auf seinen Buckel losgezählt. Das hat er etliche
Jahre so getrieben, bis es sich selbst verloren. Den kleinen
Kindern hat er nichts gethan, außer daß er ihre Strümpf-
chen, Stühlchen, Kleider 2c. immer nach dem Wirthe zu warf.
Da nun das Haus nachmals von einem andern Wirthe gekauft ward, hat es sich wieder gefunden, sonderlich nachdem
man auf's Neue das ganze Haus wegen des vermutheten
Schatzes durchgrub. Uebrigens meinte der frühere Besitzer
auch, es sei ihm nicht anders, als daß er ein paar kupferne
Särge einstmals, als er seinen Abtritt verändern ließ, bemerkt habe.

---

442) **Dr. Faust in Leipzig.**

Stieglitz i. d. Beitr. z. vaterl. Alterth. her. v. d. Leipz. Alterth.-Vereine.
Leipzig 1826. 8. S. 70 sq. u. b. Scheible, das Kloster, Bd. V. S. 489
sq. (die Bilder bes. f. Bd. II. S. 16.) P. H. Sillig, Faust in Leipzig,
Kl. Chronik, v. Auerbachs Keller n. hist. Not. über Auerbachs Hof. M.
Abb. Leipzig 1854. 8. Schäfer Bd. I. S. 32 fgg. Die Sage ist poetisch
beh. von Ziehnert, Bd. I. S. 183 sq.

Schon der erste Biograph des Dr. Faust, G. S. Wid-
mann (1. Th. b. wahrh. Histor. v. d. selts. Abent. so Dr.
Faust getrieben, S. 281) berichtet von jenen Teufelsstücklein,
die Dr. Faust in Leipzig ausgeführt. Er ist nämlich bei seinem Aufenthalte daselbst auch in den noch jetzt vorhandenen

sogenannten Auerbachskeller, der sich unter dem 1530 neu erbauten Auerbachs-Hofe befindet, gekommen, hat dort mit den Studenten ein Trinkgelage gefeiert und ist schließlich auf einem Weinfasse zur Kellertreppe hinausgeritten, wobei zu bemerken ist, daß der frühere Eingang in denselben nicht da lag, wo er sich jetzt befindet, sondern das Fenster des Zimmers, wo die gleich zu erwähnenden Bilder hingen, denselben bildete. Von dieser Heldenthat geben noch zwei alte Bilder von der Hand eines unbekannten Malers (5 E. 8 Z. lang, und in der Mitte des Bogens — sie sind nämlich in dem obern Theile nach dem Mauerbogen abgerundet, in dem sie aufgehangen sind — 1 E. 18 Z. hoch) die um das Jahr 1525 entstanden sein mögen, freilich durch die Zeit und verschiedene schlechte Restaurirungen viel gelitten haben und sich noch jetzt in Auerbachs Keller befinden, Kunde. Auf dem einen Bilde ist Dr. Faust dargestellt, wie er unter Musik mit Studenten tafelt und zecht, auf dem zweiten ist sein Ritt auf dem Fasse geschildert, auf beiden aber ist sein dämonischer Begleiter, der schwarze Hund nicht vergessen. Das erste Bild trägt ein lateinisches Distichon zur Aufschrift, welches also lautet:

Vive. Bibe. Obgraegare. Memor. Fausti. Hujus. Et Hujus.†) Poenae: Aderat Claudo. Haec. Ast erat. Ampla. Gradu 1525.

Ueber der Reiterscene steht dagegen folgender deutscher Vers:

> 1525. Doctor Faustus Zu Dieser Frist
> Aus Auerbachs Keller Geritten ist
> Auf Einem Faß Mit Wein Geschwint,
> Welches Gesehn Viel Mutterkind.
> Solches Durch Seine Subtilne Kunst Hat Gethan,
> Und Des Teufels Lohn Empfangen Davon.

---

†) Diese Verse sind richtig interpungirt leicht verständlich:
Vive, bibe, obgraegare (man lese obgraecare), memor Fausti hujus et hujus Poenae: aderat claudo haec (— ast erat ampla —) gradu.
Lebe, trinke, genieße das Leben nach griechischer Weise, eingedenk des Faustus hier (auf dem Bilde) und seiner Strafe: diese erreichte ihn mit langsamen Fuße, war aber schwer.

443) **Der ſpukende Mönch im St. Georgenhauſe zu Leipzig.**

S. Monatl. Unterr. a. d. Reiche d. Geiſter. Bd. I. S. 665.

Im vorigen und den früheren Jahrhunderten ließ ſich in dem Zucht= und Waiſenhauſe zu St. Georg täglich ein Mönch ſehen, der aber Niemandem etwas zu Leide that. Nun trug es ſich aber zu, daß der gewöhnliche Wächter dieſes Orts in den zwanziger Jahren des verfloſſenen Jahrhunderts, weil er der Geſellſchaft dieſes unbekannten Gefährten über= drüſſig war, den Vorſatz faßte, ihm, ſobald er ihm wieder be= gegnen würde, eine ſolche Ohrfeige zu verſetzen, daß er ihm nicht ſobald wieder in die Seite kommen ſollte. Nach einigen Nächten begegnete er demſelben auch, indem er mit einem Hunde um die zwölfte Stunde aufwärts ging, der Mönch aber herunterſpaziert kam. Da er nun ſeinen Widerſacher herankommen ſah und ſich zu einem nachdrücklichen Schlage fertig machte, ward er durch eine plötzliche Maulſchelle von dem herumwandelnden Mönche zu Boden geworfen, er lag nach ſeinem eigenen Berichte eine geraume Zeit aller Sinne beraubt da und nachdem er ſich ein wenig erholt, befand er ſich nicht weit von ſeiner Wohnung, nebſt ſeinem zaghaften Hunde, der auf allen Vieren zitterte, worauf er ſelbſt mit großer Mühe ſeinem Bette zukroch und allen Trieb zu derartigen beherzten Unternehmungen verloren hatte. Am folgenden Tage aber nahm er wahr, daß ihm der Backen bis über die Kehle hinunterhing, ohne daß man jedoch im Geſicht irgend welche Verletzung ſpürte. Wiewohl er nur etliche Tage dieſen Zu= fall zu verbergen ſuchte, um ſich nicht eine gerichtliche Strafe zuzuziehen, hat er doch ſpäter ſeiner Obrigkeit ſelbſt Anzeige davon gemacht.

---

444) **Die alte Frau in der Thomasſchule.**

S. ebd. Bd. I. S. 697 fgg.

Früher pflegten die Thomasſchüler, wenn ſie erkrankten,

in den sogenannten rothen Thurm bei demselben gebracht zu
werden. Einst stieß einem Schüler nun eine heftige rothe
Ruhr zu und er ward, um seine Mitschüler nicht etwa an-
zustecken, dorthin als in das gewöhnliche Krankenhaus gebracht. Er war daselbst in Gesellschaft eines andern Schülers,
welcher am viertägigen Fieber darniederlag. Zu ihrer
Bedienung hatten sie eine Wartefrau, welche in demselben
Gebäude unter ihnen wohnte, aber wenn sie sie bedient hatte,
abging und sie allein ließ. Die andere Nacht nach seinem
Dorthinkommen ward jener aber so unruhig, daß er keines
Schlafes theilhaftig werden konnte, sein Schlafgenosse aber
war so fest eingeschlafen, daß er ihn auf keine Art erwecken
konnte. Die Glocke hatte bereits eilf geschlagen, da öffnete
sich die Stubenthür und eine alte Frau kam hereingetreten,
die aber, wie er bei dem hellen Mondschein wohl bemerken
konnte, nicht die Aufwärterin war. Sie hatte eine weiße
Schleppe, wovon die Flügel unter dem Kinne zusammengebunden waren, auf dem Kopfe, eine Schaube um die Schultern und eine weiße Schürze vorgebunden. In dieser Gestalt kam sie auf das Bett des Schülers geraden Weges los
und kam ihm so nahe, daß er ihr blasses gelbes Gesicht nebst
ihrer langen Nase deutlich sehen konnte. Der Schüler wußte
sich vor Schreck nicht anders zu helfen, als daß er das Bett-
tuch vor die Augen hielt, worauf die Erscheinung zurücktrat,
sich an den Nachtstuhl begab und denselben ganz ordentlich
aufmachte. Jener aber nahm den an seinem Bette stehenden
Stock und gab damit der unten wohnenden Wärterin ein
Zeichen, er hörte dieselbe auch ohne Verzug die Treppe her-
aufkommen, die alte Frau aber wendete sich nach der Ecke
der Stube und verschwand. Als die Wärterin heraufkam,
erzählte ihr der Schüler den ganzen Vorgang, fiel aber alsbald vor Aufregung in Ohnmacht, also, daß man ihm eine
Ader schlug, wobei aber kein Tropfen Blut kam. Dieselbe
Frau ist aber auch noch andern Personen zur Mittagsstunde
erschienen, wenn sie oben auf dem Boden des Thurmes
Wäsche aufhingen.

---

445) **Der alte gespenstige Mann in der Goldschmiedswerkstatt.**
S. ebd. S. 701.

Zu gleicher Zeit wohnte ein Goldschmied in Leipzig in einem sehr alten Hause. Derselbe bemerkte nun mehrmals in der Stube, wo er mit seinen Gesellen arbeitete, nach gemachtem Feierabend ein helles Licht, wie es denn diese Kunst damals erforderte, daß sie eine Glaskugel mit Scheidewasser und andern Sachen angefüllt, vor sich zu haben pflegten. Weil er nun wohl wußte, daß keiner seiner Leute in der Stube war, faßte er sich einmal ein Herz und schaute durch das Schlüsselloch hinein, wo er denn eines alten Mannes mit einem grauen Barte ansichtig wurde, der mit einem Lichte emsig in dem Handwerkszeuge herumsuchte. Er hatte aber keine Lust, ihn bei dieser Beschäftigung zu stören, sondern kehrte voll Entsetzen zu seinen Leuten zurück.

446) **Das steinerne Bild im St. Johannishospital.**
S. ebd. S. 722.

Im Spital zu St. Johannes auf dem Grimmaischen Steinwege befand sich sonst über einer Thüre eine gewisse Statue, welcher man jährlich ein weißes Hemde mit Halskrause anziehen und einen grünen Kranz auf den Kopf setzen mußte, that man dies nicht, so entstand im ganzen Gebäude ein solches Gepolter, daß die alten Spitalweiber vor Entsetzen ganz außer sich geriethen.

447) **Das verliebte Gespenst zu Leipzig.**
S. ebd. S. 729.

Einst hatte ein Student auf dem Neumarkt sich eine Stube gemiethet, in welcher ihm mehrere Wochen nichts Wunderbares aufstieß. Als er aber eines Tages nach elf Uhr zu Bett ging und der Mond so hell schien, daß er nach

25*

ausgelöschtem Lichte Alles in seiner Schlafkammer unter=
scheiden konnte, sah er auf einmal eine alte Frau durch die
Thüre an sein Bett treten und während ihm vor Schreck
der Angstschweiß vom ganzen Körper herablief, sich bemühen
ihn aus dem Bett zu ziehen. Weil er sich aber fest
dawider stemmte, mit allen Kräften sein Bett hielt und
zurückzog, so stießen sie mit den Nasen zusammen, der Geist
ließ den schon in die Höhe gehobenen Studenten wieder
niederfallen und verschwand unter lautem Seufzen. Als
nun besagter Student am andern Abend später als sonst nach
Hause kam, und vor einem sonst zugeschlossenen Keller vor=
beimußte, sah er denselben ganz geöffnet und ein helles
Kohlenfeuer in demselben leuchten, er dachte sich jedoch dabei
nichts, sondern begab sich in seine Stube, wo es denn auch
nicht lange währte, bis der Geist wiederkam und dieselben
verliebten Angriffe auf den Studenten machte, aber ebenso
scharf zurückgedrängt ward. Da derselbe also nicht ankam,
machte er ein Zeichen, daß ihm der Student folgen sollte,
was dieser aber wohlweislich nicht that. Am britten Abend bat
er einige Freunde zu sich und nahm ein Kartenspiel vor, um
die Zeit hinzubringen, weil er glaubte, die alte Person werde
nicht wiederkommen, allein richtig zur bestimmten Stunde
kam die Frau, während seine Freunde in tiefen Schlaf ge=
fallen waren, wieder, und machte dieselben Angriffe auf seine
Unschuld, verschwand aber als er bei ihm wieder nicht ankam.
In Folge davon gab der Student seine Wohnung auf.

<hr>

448) Nix=Ännchen zu Leipzig.
S. ebd. S. 523.

<hr>

Zu Anfang des vorigen Jahrhunderts lebte in Leipzig
eine Frauensperson, welche in der ganzen Stadt unter dem
Namen Nix=Ännchen bekannt war und deren Vater ein
Wassernix gewesen sein sollte. Etwas Besonderes war aber
an ihr nicht zu sehen.

<hr>

Dingsda-Bücher

Peter Biele
Traute Richter
Die Dresdner Schauspielerin Traute Richter in ihren Briefen
Bd. 1, 106 Seiten, geb., DM 29,90
Bd. 2, 192 Seiten, 33 Bildtafeln, geb., DM 36,00

»Dresden, wo schon immer monarchistischer Geist und
Bürgersinn eine kulturfreundliche Atmosphäre zeugten, ob
die Fürsten nun August, Hans oder Kurt hießen (Dresden
war auch die heimliche Kulturhauptstadt der verflossenen
DDR), hat auch im Theaterbereich starke Persönlichkeiten
hervorgebracht. Eine der auffälligsten, schillerndsten,
zugleich populärsten war die Schauspielerin Traute Richter
(1924 bis 1986), Mitglied des Staatsschauspiels von 1942 bis
1945, nach kurzem Zittauer Zwischenspiel dann von 1949
bis zu ihrem Freitod. Sie hat, eine Sprechkünstlerin von
höchsten Graden, in klassischen Rollen brilliert, von den
»jugendlich-sentimentalen«, die sie als ihr »Fach«
reklamierte, bis zu den großen Charakterrollen, sie war aber
auch Feuchtwangers »Witwe Capet«, und Legende ist ihre
Charlotte in Peter Hacks' »Ein Gespräch im Hause Stein
über den abwesenden Herrn von Goethe« – sie hat die Rolle
in der Uraufführung 1976 kreiert und bis kurz vor ihrem
Tod über 300mal verkörpert, nicht nur in der DDR.
Peter Biele, gelernter Schauspieler und Schriftsteller, hat die
Briefe der Schauspielerin entdeckt… Sie spiegeln das Bild
einer klugen, gewiß auch exzentrischen, ihre Umgebung
gelegentlich nervenden Künstlerin, die mit der Unbedingt-
heit ihres Anspruchs (politisch, künstlerisch, persönlich)
auch immer wieder an Grenzen stieß.«
(Martin Linzer, Theater der Zeit)

Dingsda-Bücher

Rudolf Scholz
Mein lieber Herr Gesangverein
256 Seiten, geb., DM 39,90

Auch im Dorfe Kummersbach wirbeln die Wende-Ereignisse
die Verhältnisse gründlich durcheinander. Eines Tages sorgt
ein verleumderischer Zeitungsartikel über den einstigen
Männergesangverein für beträchtliche Unruhe. Ursprünglich
als Chor der Dorfjugend gegründet, ist dieser viele Jahre
der kulturelle Mittelpunkt des Dorflebens gewesen.
Jetzt jedoch treffen ihn schlimme Vorwürfe.
Besonders der alte Stellmachermeister Hubertus Kuppke
reagiert empört und zornig auf das »haderlumpige
Journalistengeschreibsel«.
Auf diese Weise kommt allerlei Deftig-Vertracktes aus der
Chor-Vergangenheit ans Licht: die Denkwürdigkeiten un-
gebändigter Lebens- und Liebeslust; die Querelen und
Intrigen, in denen listig der Zeitgeist funkelt; drastisch
zugespitzte Episoden, die den Chor als »Stätte der Gelegen-
heiten« ausweisen. In einem breitgefächerten Geflecht
menschlicher Beziehungen werden tief im Volksleben ver-
wurzelte Charaktere ins Bild gerückt.
In diesem Roman wendet sich der Dresdner Autor Rudolf
Scholz erneut seinem Lieblingsthema zu: der Musik.
Aus der Sicht von »ganz unten« greift er ins volle Menschenleben hinein und spitzt die turbulente, mit einem Augen-
zwinkern eingefädelte Romanhandlung in der Frage zu,
wie wir heute mit unserer Vergangenheit umgehen. Darüber
erzählt er im Grundton »grimmiger Heiterkeit«.
(Aus dem Klappentext)

Dingsda-Bücher

Rudolf Scholz
Ein wunderbar verstimmtes Klavier
Drei Erzählungen und neun Gedichte um die Musik
144 Seiten, br., DM 24,80

Hermann Kant/Gerhard Zwerenz
Unendliche Wende
100 Seiten, 2 Fotos, geb., DM 24,80
2 CD DM 48,–, 2 MC DM 38,–

»Das Palaver vor Publikum des ›ollen Westlinken Z.‹ mit
dem ›abgehalfterten Präsidenten des Ostschriftstellerverban-
des‹ (O-Ton) … ist ein fesselndes Zeitdokument sogar mit
Unterhaltungswert (zugleich als CD bzw. MC). Im Brenn-
punkt: die Rolle der linken Intellektuellen in diesem Jahrhundert in Deutschland. K. und Z. waren bis vor kurzem
wie unversöhnlich verfeindet, jetzt engagieren sie sich für
dieselbe Partei. Auch das unmittelbar Autobiographische des
kleinen Textes besitzt Bestandsbedeutung, zumal K. mit
mehr Aufrichtigkeit erfreut als in seinem ›Abspann‹.«
(ekz-Informationsdienst)

Gerhard Zwerenz
Die Antworten des Herrn Z.
oder Vorsicht nur für Intellektuelle
144 Seiten, geb., DM 26,00

Dingsda-Bücher

Anneliese Probst
Das lange Gespräch
144 Seiten, geb., DM 24,80

In der Nacht vom 25. zum 26. März 1997 ist mein Mann,
Pastor Christof Seidler, an einem Herzinfarkt gestorben.
Obwohl er schwer herzkrank gewesen ist, kam dieser jähe
Tod völlig überraschend. Weder mein Mann noch ich hatten
zu diesem Zeitpunkt mit ihm gerechnet. Wir hatten
die Gedanken an ihn beiseite geschoben –
der Tod kommt irgendwann, aber dieses »Irgendwann«
liegt außerhalb der Zeit.
Und dann war er Wirklichkeit. Von einem Augenblick
zum anderen veränderte sich mein Leben. Nach einer sehr
glücklichen Zweisamkeit war ich allein.
Dieses Alleinsein habe ich nur ertragen und annehmen
können, indem ich mit meinem Mann in einem gedachten
Gespräch blieb – eben im »Langen Gespräch«.
In diesem Buch gehe ich unserem Leben nach, dem Leben
eines Pfarrerehepaares in der DDR. Ich hole Fröhliches,
Nachdenkliches und Trauriges aus meiner Erinnerung,
ich setze mich mit dem Tod auseinander – wir alle wissen,
daß wir auf ihn zugehen, aber wir beziehen ihn nicht in
unser Leben ein, obwohl er ein Teil dieses Lebens ist.
Indem ich dem Leid nicht ausgewichen bin, ist mir die
Kraft zugewachsen, es – wenigstens in Ansätzen – zu
überwinden. Die Arbeit an diesem Buch ist für mich selbst
Lebenshilfe gewesen – vielleicht kann es für die Leser
auch zu einer Lebenshilfe werden . Denn mit dem Tod
kommt jeder von uns in Berührung.
(Anneliese Probst)